# A Nova
# INQUISIÇÃO

Racionalismo Irracional e a Fortaleza da Ciência

*Robert Anton Wilson*

# A Nova
# INQUISIÇÃO

Racionalismo Irracional e a Fortaleza da Ciência

*Tradução:*
Fernanda Monteiro dos Santos

**MADRAS**

Publicado originalmente em inglês sob o título *The New Inquisition – Irrational Rationalism and the Citadel of Science*
© 1986, Robert Anton Wilson
Tradução autorizada do inglês
Direitos de edição para todos os países de língua portuguesa para
© 2004, Madras Editora Ltda.

*Editor:*
Wagner Veneziani Costa

*Produção e Capa:*
Equipe Técnica Madras

*Revisão:*
Karina Penariol Sanches
Bruna Maria Martins Fontes
Miriam Rachel Ansarah Russo Terayama

**CIP-BRASIL. CATALOGAÇÃO-NA-FONTE**
**SINDICATO NACIONAL DOS EDITORES DE LIVROS, RJ.**

W721n
Wilson, Robert Anton, 1932-
A Nova Inquisição : racionalismo irracional e a fortaleza da ciência / Robert Anton Wilson ; tradução Fernanda Monteiro dos Santos. - São Paulo : Madras, 2004
Tradução de: The New Inquisition : irrational rationalism and the citadel of science

ISBN 85-7374-785-4

1. Ceticismo - História - Século XX. 2. Paradigma (Teoria do conhecimento)- História - Século XX. 3. Ciência - Filosofia - História - Século XX. 4. Materialismo - Históta - Século XX. 5. Racionalismo - História - Século XX. 6. Pensamento - História - Século XX. I. Título.

04-1178.                                                        CDD 149.7
                                                                CDU 165.72
10.05.04                    13.05.04                              006345

Proibida a reprodução total ou parcial desta obra, de qualquer forma ou por qualquer meio eletrônico, mecânico, inclusive por meio de processos xerográficos, incluindo ainda o uso da internet, sem a permissão expressa da Madras Editora, na pessoa de seu editor (Lei nº 9.610, de 19.2.98).

Todos os direitos desta edição, em língua portuguesa, reservados pela

**MADRAS EDITORA LTDA.**
Rua Paulo Gonçalves 88 – Santana
Cep: 02403-020 – São Paulo – SP
Caixa Postal 12299 – CEP 02098-970 – SP
Tel.: (0_ _11) 6959.1127 – Fax: (0_ _11) 6959.3090
www.madras.com.br

Com o desconhecido, confrontamo-nos com o perigo,
o desconforto e a aflição; o primeiro instinto é
abolir essas sensações dolorosas. Primeiro princípio:
qualquer explicação é melhor do que nenhuma...
A busca por causas é assim condicionada
e instigada pelo sentimento do medo.
A pergunta "Por quê?" não constitui uma busca em si,
mas encontrar um *certo tipo de resposta* —
uma resposta que seja pacificadora,
tranquilizante e reconfortante.

Nietzsche, *Crepúsculo dos Ídolos*

Uma rosa com qualquer outro nome
Jamais terá o mesmo perfume
E perspicaz é o nariz que reconhece
Uma cebola que foi chamada de rosa.

Wendell Johnson, *Your Most Enchanted Listener*
(Seu Ouvinte Mais Encantado)

Se você avistar um porco de duas cabeças,
mantenha sua boca fechada.

Provérbio Irlandês

# Índice

Introdução .................................................................. 9

**Capítulo 1**
Modelos, Metáforas e Ídolos ...................................... 13

**Capítulo 2**
Ceticismo e Fé Cega ................................................... 45

**Capítulo 3**
Mais Dois Hereges e Algumas Outras Blasfêmias ..... 87

**Capítulo 4**
A Dança de Shiva ...................................................... 125

**Capítulo 5**
Caos e o Abismo ....................................................... 165

**Capítulo 6**
"Mente", "Matéria" e Monismo ................................ 187

**Capítulo 7**
O Universo Aberto ................................................... 221

**Capítulo 8**
Agnosticismo Criativo .............................................. 255

# Introdução

Este livro fala de uma nova Inquisição, de um novo Ídolo e de um novo Agnosticismo.

Com o termo nova Inquisição, eu pretendo designar certos hábitos de repressão e intimidação que, atualmente, estão se tornando cada vez mais lugares-comuns na comunidade científica. Com o termo novo Ídolo, pretendo designar as rígidas crenças que formam a superestrutura ideológica da nova Inquisição. Por fim, com o termo Novo Agnosticismo, pretendo designar uma atitude da mente que previamente fora denominada "modelo agnóstico", que aplica esse princípio agnóstico não somente ao conceito de "Deus", mas às idéias de todos os tipos em todas as áreas do pensamento e da ideologia.

O princípio agnóstico recusa a crença ou a negação total e considera os modelos como ferramentas a serem utilizadas apenas quando conveniente; essas ferramentas que são substituíveis (por outros modelos) sempre que não forem mais apropriadas. Ele não considera qualquer modelo ou classe de modelo mais "profundo" do que outros; somente questiona como um modelo serve, ou falha em servir, àqueles que o utilizam. O princípio agnóstico é mencionado aqui com um amplo sentido "humanista" ou "existencial", e não pretende ser estritamente técnico ou filosófico.

Este livro é, deliberadamente, polêmico porque eu acredito que os modelos, como ferramentas, devem ser testados naquele tipo de combate que Nietzsche metaforicamente chamou de "guerra", e Marx, de luta dialética. Ele é decididamente chocante porque eu não desejo que suas idéias pareçam menos extremas ou surpreendentes do que elas realmente são.

Parte do que digo aqui pode *parecer* entrar em contradição ou até mesmo repudiar idéias sustentadas em alguns de meus trabalhos anteriores. Na verdade, isso não acontece. Eu ainda encorajo uma sociedade de alta tecnologia em vez de uma sociedade primitiva; ainda me recuso a concordar com aqueles que exaltam a Idade Média (à qual me refiro como um período de loucura e superstição); ainda defendo a colonização de espaço, a pesquisa de longevidade e outros objetivos que parecem os ideais de Fausto para *lauditores temporis acti* assim como para Theodore Rossack e para os ecologistas populares. Acima de tudo, ainda penso que a instituição científica que está sendo satirizada nesta obra não é tão nefasta quanto as diversas instituições religiosas, especialmente aquelas relacionadas ao Cristianismo e ao Islamismo. Criticando o que chamo de Materialismo Fundamentalista — um termo por mim cunhado há mais de dez anos e usado em muitos artigos e em alguns livros — oponho-me ao Fundamentalismo, e não ao Materialismo (este ponto será esclarecido conforme prosseguirmos).

Alguns termos que podem soar estranhos para certos leitores são freqüentemente usados neste livro. Eles são brevemente identificados aqui e serão explicados mais adiante, por meio do contexto e de exemplos, conforme a argumentação se desdobra.

***Realidade Êmica*:** o campo unificado composto de *pensamentos, sentimentos e impressões aparentes dos sentidos* que organizam nossa experiência rudimentar em padrões significativos; o paradigma ou modelo criado pelos indivíduos por meio da fala ou da comunicação via qualquer simbolismo; a cultura de um período e região; o ambiente semântico. Toda a realidade êmica possui sua própria *estrutura*, que impõe a estrutura sobre a experiência rudimentar.

***Realidade Ética*:** a realidade hipotética que não é filtrada pela realidade êmica de um sistema nervoso humano ou por um padrão lingüístico. Se você tem algo a dizer a respeito da realidade ética *sem*

---

* N. do T.: O termo êmico refere-se à unidade ou parte de unidade que funciona em contraste com outras, em uma linguagem ou outros sistemas de comportamento. Contrapõe-se ao termo ético que, neste sentido, refere-se aos dados não-processados de uma linguagem ou de outras áreas de comportamento, sem considerar os dados como unidades significantes que funcionam dentro de um sistema. Termos cunhados pelo lingüista Kenneth L. Pike. Informações extraídas do *Dicionário Random House Webster's Unabridged Dictionary*, Random House, Nova Iorque, 1998.

*a utilização de palavras ou qualquer outro símbolo*, por favor, envie uma descrição completa para o autor imediatamente.

***Informação:*** conforme usado na teoria da informação matemática, esse conceito denota a quantidade de imprevisibilidade em uma mensagem; a informação é, em termos gerais, o que você não *espera* ouvir. Nesse sentido, a informação pode ser "verdadeira" ou "falsa", mas é sempre uma pequena surpresa. *A resistência a novas informações* mede o grau de Fundamentalismo em uma cultura, subcultura ou em um indivíduo.

***Neurosemântica:*** o estudo de como o simbolismo influencia o sistema nervoso humano; como os túneis de realidade programam nossos pensamentos, sentimentos e impressões *aparentes* dos sentidos.

***Labirinto da Realidade:*** uma realidade êmica estabelecida por um sistema de codificação ou uma estrutura de metáforas transmitidas por meio da linguagem, da arte, da matemática e de outros símbolos.

***Sinergia:*** o comportamento daqueles sistemas que não podem ser previstos pela análise de suas partes ou subsistemas. Um termo popularizado por Buckminster Fuller; equivale, aproximadamente, ao Holismo. Consultar *Gestalt* (teoria da forma) em psicologia e *transação*.

***Transação:*** usado aqui no sentido de Psicologia Transacional, que defende que a percepção não é uma *re*-ação passiva, mas sim ativa, *trans*-ação criativa, e que o "observador" e o "observado" devem ser considerados um todo sinérgico.

Os cientistas citados em diversos pontos são responsáveis apenas por seus discursos ou obras atribuídas. Todas as idéias atribuídas de outra forma devem ser sempre e somente responsabilidade do autor.

Durante a produção desta obra, tive a oportunidade de discutir as idéias aqui contidas por intermédio de interação fértil com públicos que compareceram a seminários e oficinas. Gostaria de agradecer a todos aqueles que ajudaram na organização dessas excursões, especialmente Jeff Rosenbaum, Joe Rothenberg, Kurt Smith e Laura Jennings. Também gostaria de agradecer às equipes do Instituto Esalen (Califórnia), Naropa (Colorado), Fundação Ojai (Califórnia), De Kosmos (Amsterdã) e Sphinx (Basiléia).

Sobretudo, agradeço à minha esposa Arlen, por sua paciência e por seu apoio amoroso.

Capítulo 1

# Modelos, Metáforas e Ídolos
*(incluindo comentários a respeito da psicologia dos primatas e da mecânica quântica)*

*Como o* quark *é mais real do que figurativo? E o próprio termo* quark *não foi cunhado a partir de um dos trabalhos mais metafóricos e criativos,* Finnegans Wake? *E quando os cientistas, ironicamente, aplicam termos como cor e encanto aos* quarks, *podemos acreditar que eles são inconscientes às suas próprias práticas criativas?*

Roger Jones, *Physics as Metaphor*

Tudo o que existe é metáfora.

Norman O. Brown, *Closing Time*

O finado R. Buckminster Fuller (arquiteto, engenheiro, poeta, matemático e um homem bastante impertinente) costumava surpreender seu público observando casualmente, durante suas palestras, que tudo o que vemos está dentro de nossa cabeça. Se a consternação da platéia fosse audível, Fuller explicava, por meio de um desenho no quadro negro, o diagrama encontrado na área de óptica elementar de qualquer curso de física do primeiro ano:

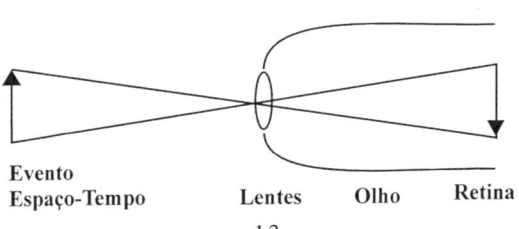

Evento
Espaço-Tempo      Lentes      Olho      Retina

A flecha voltada para cima, à esquerda do leitor, representa um "objeto" ou, em termos mais precisos, um evento no espaço-tempo. Os raios de luz desse nó existencial ou feixe de energia viajam até as lentes do raio que, como todas as lentes, revertem-nos, e a retina então registra a "imagem". Nós não vemos as coisas de cabeça para baixo porque a retina é parte do sistema sinérgico olho-cérebro, e *antes* de termos uma percepção consciente do nó de energia, o cérebro já interpretou e editou o sinal em seu sistema de classificação, o qual inclui inverter a imagem para combiná-la com o sistema de coordenadas geométricas comuns usado pelo cérebro para "arquivar" informações.

Alguns pensam entender o que lhes é explicado na primeira vez. Outros, por volta da centésima explicação, repentinamente exclamam "Eureca!" e pensam realmente ter entendido. Em minha experiência em seminários nesta área, ninguém entende o significado completo desse exemplo até que alguns experimentos sejam realizados, tornando-se uma experiência vívida. Aqui está um experimento que o leitor deve imediatamente repetir:

Peça a um amigo para ajudá-lo e então obtenha um jornal que você ainda não tenha visto. Sente em uma cadeira e peça para que seu amigo ande vagarosamente para trás, segurando o jornal de forma que você seja capaz de ler as manchetes da primeira página, até que as manchetes fiquem embaçadas para sua visão. Então, peça para que ele leia uma manchete em voz alta, segurando o jornal na mesma posição. Você "verá" claramente a manchete.

Repito: ler a respeito de uma demonstração como esta não torna o princípio tão claro e profundo quanto *realizar* a demonstração.

Aristóteles, sem conhecer as leis da óptica moderna, entendeu esse princípio geral para afirmar que *"eu vejo"* é uma expressão incorreta e deveria ser substituída por *"eu vi"*. Sempre existe um tempo, embora pequeno, entre o impacto de um sinal em nossos olhos e a "percepção" ou "imagem" em nosso cérebro. Nesse intervalo, o cérebro *atribui* forma, significado, cor e outras muitas características à imagem.

O que é verdadeiro para os olhos é verdadeiro para os ouvidos e para os outros sentidos.

Em face disso, parece não haver escapatória do Agnosticismo parcial — ou seja, do reconhecimento de que todas as idéias são, de alguma forma, baseadas em conjecturas e em interferências. Aristóteles escapou dessa conclusão e, até recentemente, a maioria dos filósofos e cientistas tem feito o mesmo, insistindo, pressupondo ou esperando que exista um método segundo o qual a incerteza das percepções possa ser transcendida e nós possamos chegar à certeza em relação aos princípios gerais.

Desde Hume — *pelo menos* desde Hume — essa fé tem sido fragmentada gradualmente. Diversos filósofos têm expressado esse colapso da certeza de diferentes formas, mas, em essência, a posição relativista moderna pode ser expressa simplesmente com a afirmação de que não existe uma forma de derivar conclusões certas de percepções incertas, razão pela qual não é possível obter uma *soma absoluta* se todos os números em uma conta são estimados como "cerca de um quilo", "cerca de meio quilo", "aproximadamente três quilos" ou "um pouco mais de três quilos". *Se a percepção não é absoluta, nenhuma dedução baseada na percepção pode ser absoluta.* Não importa o quanto um indivíduo possa manipular as aproximações, elas não se transformam magicamente em certezas; na melhor das hipóteses, tornam-se aproximações possivelmente mais precisas.

Novamente, considere esta ilustração bastante conhecida, encontrada nos livros de psicologia geral:

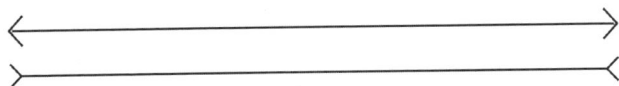

Se você vê a linha de baixo maior do que a linha de cima, seu cérebro, trabalhando de acordo com programas naturais, enganou você. As formas em V e V invertido seduzem o sistema olhos-cérebro e nós enxergamos de maneira inexata. Você teve uma suave alucinação.

Os processos (óptico e neurológico) por meio dos quais "milagres" e "óvnis" são criados *e pelos quais você "cria" a cadeira que está posicionada na mesma sala em que você está* neste momento são fundamentalmente similares ao que acaba de acontecer quando você olhou para as linhas acima. Se você pensa que a cadeira é mais "objetiva" do que um poema de Dylan Thomas ou do que as linhas, deve tentar o experimento bastante caro de contratar três pintores e três fotógrafos pedir um "retrato realista" da cadeira para cada um deles. Você descobrirá que, tanto nas fotos como nas pinturas, uma personalidade atribuiu um significado à riqueza do "objeto".

Agora, isso não deve endossar o que pode ser chamado de Relativismo Absoluto — a idéia de que uma generalização é tão boa quanto outra. Algumas generalizações são, *provavelmente,* muito mais precisas do que outras, motivo pelo qual eu tenho mais fé na cadeira na qual estou sentado que na Virgem de Ballinspittle. Mas essas generalizações permanecem na área da *probabilidade.* Elas nunca alcançam a certeza reivindicada pelo Papa, pelo Dr. Carl Sagan e pelos os sacerdotes de outros ídolos.

"Os" gregos, como dizemos, ou "os" gregos antigos (todos os gregos cujas idéias nós conhecemos na universidade) eram bem conscientes da falibilidade da percepção, e uma ilustração muito conhecida em Atenas durante sua Era de Ouro dizia o seguinte: pegue três tigelas de água. Coloque na primeira tigela água quente, na segunda, água morna e na terceira, água fria. Coloque sua mão direita na água quente e a esquerda na tigela fria. Depois, coloque suas duas mãos na água morna. A mesma água parecerá "fria" para sua mão direita e "quente" para sua mão esquerda (novamente, realizar o experimento ensina mais, em termos neurossemânticos, do que a simples leitura).

Contudo, os filósofos gregos, ou alguns deles, ainda acreditavam que havia um caminho para a certeza. Eles o chamavam de caminho para a razão pura. O argumento para a razão pura defende que, mesmo que as informações dos sentidos sejam falíveis, nós temos uma faculdade superior que não é falível e que conhece as verdades *a priori*. Essa noção desmoronou com o passar dos anos por diversas razões, mas principalmente porque as coisas que os filósofos pensavam conhecer por meio dessa idéia acabaram simplesmente revelando-se não-verdadeiras. Por exemplo, mesmo no período do pensamento livre-libertário do século XVIII, Kant ainda acreditava que a razão pura "sabia" intuitivamente que a geometria euclidiana era a única e verdadeira geometria. Atualmente, os matemáticos possuem diversas variedades de geometria não-euclidiana, e todas são igualmente válidas (consistentes) e tão úteis quanto a geometria euclidiana, embora em diferentes áreas.

No século XIII, São Tomás de Aquino pensou ter encontrado o método infalível para atingir a certeza — uma combinação resultante da razão pura e das Escrituras Sagradas. Ainda acredita-se nisso em países retrógrados como a Irlanda ou Portugal, mas não é um conceito aceito em nações civilizadas, porque a razão pura em si foi provada falível, conforme observado, e porque há muitas variedades de Escrituras Sagradas (budista, hindu, taoísta, judaica, assim como produtos modernos como os livros *Oahspe* e *O Livro de Urantia*), e não existem testes empíricos para determinar qual delas é a escritura "real".

No século XIX, Kierkegaard voltou sua atenção para o período anterior a São Tomás de Aquino e sugeriu, novamente, que o caminho para a libertação da reincidência perpétua na incerteza seria um "salto de fé". Kierkegaard era um escritor tão intricado que qualquer análise sua seria denunciada como superficial por seus admiradores mas, em essência, seu argumento é algo similar ao presente neste livro (e similar ao de Nietzsche): todos os outros métodos de busca pela certeza contêm um "salto de fé" *oculto*, salto este que os devotos convenientemente "esquecem" ou negligenciam. Assim, Kierkegaard pergunta: por que não admitir francamente que estamos falando de um "salto de fé"?

Minha resposta a essa pergunta aponta para uma alternativa que parece mais razoável para alguns de nós, a saber, evitar esse "salto de fé" e manter uma posição agnóstica sobre todos os métodos, embora permaneçamos *dispostos a aprender* com todos eles de forma aberta. A justificação para isso é inteiramente probabilística, naturalmente. Aqueles que realizaram esse "salto de fé" geralmente parecem um tanto quanto tolos depois de poucas gerações, ou mesmo depois de alguns anos.

Resta ainda o Método Científico (MC), a suposta fonte da certeza daqueles que eu denomino Novos Idólatras. O método científico é uma mescla de IS (informação dos sentidos: geralmente auxiliada por instrumentos para refinar os sentidos) com a antiga razão pura grega. Infelizmente, ao passo que o método científico é efetivamente poderoso e parece-nos o melhor método desenvolvido pela humanidade, ele é composto de dois elementos falíveis — tanto a IS (informação dos sentidos) como a RP (razão pura) podem nos enganar. Dois elementos falíveis não formam um elemento infalível. As generalizações científicas que duraram por muito tempo têm uma *maior probabilidade*, talvez a maior probabilidade de todas as generalizações, mas somente a idolatria defende que nenhuma delas jamais terá de ser revista ou rejeitada. Muitas generalizações já foram revistas e refutadas somente no século passado.

A certeza pertence a algumas mentes, não porque há uma justificação filosófica para ela, mas porque tais mentes têm uma necessidade emocional da certeza.

Por exemplo, observe a seguinte lista de afirmações e participe do jogo aristotélico "e/ou" jogue com elas: marque "verdadeiro" ou "falso" (visto que nenhum "talvez" é permitido no jogo estritamente aristotélico).

1. A água ferve a 100° Celsius. V F
2. pq é igual à qp. V F
3. O infame Dr. Crippen envenenou sua esposa. V F
4. Os comunistas estão planejando nos escravizar. V F
5. Os nazistas mataram seis milhões de judeus. V F
6. Marilyn Monroe foi a mulher mais bela de seu tempo. V F
7. Há um décimo planeta em nosso Sistema Solar depois de Plutão. V F
8. Idéias verdes incolores dormem furiosamente. V F
9. Francis Bacon escreveu *Hamlet*. V F
10. *O Amante de Lady Chatterley* é um romance pornográfico. V F
11. *O Amante de Lady Chatterley* é um romance machista. V F
12. O Papa é infalível em matéria de fé e moral. V F
13. Beethoven é um compositor melhor que Mozart. V F
14. Ronald Reagen escreveu *Hamlet*. V F
15. Deus falou comigo. V F
16. A sentença seguinte é falsa. V F
17. A sentença anterior é verdadeira. V F
18. Todos os seres humanos são criados de forma igual. V F
19. O capitalismo é condenado por suas contradições internas. V F
20. Meu cônjuge sempre foi fiel a mim. V F
21. Provavelmente não sou tão esperto quanto penso que sou. V F

Voltaremos para essas afirmações posteriormente e encontraremos outras lições que podem ser aprendidas, mas, no momento é suficiente notar que as *preferências emocionais* e *idéias fixas* tornaram-se perceptíveis em alguns casos para quase todos os leitores, mesmo quando (ou especificamente quando) a evidência a favor ou contra as afirmações é dúbia ou controversa. É interessante refletir que outros leitores experienciaram uma percepção similar dentro de seus próprios preconceitos, mas relacionados a itens inteiramente diferentes na lista (somente um astrônomo que passou muito tempo procurando pelo décimo planeta sentiria uma forte predisposição ao ler a lista, mas uma grande porcentagem de indivíduos casados sente uma nítida predisposição quando confrontam o item 20).

O que chamo de ídolos são projeções dessas compulsões interiores da psicologia humana. Quando um ídolo "fala" (por meio de seus sacerdotes), ele somente fala o que o devoto *deseja* ouvir.

Uma análise mais técnica da razão pura pode ser encontrada em livros como *Mathematics: The End of Certainty*, de Morris Kline, *Godel, Escher, Bach*, de Hofstadter, e a seção acerca de "Godel" em *The World of Mathematics*, de James Roy Newman. De forma simplificada, a análise apresenta-se da seguinte forma:

Todo pensamento consiste na manipulação de símbolos de acordo com as regras do jogo. A combinação de símbolos e regras (para a manipulação dos símbolos) compõe um *sistema*. Quando dissecados até chegar ao seu cerne matemático-lógico, todos os sistemas parecem ser triviais ou dúbios. Se eles são triviais, são exatos, mas não podemos aprender muito com eles porque eles se "referem" a poucos elementos. À medida que o sistema se torna menos, e "refere-se" a mais e mais, uma espécie de *regresso infinito* entra no sistema e este torna-se cada vez mais incerto: temos de provar, por assim dizer, uma série infindável de passos *entre* o Passo A e o Passo B *antes* de passarmos para o Passo C.

Há um exemplo hilário desse regresso, de Lewis Carroll, presente no livro de Hofstadter mencionado acima. Esta é uma analogia simplificada que eu ouvi certa vez:

"Eu jamais como animais porque eles são nossos irmãos" — disse um estudante americano do Budismo para um mestre Zen. "E por que você não comeria nossos irmãos?" — perguntou o mestre. O estudante possuía um sistema simples que pode ser abreviado da seguinte forma:

Os animais são nossos irmãos.
Não devemos comer nossos irmãos.
Assim, não devemos comer os animais.

Uma vez que todos os passos são analisados criticamente, um novo argumento se inicia; este, por sua vez, pode ser analisado a qualquer momento, de forma que o regresso infinito é criado. No "senso comum" ou no contexto da probabilidade, muitos desafios da mesma natureza parecem absurdos e podem ser desconsiderados, mas qualquer sistema que afirma *certeza* deve responder a todas as contestações. Visto que isso tomaria uma quantidade de tempo infinita, esse experimento ainda não foi realizado, e as fundações de todos os sistemas matemático-lógicos são progressivamente consideradas como *formais* — Regras do Jogo — e não como eternas "leis do pensamento", conforme eles parecem ser para os filósofos desde Aristóteles até os tempos de Kant.

Isso se aplica à estrutura dos sistemas da razão pura em si. Quando combinamos razão pura com informações dos sentidos, surge outro problema: a falibilidade das informações dos sentidos já discutida. Um terceiro problema consiste nos muitos sistemas de razão pura disponíveis (isto é, na descrição da divisão existente entre a geometria euclidiana, gaussiana-reimanniana, lobachevskiana, fulleriana, do espaço n-dimensional de Hilbert), e nós podemos apenas julgar qual sistema deve ser combinado com a informação dos sentidos, examinando os resultados de outras IS (por meio do experimento), o que nos fornece alta probabilidade, embora nenhuma certeza. Qualquer sistema de que tenha funcionado no passado pode ser substituído, se novas informações dos sentidos não se adequarem ao padrão, ou se um diferente sistema de razão pura fornecer uma nova "perspectiva" que pareça mais útil de forma operacional ou na prática.

Ou, como disse Einstein certa vez, citado por Korzysky em *Science and Sanity*: "À medida que as leis da matemática forem exatas, elas não se referirão à realidade; e à medida que elas se referirem à realidade, elas não serão exatas."

No cotidiano e no "senso comum", usamos essa *cautela agnóstica* na maioria das vezes e "esperamos o inesperado", "mantendo nossos olhos e ouvidos atentos". Somente nos *precipitamos para o julgamento* quando somos pressionados para tomar uma decisão rápida *ou quando nossos preconceitos estão envolvidos*, conforme acontece nas controvérsias políticas e religiosas.

Quando não existe pressão existencial para decisões rápidas, somente o preconceito expressa uma certeza.

O seguinte diagrama é adotado pelo professor O. R. Bontrager, do Departamento de Psicologia da Universidade da Pensilvânia, e dos princípios gerais na antologia de Blake, *Perception*, Universidade do Texas, 1952.

I   II   III   IV   V

O estágio I representa um evento de energia no contínuo do tempo-espaço, no sentido de Einstein. Esse pode ser um processo subatômico, um cavalo correndo em um campo, um filme de Laurel e Hardy projetado em uma tela, o dispositivo nuclear chamado "o sol" transmitindo luz e calor para nós percorrendo um espaço de 153.600.000 quilômetros, ou qualquer outro evento possível no tempo-espaço. Isso é freqüentemente chamado de *Realidade Ética*, ou realidade não-verbal.

A primeira flecha representa *parte* (e não o *todo*) da energia no evento de energia original viajando em direção a algum órgão de percepção que pode pertencer a mim, ou a você, ou a qualquer outra criatura como nós.

O estágio II representa a atividade do órgão de percepção depois de ter sido "atingido" ou estimulado pela *parte* da energia que atinge o órgão mencionado. Note que a totalidade da energia não é absorvida pelo órgão, mesmo em casos extremos, como por exemplo quando somos atingidos por um martelo: ainda assim, não absorvemos *toda* a energia contida no martelo.

Nesse estágio, mesmo que nada além disso fosse exigido pela percepção, ainda assim estaríamos lidando com uma *parte*, e não com o *todo*; estaríamos lidando com abstração, com incerteza e comfalibilidade.

A segunda flecha indica *parte* do que acontece depois que o órgão da percepção é estimulado por *parte* da energia que flui para nós a partir do evento no tempo-espaço. Nessa flecha estamos representando inúmeros sinais viajando para muitas partes de nosso organismo.

O estágio III representa a reação orgânica, que pode ser um tanto complexa. Por exemplo, se o feixe de energia é um sinal: "sua mãe foi estuprada e assassinada por terroristas", pelo menos o estômago, os canais lacrimais e o coração estarão envolvidos no processamento do sinal, assim como os sistemas neurológico e endócrino.

Tente imaginar algumas das reações orgânicas prováveis, incluindo a produção de adrenalina e de bile, naqueles cristãos fundamentalistas, vigorosos o suficiente para superar todos os obstáculos presentes nas primeiras páginas desta composição; ou em uma feminista confrontada com o sinal: "nenhuma mulher jamais compôs uma sinfonia de primeira qualidade"; ou um marxista ouvindo um discurso de Margaret Thatcher; ou um anão lendo a coleção de piadas a respeito de anões (que são "realmente" engraçadas) destinada a indivíduos que não são anões; ou em um erudito judeu tentando ler com objetividade os escritos daqueles revisionistas que afirmam que o Holocausto jamais aconteceu.

É obvio que, juntamente com as *subtrações* (ou abstrações: recebendo parte e não o todo da energia externa), a percepção também envolve uma espécie de *adição* de emoções preexistentes, que são o que Freud denominou "projeção".

A próxima flecha indica a transmissão de tudo isso para o cérebro. Naturalmente, o que o cérebro recebe *já* é colorido pelas subtrações e adições indicadas; mas o cérebro em si, com exceção talvez do recém-nascido, já contém um conjunto de *programas* ou um "sistema de arquivo" para classificar tais sinais.

O estágio IV indica a "percepção" conforme é geralmente chamada, a "imagem" mental ou "idéia" que surge depois que o cérebro processou a energia original mais as adições e menos as subtrações.

A flecha final de duplo sentido indica o estágio mais sutil e mais abominável desta programação neurológica, a reação entre a energia de entrada (com as adições e subtrações) e o *sistema de linguagem* (incluindo linguagens simbólicas e abstratas como a matemática) que o cérebro utiliza com freqüência.

A percepção final nos humanos é sempre verbal ou simbólica e, portanto, codificada na *estrutura* preexistente de quaisquer linguagens ou sistemas que tenham sido ensinados ao cérebro. O processo não é uma reação linear, mas sim uma transação sinérgica. Esse produto final é uma construção *neurossemântica*, um tipo de metáfora.

Esta descoberta de que a linguagem é basicamente metafórica, que surgiu gradualmente no século XIX, inspirou a famosa máxima de Emerson que afirma que nós falamos uns com os outros por meio de "poemas fósseis". Assim, *querer* algo é ser vazio — *querer* e *vazio* vêm da mesma raiz. Falando de todos os desejos, como *"paixão"*, traz-nos de volta à mesma metáfora. Até mesmo "estar", a palavra mais abstrata no uso comum, vem de uma raiz indo-européia que, evidentemente, significava estar perdido na floresta. Isso era tão abstrato, imagino, quanto um primata poderia sentir; quando não se está mais perdido, ele não mais "estaria" de maneira abstrata, mas se tornaria novamente envolvido em um estado mais complexo, ou seja, a existência *social* e suas regras do jogo. Um *vilão* é um indivíduo sem posses (e os marxistas deveriam ter fornecido nos mais interpretações a respeito do preconceito das classes em nossa língua). *Homem* é o ser humano comum, conforme as feministas insistem em nos dizer, devido ao preconceito de gênero em nossa língua. Uma história humorística de natureza sexual é uma "piada suja" porque os ascéticos e os puritanos deixaram que seus próprios programas fossem incorporados em nosso discurso; mas palavras saxônias para funções corporais são "ainda mais sujas" do que as palavras normandas devido à pluralidade dos preconceitos puritano-econômico-raciais.

Até mesmo o "artigo"* é uma metáfora (ele admite que o mundo é dividido da mesma forma que nossas mentes são divididas) e parece ter sido uma metáfora bastante hipnótica. Em termos de tragédia humana e sofrimento, pense no que tem sido provocado por generalizações a respeito de "*os* judeus" e "*os* negros". De forma mais sutil, lembre-se de que "*a* extensão d*a* estrada" parecia ser uma frase perfeitamente significativa e "objetiva", até que Einstein demonstrou que uma estrada tem diversas extensões (extensão$_1$, extensão$_2$, e assim por diante), dependendo da sua velocidade e dependendo também da velocidade relativa do tolo que a está tentando medir.

E quanto ao verbo "ser" no sentido da identificação aristotélica — como em A *é* um B? Isso parece bastante útil matematicamente, *porque os membros de um conjunto matemático existem abstratamente, isto é, por definição*. Mas o que acontece quando aplicamos essa noção a eventos não-matemáticos, sensoriais? Considere os seguintes pronunciamentos: "Isto *é* uma grande obra-de-arte", "Isto *é* uma besteira sem sentido", "Isto *é* comunismo", "Isto *é* machismo", "Isto *é* fascismo". Para refletir os princípios de neurologia aceitáveis atualmente, tais afirmações deveriam ser um pouco mais complicadas, como, por exemplo, "Isto me parece uma grande obra-de-arte", "Isto me parece uma besteira sem sentido", "Isto me parece comunismo", "Isto me parece machismo", "Isto me parece fascismo".

Naturalmente, se um indivíduo meticuloso como eu observa isso, as pessoas dirão que as formulações anteriores são o que elas *realmente* significam e que o "ser" aristotélico era usado apenas por conveniência ou brevidade. Mas, se você observar os indivíduos cuidadosamente, perceberá que a linguagem realmente tem efeitos hipnóticos, e que um indivíduo que falou "Isto é sagrado" tratará o evento não-verbal como se ele *realmente* fosse sagrado, e aqueles que dizem "Isto é besteira" agirão como se o evento *realmente fosse* besteira.

---

* N. do T.: O autor refere-se ao artigo "the" em inglês.

A obra de Roger Jones, *Physics as Metaphor*, tenta longamente esclarecer para o leitor o elemento transacional ou poético em afirmações aparentemente factuais, tais como "Esta mesa tem três metros de comprimento."

Se a observação do Dr. Jones ainda parece obscura ou excessiva, considere a celebrada sala desnivelada projetada pelo Dr. Albert Ames. Essa noção é discutida na obra *Perception*, de Blake, mencionada anteriormente, e é, freqüentemente, apresentada na televisão. Essa sala é projetada de forma que o cérebro, usando seus programas comuns e metáforas, classificá-la-á como uma sala comum. No entanto, ela não é comum: ela apresenta paredes, teto e piso projetados com ângulos irregulares que, opticamente, produzem nos humanos educados os mesmos sinais que uma sala "comum" (algumas evidências sugerem que uma criança abaixo de cinco anos não é enganada por essa ilusão).

Algo muito interessante e instrutivo acontece (algo que pode ser relacionado com a ufologia e outros tópicos "loucos"), se dois homens do mesmo tamanho entram na sala desnivelada e andam em direção a paredes opostas. O que o cérebro "vê" é que um homem "miraculosamente" fica mais alto, tornando-se um gigante virtual, enquanto o outro homem "encolhe" até parecer um anão. O cérebro, tendo classificado a sala como normal, apega-se teimosamente a este programa, mesmo tendo de classificar novos sinais como eventos virtualmente sobrenaturais.

Incidentemente,

Se você não notou algo um tanto peculiar nesse triângulo, observe novamente. Se você ainda não vê, olhe pela terceira vez.

Questões mais sutis e mais alarmantes surgem quando consideramos a *estrutura* de um *sistema* de metáforas interligadas por um código ou linguagem.

Descartes tentou, ou afirma ter tentado, duvidar de tudo e descobriu que ele não poderia duvidar da afirmação: "Penso, logo, existo". Isso porque ele viveu antes das descobertas dos lingüistas do século XIX. Nietzsche, que fora treinado nesse campo antes de se tornar um filósofo, ou uma ameaça social, ou o que quer que ele tenha se tornado, notou que Descartes não poderia duvidar dessa afirmação porque ele conhecia apenas as línguas indo-européias. É uma invenção de código indo-europeu que um substantivo precisa vir antes do verbo, que uma ação *deve* ser atribuída a algum ator supostamente isolado e concreto. É essa convenção que nos fará dizer "It is raining", mesmo que não acreditemos em Zeus ou em qualquer outro deus da chuva, e é difícil explicar a que o "it" se refere.*

Esses fatores *estruturais lingüísticos* explicam a inabilidade notória dos tradutores, mesmo os mais geniais, de traduzir um poema de uma língua para outra, com exceção das aproximações. Eles também podem explicar alguns dos grandes conflitos na história da filosofia: o professor Hugh Kenner argumenta, de forma brilhante, que Descartes, pensando em um francês muito mais latinizado do que atualmente, perceberia *un pomme grosse et rouge* e concluiria que a mente parte de idéias gerais e então descobre particulares; enquanto Locke, pensando em inglês, perceberia o mesmo tipo de evento no tempo-espaço como *uma grande maçã vermelha* e decidiria que a mente parte dos particulares e então reúne idéias gerais.

Em chinês, os caracteres que, literalmente traduzidos em inglês, seriam *jade/sol + lua* influenciam-nos, uma vez que sabemos que *sol + lua* significa, entre outras coisas, o brilho, como "o jade é brilhante" ou, mais elegantemente, "o jade brilha". E *aluno/sol + lua* torna-se uma metáfora surpreendentemente familiar: "o aluno é brilhante". Porém, *coração + fígado/sol + lua* tem confundido todo tradutor de Confúcio.

Até mesmo um chinês, lendo isso em inglês, pode redescobrir ou experienciar novamente a poesia escondida de sua própria língua pensando a respeito do porquê de este termo de Confúcio ser tão difícil de transmitir culturalmente. Da mesma forma, um falante da língua inglesa pode reviver a poesia esquecida de sua própria língua tentando traduzir para outro discurso frases como "tight-fisted", "open-hearted", "radiant health", "walking the straight and narrow", "under a cloud", "fiery tempered", "those legalistic asses".**

---

* N. do T.: Em português: "Está chovendo". A explicação do autor é somente válida para a sentença no inglês, em que "it" é um sujeito não-referencial.
** N. do T.: O autor refere-se à língua inglesa nessa passagem, com expressões idiomáticas que apresentam uma dificuldade particular para serem traduzidas em outro idioma. As expressões citadas pelo autor significam, em nossa língua, respectivamente: "pão duro", "franqueza e honestidade", "saúde de ferro", "comportamento conduzido por princípios morais", "sob suspeita", "temperamento exaltado", "indivíduo carola".

E, quanto à "matéria", o ídolo dos materialistas fundamentalistas? Essa também é uma metáfora, um poema petrificado, relacionado a *metro* e *medida* (e, por incrível que pareça, também é relacionado à *mãe*). Em algum lugar, de alguma forma, fora da atividade orgânica (holística) de quantificação e medição, alguém inventou a metáfora, o substantivo, daquilo que é quantificado. Da mesma maneira, fora da experiência do que Nietzsche denominou de "esta folha", e "aquela folha" e "a próxima folha" — o que a semântica chama de $folha_1$, $folha_2$, $folha_3$—, e assim por diante —, o substantivo ou poema de "folha" ou "*a* folha" foi criado. O fato de o processo ser muito poético e até mesmo metafísico é indicado pela idéia de que Platão acreditava (ou pensa-se que ele acreditava) que "a folha" realmente existe em algum lugar.

A maioria dos materialistas acredita (ou supõe-se que eles acreditem) que a "matéria" existe em algum lugar.

Mas ninguém experienciou esse poema ou abstração chamada de "matéria", da mesma forma que ninguém experienciou "a folha". A experiência humana permanece limitada à $medida_1$, $medida_2$, $medida_3$ e à $folha_1$, $folha_2$, $folha_3$ e assim por diante.

Eventos específicos no tempo e no espaço são fixados (e geralmente se prolongam); substantivos são convenções de código ou metáforas.

Se a "matéria" é uma metáfora, o que acontece com as noções de "tempo" e de "espaço", de acordo com as quais é suposto, por meio de convenção, o que se move ou o que permanece parado?

Podemos observar facilmente que essas noções também são metáforas, de acordo com o fato de que os cientistas modernos, desde Einstein, pensaram ser lucrativo substituí-las por uma metáfora mais elegante, a saber, "tempo-espaço". Assim, utilizando essa mais moderna por todo este capítulo, sou ainda mais compreensivo para aqueles acostumados com as metáforas do "tempo" e "espaço" como substantivos separados, pertencentes ao período anterior a Einstein.

As convenções da codificação dos *sistemas de metáforas* que nos fazem humanos são conhecidas, em antropologia, como "cultura" ou "configuração cultural". Os sistemas usados em ciência num certo momento são conhecidos como *modelos* daquele período ou, por vezes, todos os modelos são reunidos em um super-modelo que, então, é chamado de *"o" paradigma*. O caso geral, a classe que compreende todas as classes de metáforas, é chamado de grupo de *realidade êmica* (de acordo com o Dr. Harold Garfinkle, que construiu um metassistema chamado etnometodologia a partir dos subsistemas da antropologia e da psicologia social) ou sua *realidade existencial* (de acordo com os existencialistas) ou seu *túnel de realidade* (de acordo com o Dr. Timothy Leary, psicólogo, filósofo e engenheiro de programação de computador).

O fato de esses termos serem, por vezes, conflitantes e, por vezes, distintos, pode ser ilustrado com alguns exemplos reais e hipotéticos.

Para citar Bucky Fuller novamente, o Centro de Controle de Missão, em Houston, geralmente pergunta aos astronautas: "Como estão as coisas aí em cima?", mesmo que os astronautas estejam *abaixo* de Houston naquele momento. Os técnicos, em Houston, possuem um *modelo* do período posterior a Copérnico durante a maior parte do tempo, mas sua *realidade êmica* ou *túnel de realidade* retém as metáforas do período anterior às descobertas copérnicas, indicando que a Terra é plana e possui um centro. De acordo com Fuller, que pode soar excessivo, essa *dissonância* neurossemântica entre o modelo e a metáfora poderia levar a um grave erro.

Fuller, a partir de 1928, sempre escreveu "Universo" em vez de "o" Universo. Quando questionado acerca dessa característica, ele explicava que é consistente com os modelos científicos modernos considerar o Universo como um processo, e o "artigo" implica noções medievais de estagnação e coisificação.

O professor X, digamos, "é" um marxista (ou seja, ele aceita esse rótulo). Como tal, ele também aceita um *modelo* determinista do comportamento humano. No entanto, ele aparentará irritação ou raiva evidente em face de indivíduos que defendem opiniões diferentes ou contrárias ao marxismo. Ele possui um *modelo* que advoga que essas pessoas são o que elas devem ser, mas seu *túnel de realidade* ainda contém reações neurossemânticas apropriadas aos modelos teológicos prévios de "livre-arbítrio".

Em termos de um tipo de *modelo* social, um evento comum em muitas cidades grandes pode ser descrito conforme segue: um grupo de pessoas concorda em se encontrar em uma determinada hora e em um dado dia para fazer barulho. Outras pessoas concordam em comparecer para ouvir o barulho. O encontro acontece conforme programado, o barulho continua por mais de uma hora e todos exibem um comportamento indicando que o ritual foi satisfatório.

De acordo com outro tipo de *modelo* sociológico, favorecido por fenomenologistas e etnometodologistas, precisamos saber que o barulho era chamado a Nona Sinfonia em Ré de Beethoven antes de começarmos a *entender* o que estava acontecendo: na *realidade êmica* ou *realidade existencial* dessas pessoas, algo havia ocorrido, algo que continha *significado, beleza, grandeza* e *afirmação da vida*.

O professor X, que é japonês, compartilha do mesmo *modelo* de gravidade que o professor Y, que é sueco, porque ambos são físicos. Porém, o professor X ainda vive em um túnel de realidade japonês em relação a assuntos de família e amigos, e o professor Y está em um túnel de realidade sueco quando ele está fora do laboratório, em uma sociedade sueca. Por esse motivo, quando não estão discutindo física, o professor X pode parecer rígido e formal para o professor Y, que, por sua vez, pode parecer rude e até mesmo cruel para o professor X.

Stanley Laurel joga uma torta que atinge Oliver Hardy no rosto. No modelo físico ou no túnel de realidade (os dois se entrecruzam neste caso), a melhor descrição do que aconteceu é a equação de Newton $F = m \cdot a$ (Força é igual a Massa x Aceleração). No túnel antropológico de realidade, o que aconteceu é uma continuação do Banquete dos Tolos ou das Festas Saturnais* ou ainda uma tradução do bobo da corte que é imune à proibição contra a rebelião na forma cômica. Para alguns seguidores de Freud, o melhor túnel de realidade é que a ira do Filho contra o Pai está sendo expressa simbolicamente. Para alguns marxistas, a cena representa a ira da classe trabalhadora contra o patrão. E assim por diante.

Aparentemente, *nenhum* "túnel de realidade" é adequado à descrição de todas as experiências humanas, embora *alguns* túneis de realidade sejam mais adequados para *alguns* propósitos do que para outros.

Mencionei o fundamentalismo e a idolatria diversas vezes; agora devo definir esses termos. A idolatria é meu rótulo para aquele estágio de inocência semântica na qual a natureza conclusiva e metafórica dos modelos e dos túneis de realidade é esquecida, ou reprimida, ou ainda não foi aprendida. O grau de inconveniência ou arrogância é aquele no qual o *estágio V, em nosso diagrama da percepção, quando um indivíduo editou a versão final de uma percepção*

---

* N. do T.: Saturnais — festas em honra do deus Saturno, relacionado à paz e à opulência.

(*"realidade êmica"*), é confundido com o estágio I, o evento de energia ou realidade ética que, tradicionalmente, *supõe-se* ser um espaço euclidiano.

Para os idólatras, eventos *"realmente são"* o que parecem ser, conforme codificados no túnel de realidade de cada indivíduo. Qualquer outro túnel de realidade, embora pareça útil para outros com propósitos e interesses diferentes, pode ser "louco" ou "ruim", ilusório ou fraudulento. Qualquer um que discorde de tal idólatra *deve ser*, por definição, um louco ou um mentiroso.

Essa mentalidade sustenta todas as inquisições, e eu a chamo de Fundamentalismo quando ela aparece como uma ideologia social ativa.

A História e a Antropologia revelam que os humanos têm se satisfeito, ou pelo menos sobrevivido, com uma incrível variedade de sistemas de metáforas ou realidades *êmicas*. Em nossa própria civilização ocidental, há apenas 600 anos, todos viviam e percebiam a existência por intermédio do modelo filosófico de São Tomás de Aquino, ou seja, um modelo com um "Deus" na forma humana no topo de todas as coisas, coros de "anjos", "tronos" e "domínios", que descendiam partindo do lugar superior, humanos vagando em uma terra plana e um "inferno" flamejante, repleto de "demônios" embaixo de tudo. Alguns dos moradores do município de Kerry e, evidentemente, alguns roteiristas de Hollywood, ainda estão nesse túnel de realidade, que é apenas *"real"* por dentro, assim como a grandiosidade de Beethoven está na realidade *existencial* daqueles inseridos no sistema de códigos da música clássica.

Em todo o mundo há milhões de indivíduos vivendo no túnel de realidade do marxismo, do vegetarianismo, do Budismo, do nudismo, do monetarismo, túneis Metodistas, Sionista, do grupo totêmico polinésio, e assim por diante.

Naturalmente, essa posição "é" um relativismo relativo, não um relativismo absoluto. Dizemos que alguns túneis de realidade parecem ser melhores, em alguns aspectos, do que outros. Um indivíduo poderia não desejar viver em uma nação dominada pelo túnel de realidade nazista, por exemplo; isso é denominado uma escolha *moral*. O túnel de realidade de Einstein "é" melhor, na dimensão de predizer de maneira mais precisa, do que o túnel de realidade de Newton; isso é chamado de escolha *científica*. James Joyce parece-me "ser" um escritor melhor do que Harold Robbins; isso é chamado de escolha *estética*.

Todavia, em todos os casos, um organismo humano, e especificamente um sistema nervoso humano (no modelo biológico, um tipo especializado de sistema nervoso primata), fez a escolha. A *ciência*, a *estética* e a *moral* não são sempre distintas, como pode ser concluído por meio da observação dos argumentos a favor e contra a construção de uma nova usina de energia elétrica. Mesmo na era científica, nenhuma escolha é puramente "objetiva" porque, conforme veremos em breve, há uma variedade de modelos alternativos disponíveis em campos avançados, e a escolha entre eles inclui fatores como a "simplicidade" e a "elegância", dois fatores muito subjetivos.

E na perspectiva histórica, qualquer escolha entre túneis de realidade é *sempre* feita com base em informações insuficientes, porque não temos uma forma de saber quais novas informações serão descobertas no dia seguinte, na década seguinte, no século seguinte.

Como Persinger e Lafreniere escrevem em *Space-Time Transients and Unusual Events*, Editora Nelson-Hall, 1977, página 3:

"Nós, como espécie, existimos em um mundo no qual existe uma diversidade de pontos de dados. Sobre essas matrizes de pontos, nós sobrepomos uma estrutura, e o mundo faz sentido para nós. O padrão da estrutura origina-se em nossas características biológicas e sociais."

Se permanecermos conscientes desse processo de sobreposição de estrutura (programação de nossa realidade êmica), nós nos comportaremos liberalmente *e continuaremos a aprender durante toda a vida*. Se nos tornarmos inconscientes desse processo, comportar-nos-emos de forma fundamentalista ou idólatra, e jamais aprenderemos nada depois do momento em que (geralmente inconscientemente) elevarmos a generalização à categoria de dogma e pararmos de pensar.

Se estivermos completamente hipnotizados por um túnel de realidade, podemos até nos tornar, em termos convencionais, um tanto quanto loucos. Em tal estado de loucura, podemos até queimar livros que contêm heresias contra nossos ídolos ou falsificar as informações para sustentar nossos preconceitos, ou nos acharmos compelidos a explicar a crescente quantidade de informação discordante, acusando diversas conspirações amorfas de terem "alterado" os dados, ou podemos até nos tornar *sinceramente convencidos* de que qualquer indivíduo que vê, ouve, sente o cheiro ou o gosto de qualquer coisa inconsistente com nossos ídolos estará alucinando.

Em tal estado, parecemos estar "além da razão", ou seja, além dos parâmetros normais do discurso social. Os únicos lugares para nós, então, são em uma morada calma e sossegada no interior, cercada por doutores gentis, ou no Vaticano, ou no Comitê de Investigação Científica de Eventos Paranormais.

Basicamente, até aqui temos discutido alguns imperativos do que pode ser teologicamente chamado de psicologia primitiva, embora tenhamos preferência pela designação menos metafísica de neurologia primitiva.

Os seres humanos parecem primatas bastante únicos no modelo biológico, embora sejam primatas. Especificamente, o programa comum deles sobre o território e sobre a propriedade pode ser visto refletido em qualquer comunidade primata domesticada[1] (humana) na pletora das placas "NÃO ULTRAPASSAR".

A maioria dos primatas demarca seu território com excrementos; os domesticados marcam seus territórios com *tinta* no papel (tratados, títulos de posse de terra, etc.). Da perspectiva biológica, toda fronteira nacional na Europa, por exemplo, marca um local onde duas gangues rivais de primatas domesticados lutaram até a exaustão, deixando uma marca territorial.

Devido à capacidade única desses seres (evidentemente incluindo os chipanzés, de acordo com alguns relatórios recentes) de aprender sistemas neurossemânticos (códigos, linguagens), tornou-se possível para esses mamíferos únicos "possuir" (ou pensar que "possuem") *territórios simbólicos,* assim como territórios físicos.

---

1. Minhas razões para referir-me aos humanos como animais domesticados são explicadas em minha obra *Prometheus Rising* (Falcon Press, 1983) e comicamente dramatizadas em minha trilogia fantástico-científica *Schrodinger's Cat* (Sphere Books, 1981). Pode-se dizer brevemente que, enquanto os *homens alfa* de um grupo de primatas selvagens evoluíram até chegar no "rei" ou no "executivo" de um grupo social humano, um sistema de classe e casta foi produzido e propiciou o surgimento daquelas características chamadas "alienação" (Marx), "repressão" (Freud), "escravidão da moralidade" (Nietzsche), "anomia" (Durkheim); todos esses nomes para o que eu denominei *domesticação.* Consulte também a discussão na obra de Buckminster Fuller, *Critical Path* (St. Martin's Press, 1981) da evolução dos mamíferos *homens alfa* até os "Grandes Piratas" que domesticaram e espoliaram as massas por toda a história. Discutiremos esse assunto de forma mais profunda no último capítulo, explicando o porquê de os homens serem facilmente conduzidos a um lugar onde é estatisticamente certo que alguns deles terão suas pernas eliminadas.

Esses territórios simbólicos são, geralmente, denominados "ideologias" ou "sistemas de crença" — em nossa terminologia preferida, túneis de realidade.

Primatas domesticados lutam não somente por territórios físicos, mas também por esses territórios "mentais" ou neurossemânticos: York *versus* Lancaster torna-se a Rosa Vermelha *versus* a Rosa Branca. "Comunismo" *versus* "empreendimento livre". Católicos *versus* protestantes e assim por diante.

Se um burro chuta outro burro, conforme um cínico uma vez observou, essa é uma questão entre os dois burros, mas se um espanhol chuta o rei da França, todos os cidadãos das duas nações poderão envolver-se no tipo de delírio territorial conhecido como "guerra". Isso será seguido por muito daquilo que um extraterrestre chamaria de *"barulho"*; aqueles que entraram no túnel de realidade da lingüística ocidental reconhecerão o "barulho" como sinais relacionados ao "horror nacional", "uma afronta imperdoável", "nosso dever para com a nação", "pacificadores covardes que engatinhariam em suas barrigas". Esses "ruídos" são tão *reais e significativos* para aqueles inseridos na realidade existencial quanto os "ruídos" da Nona Sinfonia de Beethoven são para aqueles inseridos no túnel de realidade da música clássica.

Mark Twain observou certa vez que o anti-semitismo o lembrava de um gato que se sentou em um fogão quente uma vez e nunca mais o fez. "O que está errado com isso?" — perguntou um anti-semita, caindo na armadilha de Twain. "O gato estúpido nunca mais sentou no fogão frio também" — foi a resposta de Twain. Essa anedota ilustra a generalização de que os mamíferos parecem incapazes de criticar ou examinar seus programas neurais. Para um cão, um gato ou um burro, algum ato, evento ou coisa que parece "ruim" uma vez sempre parecerá "ruim", e isso, ou qualquer coisa que se assemelhe com isso, será atacado ou evitado. Tais programas são criados por processos conhecidos como *impressão* e *condicionamento*, que parecem um tanto quanto mecânicos. Sua observação pode propiciar predições que serão verificadas tão precisamente em muitos casos quanto as predições da mecânica de Newton.

Os primatas domesticados (humanos) também parecem funcionar amplamente com a *impressão* e o *condicionamento*, compartilhando a inabilidade mamífera em criticar ou examinar esses programas neurológicos. Essas reações mecânicas interagem com um túnel lingüístico de realidade (êmica) para produzir um vocabulário característico, a partir do qual um *comportamento* pode ser mecanicamente predito. Se um indivíduo ouve as metáforas e as maldições da Ku Klux Klan, ele poderá imaginar como um negro será tratado nesse grupo. Se um indivíduo ouve o sistema de linguagem do feminismo radical, ele saberá com um homem será considerado neste grupo. Se um indivíduo ouve os ruídos dos materialistas fundamentalistas, ele saberá como uma alegação da "percepção extra-sensorial" será recebida.

Parece que *alguns* primatas domesticados, com o passar dos anos, não evoluíram, mas aprenderam *como criticar e examinar seus próprios programas neurológicos*. Os membros desse grupo não podem ser mecanicamente preditos. Eles demonstram, vez ou outra, um comportamento que se parece com "crescimento" ou "criatividade", embora seja possível para os materialistas fundamentalistas insistir que isso *"verdadeiramente seja"* comportamento aleatório ou comportamento cujos determinantes ainda não foram entendidos.

Deixando de lado essas experiências ou alucinações de "criatividade" e "crescimento" ou autocrítica e auto-superação (parece que a maior parte do que eu tenho chamado de idolatria e Fundamentalismo pode ser biologicamente descrito como comportamento primata normal), devemos retornar à impressão mecânica e ao condicionamento combinado com combatividade territorial comum.

E, nesse caso, a menos que alguma possibilidade real de pensamento *criativo* exista, somente os programas mecânicos primatas determinarão como nós avaliamos qualquer incidente ou evento, da cadeira do outro lado da sala até as histórias a respeito de estátuas católicas que sangram, ou *quarks* encantados, ou óvnis.

Os artistas, como os místicos, estão sempre insistindo que não *olhamos* de forma atenta para o mundo, que não *enxergamos, etc*. Em nossos termos, isso significa que seguimos programas tão condicionados que não paramos para exercitar nossa criatividade potencial. O artista tenta nos tirar desse estado condicionado ou hipnótico, mostrando-nos uma coisa normal de uma nova maneira. Os místicos tentam nos abalar dizendo para nos sentarmos e olharmos para uma parede, uma maçã ou qualquer outra coisa até que, por meio da tensão mental causada pela privação social e sensorial, nós paramos de "ver" o que sempre vimos e começamos a "enxergar" de uma forma diferente. Não estamos usando o método artístico nem o método místico aqui, mas estamos tentando olhar para aquelas coisas que são comumente ignoradas ou rejeitadas; olhar sem permitir que um dos nossos ídolos habituais se interponha no caminho de nossa visão.

Então, quando olhamos para o mundo normal novamente, para aquela cadeira no outro lado da sala, tudo *ainda* será normal para nós? O finado J. B. Priestly freqüentemente criticava o que ele chamava de *a fortaleza*, a elite científica e tecnológica que sustenta e é sustentada pelos nossos *homens alfa* da área militar e industrial. A fortaleza, na maioria dos países, consegue dois milhões de libras para cada moeda doada como esmola para a humanidade, para os estudos sociais ou para as artes; ela dedica a maior parte do seu tempo e intelecto para a tarefa, como Bucky Fuller costumava dizer, de entregar mais e mais poder explosivo em maiores distâncias em um tempo cada vez menor para matar mais e mais pessoas. Por esta razão, a fortaleza teme cada vez mais a maioria de nós, e há uma vasta e incoerente rebelião contra esse comportamento em todo o mundo. Essa rebelião toma a forma de retorno a alguma filosofia antiga ou túnel de realidade, embora dentro da comunidade científica também haja rebelião em busca de um *novo* túnel de realidade, que é, geralmente, chamado de novo paradigma.

A fortaleza sempre foi arrogante e intensamente territorial. Afinal, ela surgiu de uma ciência e de uma filosofia dos séculos XVIII e XIX e herdou muitas características daquela época, incluindo o preconceito anti-religioso (ela precisa lutar contra a Igreja para encontrar seu próprio lugar no mundo) e a fidelidade tácita aos poderes políticos que a apóiam e a *alimentam*. Visto que considero os processos de classificação e arquivo da fortaleza como primatas domesticados — um termo tanto científico como satírico, que também aplico a mim e aos meus amigos —, não fico surpreso ou consternado com sua combatividade territorial. O Departamento de Artes é igualmente territorial em sua forma particular. Fico consternado, admito, com o sangue frio com o qual a fortaleza desprendidamente promove potenciais holocaustos, mas isso é um assunto para outro livro, relacionado com as objeções *humanitárias* para a fortaleza. Na presente obra, estou preocupado com as objeções *libertárias* para ela, com a evidência de sua crescente intolerância e atitude inquisitória em relação aos antigos e novos paradigmas que entram em conflito com seu próprio túnel de realidade favorito.

Ao jogar um olhar swiftiano na moderna Laputa*, não estou defendendo nenhum paradigma antigo ou novo; estou meramente advogando Agnosticismo e tolerância nas divergências, pelas mesmas razões que os libertários políticos defendem aquelas atitudes. Como dizia Lord e Acton, todo poder corrompe, e penso que a fortaleza adquiriu poder e corrupção suficientes para se tornar, por vezes, tão perigosa para a investigação aberta e livre especulação como a Igreja jamais foi.

Naturalmente, "a fortaleza" é uma metáfora, uma conveniência retórica. Muitos dos cientistas mais criativos da última metade do século passado divergiram veementemente do dogma oficial da Fortaleza e, até mesmo, envolveram-se em heresia[2], e um número surpreendente de materialistas "científicos" não são cientistas, mas sim ateus irritados, sobras dos tempos da carroça e do cavalo.

Agora consideraremos o caso um tanto quanto peculiar de um gato que está morto e vivo ao mesmo tempo.

Esse felino flexível apareceu pela primeira vez no Volume 23 de *Der Naturwissenschaft* (1935) e é uma criação do Dr. Erwin Schrodinger, laureado com o Prêmio Nobel de Física.

Alguns dos leitores ficarão aliviados em saber que esse gato é somente teórico. Outros encontrarão um indiferente conforto nisso, porque — assim como, uma vez dentro da realidade êmica da música clássica ocidental, Beethoven significa *algo*, mesmo que ele não signifique tanto quanto Bach ou Mozart —, uma vez dentro do túnel de realidade da física quântica, o gato de Schrodinger significa *algo*,

---

* N. do T.: Ilha imaginária presente no livro *As Aventuras de Gulliver*.

2. Entre os físicos, Einstein possuía uma "religião cósmica" própria, o que me parece Panteísmo; Schrodinger, Oppenheimer e Bohm foram influenciados pelo misticismo oriental; Bohr disse que seu filósofo favorito era o pragmático místico William James e o existencialista cristão Kierkegaard, e tomou um símbolo religioso taoísta como seu brasão quando ganhou o título de coragem da corte dinamarquesa. Os astrônomos ingleses Jeans e Eddington ambos tornaram-se místicos; o astrônomo americano Hynek, discorda do dogma da fortaleza insistindo que os óvnis merecem uma investigação séria; Edison tornou-se um espiritualista; e outros dois pioneiros da energia elétrica, Tesla e Marconi, insistiram, apesar do ridículo, que eles haviam recebido sinais inteligentes do espaço. A antropóloga mais respeitada dos Estados Unidos, Margaret Mead, lutou veementemente para fazer com que os parapsicólogos hereges fossem admitidos na Associação Americana para os Avanços da Ciência. O grande biólogo e matemático J. B. S. Haldane preferiu o materialismo dialético dinâmico de Marx ao materialismo fundamental e estudou seriamente Ioga.

mesmo que dois físicos quânticos que conheci não cheguem a um acordo sobre o que o gato significa.

Este é o caso: dentro do átomo, ou abaixo do nível atômico, há várias coisas (e nesse caso, não podemos ser mais específicos) que são, por vezes, chamadas ondas e, por vezes, partículas. Se o leitor digeriu a parte anterior deste capítulo, essas coisas podem ser traduzidas da seguinte forma: as coisas podem ser utilmente descritas como um modelo de onda em parte do tempo e como um modelo de partícula na outra parte do tempo.

Se quisermos saber o que uma das coisas subatômicas está fazendo ou para onde está indo, encontramos "a" resposta em uma das equações do Dr. Schrodinger, que ganhou (conforme o original) o Prêmio Nobel. A equação (e o leitor não versado em matemática não precisa se alarmar neste ponto) parece-se com isso:

$$\frac{\partial \Psi}{\partial t} = \frac{\hbar}{2m} \nabla^2 \Psi + V(X.Y.Z)\Psi$$

A primeira parte da equação, $\frac{\partial \Psi}{\partial t}$ significa a variação de mudança em um período de tempo (t) de $\Psi$. Explicaremos $\Psi$ em breve. A outra parte da equação indica o que é essa taxa de mudança. Não precisamos, neste livro, preocupar-nos com todos os símbolos. O x, o y e o z são meramente as coordenadas espaciais que até mesmo os leigos podem se lembrar vagamente das aulas de geometria analítica do ensino médio, enquanto $\hbar$ exigiria um ensaio bastante extenso em mecânica quântica para que possa ser explicado de modo satisfatório. Para os propósitos de entendimento comum (se não temos a intenção de iniciar uma carreira em física quântica) é suficiente notar que todos os símbolos à direita denotam propriedades do sistema subatômico em questão e, então, notar que todos eles são multiplicados pelo misterioso $\Psi$.

Em nome da simplicidade no sentido leigo (*não* da simplicidade matemática), podemos nos referir ao lado direito da equação como A $\Psi$ + B $\Psi$, que deve indicar, mais claramente, que todos os símbolos da primeira metade da expressão são multiplicados por $\Psi$, assim como todos os símbolos da metade esquerda.

Então, o que significa $\Psi$ ?

Esse é o símbolo para componentes do "vetor de estado". Observe que a palavra "componente" está sendo utilizada no plural. Quando pedi a um físico amigo meu, Saul Paul Sirag, uma definição do vetor de estado, que seria precisa, mas também compreensível para os leigos, eu recebi a seguinte explicação:

"O vetor de estado é a expressão matemática descrevendo um dos *dois ou mais* estados que podem estar presentes em um sistema quântico; por exemplo, um elétron pode estar em um dos dois estados de rotação, chamados 'rotação ascendente' e 'rotação descendente'. O interessante sobre a mecânica quântica é que cada vetor de estado pode ser considerado como a superposição dos estados vetores."

A parte importante está em itálico. Qualquer vetor de estado, $\overline{I}$, possui dois ou mais componentes. Essa noção sustenta a única generalização acerca da mecânica quântica que todo o leigo já ouviu falar — a indeterminação. Os físicos não podem predizer o que um sistema quântico fará, podem somente calcular a probabilidade de que ele alcançará *dois ou mais* estados possíveis. A equação é usada para calcular tais probabilidades. Ela nos fornece probabilidades e não certezas, porque $\overline{I}$ é inexato ou tem mais de um valor possível.

Essa indeterminação não foi facilmente aceita pelos físicos, e foi ainda mais difícil para o Dr. Schrodinger, que formulou a matemática dessa variável. Esse é o ponto em que entra o gato de dois valores. Schrodinger inventou o problema do gato como uma forma de trazer para o primeiro plano dos debates e análises filosóficas entre os físicos a questão do que essa indeterminação quântica significa para nossas idéias da realidade.

O caso pressupõe um gato em uma caixa, juntamente com uma espécie de dispositivo letal, como um revólver ou um projétil de gás venenoso, que pode disparar e matá-lo. O dispositivo disparará e matará o gato em algum estágio do processo de desintegração quântica. Queremos saber, em um dado segundo, se o dispositivo disparou e matou o gato. Resolvemos a equação e descobrimos, "na melhor das hipóteses", em que todas as outras funções são conhecidas, que a função $\overline{I}$, o vetor de estado, ainda está em dois estados. A resposta, então, assegura-nos que o gato está tanto vivo como morto naquele momento.

Naturalmente, o bom senso "sabe" que isso não pode ser verdade: se abrirmos a caixa, encontraremos um gato vivo ou morto, não algum monstro em um estado mesclado, vivo e morto.

Mas a matemática da física quântica não "sabe" disso. Ela somente "sabe" que o vetor de estado está em um "estado mesclado" (a expressão é realmente usada), e assim prediz que o gato está em um estado mesclado também.

Então, devemos acreditar na matemática da física ou acreditamos no bom-senso?

Os leitores familiarizados apenas com uma forma ou outra do fundamentalismo pensarão que estou prestes a responder essa questão. Não estou. Conforme disse, Schrodinger publicou, pela primeira vez, o problema há mais de cinqüenta anos. Isso representa mais de meio século. Naquele tempo, a maioria dos físicos não havia chegado a nenhuma conclusão consensual e ainda hoje estão discutindo.

O argumento para confiar no bom-senso, nesse caso, parece demais com a epistemologia do presente capítulo. Os modelos da física são abstrações da experiência. Eles são codificados em símbolos, tecnicamente chamados de *formalismos*, os quais são úteis em um determinado tempo e área de investigação. Quando os formalismos são generalizados (quando o modelo é estendido) e os resultados são "obviamente" absurdos, como no exemplo do gato de Schrodinger, então precisamos nos lembrar de que o modelo é somente uma invenção humana ou uma ferramenta êmica, não-idêntica à realidade (não-verbal) *ética*.

Você pode dizer que aqueles que sustentam tal visão estão mais próximos da minha posição, defendendo que, se acreditarmos em um modelo em todos os casos, teremos nos tornado idólatras do modelo.

A posição oposta (e há posições intermediárias também, conforme observaremos) começa por nos lembrar que aquilo que é "óbvio para o bom-senso" não é sempre verdadeiro. A isso se acrescenta que a maioria das grandes descobertas científicas representara um profundo choque para o bom-senso a princípio — Copérnico era inacreditável para aqueles que "sabiam" e sentiam profundamente que estavam pisando em uma Terra que não se movia; Darwin foi igualmente impressionante para aqueles que *sabiam* que eles não eram primatas; Einstein foi quase incompreensível para aqueles que *sabiam* que uma estrada possui apenas uma extensão que é "objetiva".

Os proponentes dessa visão geralmente acrescentam que a mecânica quântica tem sido uma das áreas mais férteis na ciência moderna; ela sustenta não somente metade da física moderna (incluindo as armas nucleares que nos aterrorizam), mas é crucial para muitos outros campos, incluindo a televisão, os computadores e a biologia molecular. Aqueles que seguem por esse caminho dizem que devemos ser ousados, pelo menos como um exercício, e pensar a respeito da seguinte possibilidade: as indicações do modelo quântico podem ser verdadeiras. Se as equações quânticas *nada significam*, porque a tecnologia baseada nelas funciona?

O desenvolvimento dessa visão é conhecido como a teoria do universo múltiplo, ou Modelo EWG — batizado em nome de Everett, Wheeler e Graham, que a propuseram pela primeira vez. Essa teoria afirma que cada vetor de estado produz dois ou mais resultados. Visto que isso não pode estar somente em um universo, há muitos universos. Na verdade, qualquer coisa que *pode* acontecer, *acontece*, em um lugar ou outro, em algum *continuum* de espaço-tempo.

O último porta-voz dessa teoria é John Gribbin, editor de física da *New Scientist*, que escreve abertamente em sua obra *In Search of Schrodinger's Cat*, Bantam, Nova Iorque, 1984, página 238:

> Há um gato vivo e há um gato morto, mas eles estão localizados em diferentes mundos... Frente a esta decisão, todo o mundo — o Universo — divide-se em duas versões de si mesmo... (Essa teoria) soa como ficção científica, mas ela vai muito mais longe do que a ficção científica e baseia-se em equações matemáticas impecáveis, uma seqüência lógica e consistente de aceitação literal da mecânica quântica.

John Archibald Wheeler, um dos maiores físicos quânticos ainda vivos, ajudou a criar esse modelo, mas agora ele diz não mais acreditar nele. O Dr. Bryce de Witt, que escreveu que não seria capaz de levar essa teoria a sério, na primeira vez que se deparou com ela, tornou-se agora um dos seus principais defensores. Outros físicos, que iremos discutir quando retornarmos a esse tópico de maneira mais detalhada, encontraram outros caminhos para superar o gato morto-vivo.

Quando nosso conhecimento da base matemática das estruturas físicas está nesse estado, quando os físicos não concordam uns com os outros acerca do que é uma possibilidade real e do que é um vôo da fantasia, qualquer fundamentalismo parece um tanto quanto prematuro.

SOMBUNALL...

Será essa uma nova droga milagrosa? O mais recente computador do Japão? A palavra no idioma Swahili\* para latrina? Outro empréstimo de *Finnegans Wake*?

---

\* N. do T.: Idioma africano.

*Sombunall* é, penso eu, uma palavra da qual realmente precisamos. Ela significa *parte-mas-não-o-todo**. Já observamos que a percepção envolve abstração (ou subtração). Quando olhamos para uma maçã, não vemos a maçã em sua totalidade, mas somente parte da superfície da maçã. E nossas generalizações, ou modelos, ou túneis de realidade são inventados a partir de coordenações ou orquestrações dessas abstrações.

Nunca conhecemos "tudo"; conhecemos, na melhor das hipóteses, *sombunall*.

Agora, para retornar para minha freqüente ocupação de escrever ficção científica, imagine um mundo no qual o idioma alemão não contém a palavra *"alles"* ou qualquer um dos seus derivados, mas inclui alguma forma de *sombunall*.

Adolph Hitler jamais teria sido capaz de proferir, ou mesmo pensar, a maioria das suas generalizações a respeito dos judeus. Ele poderia ter falado e pensado acerca da parte e não do todo deles.

Não defendo que somente isso teria evitado o Holocausto: não estou prestes a oferecer uma forma de determinismo lingüístico para competir com o determinismo econômico de Marx ou com o determinismo racial de Hitler, mas...

As mentalidades do Holocausto são *encorajadas* por enunciados generalizantes.

Elas são *desencorajadas* por enunciados específicos.

Imagine Arthur Schopenhauer com um *sombunall* de palavras em vez de palavras *generalizantes* em seu vocabulário. Ainda assim, ele poderia ter feito generalizações acerca de *sombunal* mulheres, mas não de todas elas; e uma grande fonte de aversão literária para as mulheres teria desaparecido de nossa cultura. Imagine as feministas escrevendo a respeito de *sombunall* homens, mas não de todos eles. Imagine um debate referente a óvnis no qual os dois lados pudessem generalizar um *sombunall* de visões, mas não haveria nenhuma forma lingüística para generalizá-las.

Imagine o que aconteceria se, juntamente com essa higiene semântica, o "ser" aristotélico fosse substituído pelo neurologicamente mais preciso "parece-me".

A afirmação "Toda a música moderna é lixo" passaria a ser "*Sombunall* das músicas modernas parecem-me lixo". Outros enun-

---

* N. do T.: Em inglês, *some-but-not-all*, parte-mas-não-o-todo.

ciados dogmáticos passariam a ser: "*Sombunall* de cientistas parecem-me ignorantes em relação à arte e à cultura", "*Sombunall* de artistas parecem-me ignorantes em relação à ciência", "*Sombunall* de ingleses parecem-me um tanto quanto pomposos", "Parece-me que *sombunall* de irlandeses bebem muito...".

Os ídolos voltariam a ser modelos ou túneis de realidade; lembraríamos que fomos nós que os criamos ou que eles foram criados por nossos ancestrais. Talvez assim nos tornaríamos surpreendentemente lúcidos.

Isso é somente uma sugestão.

A idolatria medieval consistia em metáforas que eram chamadas de verdades reveladas. A idolatria moderna consiste em metáforas que são chamadas verdades objetivas. Em ambos os casos, as *estruturas lingüísticas humanas*, complexa tagarelice primata, tornaram-se deuses, e aquele que as questionam é considerado um blasfemo, e os sacerdotes buscam destruir a desobediência. Dessa forma, livros são queimados, na Florença de 1300 ou em Nova Iorque, em 1956, conforme veremos.

Substituir um conjunto de metáforas por outro conjunto pode representar um avanço na possibilidade de previsão e, conseqüentemente, na tecnologia, mas isso não cria necessariamente um avanço na inteligência.

Considerar a metáfora *como metáfora* e não como uma espécie de Deus, poderia criar um avanço real na inteligência e no comportamento.

Todo o túnel de realidade ou sistema neurossemântico encoraja-nos a "enxergar" (e atribuir importância para) *alguma* informação, prestar atenção a certos tipos de sinais. Os astrônomos que acreditam no décimo planeta depois de Plutão (por razões matemáticas) estão olhando muito atentamente para sinais daquela parte do tempo-espaço. Enquanto isso, um pintor está prestando muita atenção a uma classe diferente de sinais, envolvendo um jogo diferente de tempo-espaço. Um poeta ou um certo tipo de poeta está mais interessado em sons e conotações do que em estímulos puramente visuais.

Todo túnel de realidade também tende a *desencorajar* a atenção e a vigilância para uma outra classe de sinais. Fico irritado quando o telefone toca enquanto estou escrevendo. Bobby Fisher, o campeão americano de xadrez, supostamente interrompeu uma discussão política para perguntar de forma impaciente: "Que diabos isso tem a ver com xadrez?". Como C.P. Snow observou certa vez, a maioria dos artistas não somente não conhece a Segunda Lei da Termodinâmica como também não tem vergonha de sua ignorância no caso; eles pensam que isso é simplesmente irrelevante.

Devido aos imperativos territoriais da neurologia primata, algumas informações não são somente ignoradas, mas ativamente resistidas. Negação, raiva ou até mesmo desejo de punir o mensageiro que traz as "más notícias" são traços de nossa espécie. Se formos conscientes dessa tendência e tentarmos combater isso em nós, esforçar-nos-emos em *buscar* sinais indesejáveis, como por exemplo, lendo periódicos de grupos cujos túneis de realidade são opostos ao nosso, como Bertrand Russel recomendava freqüentemente. Se ignorarmos ou esquecermos essa tendência primata em nós mesmos, desviarmo-nos-emos para o fundamentalismo, para a Idolatria e para o modo inquisitório de comportamento.

*Liberdades civis são profundamente contra-intuitivas.* É necessário um grande esforço de imaginação e boa vontade para lembrar que aqueles que desprezamos merecem os mesmos direitos legais que aqueles que concordam conosco.

Pelo menos um agnosticismo parcial é necessário antes que possamos ver sinceramente e buscar consistentemente o objetivo de "justiça igual para todos".

Você tem um novo cão e deseja que o cão o trate (em vez de outro membro da sua família) como "mestre". A primeira regra é *alimentar* o cão regularmente e, se possível, nos primeiros meses, certifique-se de que nenhum outro membro da sua família realize essa tarefa.

Em jargão etológico, o cão irá marcá-lo como um equivalente ao cão superior, em um grande grupo de cães selvagens, ou um equivalente mais próximo ao cão superior, em um ambiente de cães primatas domesticados.

Da mesma forma, todas as lavagens cerebrais usam esse princípio, geralmente inconscientemente, alimentando suas vítimas. Isso é necessário para manter as vítimas vivas até que suas mentes tenham sido recondicionadas, mas pode ser uma técnica de reimpressão. Nós também somos animais e temos uma tendência a marcar como o cão superior aqueles indivíduos que nos alimentam quando estamos impotentes. A simpatia "paradoxal" pelos terroristas, freqüentemente relatada por aqueles que foram mantidos prisioneiros, também pode se originar dessa tendência neurológica de transformar em cão superior *aquele* que nos alimenta.

Pode ser chocante para alguns pensar que esse comportamento também pode ser a origem do amor da criança por sua mãe.

Não podemos deixar de nos perguntar quanto do túnel de realidade do império da indústria militar é marcado ou condicionado pela fortaleza científica que é alimentada por ele.

Capítulo 2

# Ceticismo e Fé Cega
(*incluindo comentários a respeito da queima de livros, do surrealismo biológico e das Regras do Jogo*)

*Não farás para ti ídolos ou coisa alguma que tenha a forma de algo que se encontre no alto do céu, embaixo da terra ou nas águas debaixo da terra. Não te prosternarás diante desses deuses e não os servirá.*

Êxodo 20:4-5

    Os fundamentalistas religiosos do tipo extremo geralmente tomam o versículo acima de forma literal e consideram toda a arte como uma forma de pecado contra Deus. Os liberais religiosos, por outro lado, são conscientes de que uma sentença com uma vírgula no meio deve ser lida como um todo. Eles dizem, bastante racionalmente, que o texto acima não está proibindo a criação de imagens e representações em si; está proibindo o ato de *adoração* de uma imagem ou representação. Em termos lógicos, o autor (Moisés ou Deus, conforme preferir) não condena p *ou* q, criar *ou* adorar uma imagem, mas sim p *e* q, criar *e* adorar uma imagem.

    Isso é um alívio para aqueles de nós que gostam de criar imagens. Como um artista (se um romancista ainda puder ser chamado de artista atualmente), eu crio imagens, ou metáforas, ou parábolas (chame-as do que preferir), mas não me curvo nem as adoro, nem espero que meus leitores se comportem dessa maneira indigna.

    Contudo, qualquer imagem ou metáfora pode, rapidamente, tornar-se um ídolo, se não for imediatamente identificada como um trabalho artístico; Bacon e Nietzsche (entre outros) já discutiram essa questão anteriormente.

A tese deste livro defende que, desde a antiga idolatria e da antiga Inquisição, temos visto, sem perceber o que estava acontecendo, o surgimento de uma nova idolatria e de uma Nova Inquisição. Naturalmente, essa tese é uma posição polêmica, um exagero amplamente satírico, uma retórica um tanto quanto fantasiosa.

No entanto, nas páginas seguintes, examinarei os escândalos que a maioria dos indivíduos preferiria esquecer e investigarei as histórias que uma posição confortável preferiria ignorar. Essa tentativa de análise pode ser chamada de expedição até o interior do inconsciente filosófico, em que a sociedade materialista enterra seus *medos e fantasias* reprimidas.

Suspeito que suscitarei antipatias.

Exibirei homens instruídos que se comportam com uma inveja cega das máfias de linchamento do Mississipi, eruditos distintos conspirando para suprimir opiniões dissidentes, sábios agindo como palhaços de circo ou como criminosos.

Alegrarei (ou irritarei) o leitor com criaturas parecidas com lobos, mas que não são lobos; sinais e maravilhas no céu, poucas das quais são convencionais o bastante para serem chamadas de discos voadores; gatos com asas, uma cabra com duas cabeças e uma fuinha falante; mobílias voadoras, mamíferos que levitam, trens fantasmas; uma senhora que parece ter escalado o Monte Everest de salto alto e um homem que pode ter criado uma tempestade com uma energia não-existente antes que os defensores da Razão queimassem seus livros e os jogassem na prisão. Ressuscitarei heresias enterradas, defenderei o indefensável e tentarei pensar a respeito do impensável.

Naturalmente, *a maioria* desses tópicos é oferecida meramente como *entretenimento* intelectual, como comédia filosófica à maneira dos gregos sofistas, que discutiriam acerca de afirmações absurdas apenas para confundir e desnortear o ortodoxo. Não espero que o leitor comum apreenda muito dessa análise de forma séria, não mais que o leitor comum de 1905 consideraria por um momento que o espaço e o tempo pudessem ser relativos para o observador.

Pessoalmente, não sou corajoso ou louco o suficiente para acreditar em tudo o que segue. Eu profiro sarcasmos, levanto dúvidas subversivas, causo desordem e faço perguntas embaraçosas referentes às novas vestes do rei — mas tudo no espírito da diversão. Honestamente. Não mais malicioso que *As Viagens de Gulliver*.

Mas cito a advertência do filósofo lingüista Josiah Warren: "É perigoso entender coisas novas muito rapidamente."

*Possivelmente*, posso ser um tanto quanto sério durante parte do tempo.

Os sacerdotes que servem à fortaleza (a elite científica e tecnológica de nosso tempo) são trabalhadores assalariados, e a maior parte dos seus rendimentos provém do complexo industrial-militar que possui e governa a grande porção do mundo e deseja possuir e governar o restante.

Um indivíduo não precisa ser um marxista dogmático para aceitar alguns dos túneis de realidade marxistas (parte, mas não o todo) e perguntar-se se os sacerdotes da fortaleza apresentam um *interesse econômico* quando apóiam os axiomas de seus empregados e da filosofia imperialista-materialista em geral. Por exemplo, é perigoso para o interesse econômico próprio questionar, mesmo tão distanciado do materialismo fundamentalista, assim como aceitar a "heresia" do materialismo dialético. Adotar uma seita religiosa não-violenta significa, em muitos casos, que um indivíduo é obrigado pela consciência a renunciar à fortaleza.

Esses são fatores poderosos, se tácitos, para determinar o túnel de realidade dentro da fortaleza.

A maior parte dos empregados da fortaleza são homens brancos. Há outras fontes poderosas de preconceito e pode-se até mesmo predizer, a partir deles, que tipo de idéia, de forma geral, é considerada como "impensável" dentro dela.

Negar que esses fatores econômico-estatísticos influenciam os modelos e os túneis de realidade na fortaleza significa contradizer as maiores descobertas dos últimos cem anos nas áreas da Sociologia, Antropologia e Psicologia Social.

O fato de que a filosofia do materialismo fundamental é a única filosofia conhecida que justifica o comportamento do complexo militar-industrial não é uma coincidência. O Cristianismo, o Budismo, o Existencialismo e outras filosofias consideram a elite materialista-militar como uma *monstruosidade*.

Anteriormente, pedi ao leitor que participasse do jogo da lógica aristotélica, classificando algumas sentenças como "verdadeiras" ou "falsas".

A primeira das afirmações era "a água ferve a 100° Celsius".

Dentro do jogo aristotélico com apenas duas escolhas, é provável que a maioria de nós classificasse essa afirmação como "verdadeira". Desde a invenção do termômetro, a maior parte dos indivíduos acredita que essa afirmação é verdadeira. Isso porque os indivíduos têm vivido ao nível do mar, historicamente falando.

Aqueles que vivem nos Alpes, nas Montanhas Rochosas ou no Himalaia e aqueles cientistas que têm realizado pesquisas em tais altitudes percebem que a afirmação deve ser modificada antes que a possamos rotular como verdadeira. Ela deveria dizer: "A água ferve a 100° Celsius *no nível do mar, neste planeta.*"

Da mesma forma, a segunda afirmação "pq é igual a qp" somente é verdadeira ou válida dentro da álgebra comum. Ela não é verdadeira na álgebra, igualmente válida (autoconsistente), inventada por William Rowan Hamilton.

É possível que a "verdade" somente exista quando se especifica um *contexto ou campo* a partir do qual ela está sendo descrita.

A terceira afirmação ("Os Comunistas estão planejando nos escravizar") pode exigir uma análise ainda mais meticulosa antes de concluirmos qualquer coisa a respeito dela. Deixo que o leitor pondere um pouco mais antes de retornar a esse assunto...

Talvez o que eu esteja fazendo neste livro louco seja a demonstração de uma nova lei quase newtoniana *em psicologia*; uma lei segundo a qual todas as ações mentais produzem uma idêntica reação mental oposta, de modo que todo o ídolo, ou obsessão, se adorado com suficiente entusiasmo (e de forma suficientemente séria), gradualmente se transforma em seu próprio oposto.

Em particular, podemos observar evidências de que o *ceticismo* e a *fé cega* freqüentemente se transformam um no outro, respectivamente, no caso de um indivíduo ser lógico ou louco o suficiente para buscar esses conceitos até o ponto da persistência abstrata pura, onde o bom-senso é deixado para trás na urgência pela certeza.

É óbvio que toda fé dogmática produz, ao seu redor, uma camada secundária de dúvida, negação e ceticismo cabal acerca da fé oponente. O mais dogmático fundamentalista bíblico, por exemplo, é capaz de cinismos bastante corrosivos referentes aos milagres de Buda. O mais fanático marxista também é um cínico a respeito da infalibilidade do Papa. Aiatolá Khoumeini acredita em cada palavra do *Alcorão*, mas é absolutamente ateu em relação aos pronunciamentos do Departamento de Estado dos EUA. Isso é universal: cada fé, cada aceitação, cria uma dúvida necessária, ou rejeição, ou coisas fora da fé. Todo ídolo é invejoso de outros ídolos.

De maneira menos óbvia, o cético sério, obsessivo ou ofensivo tem sua própria fé cega, um escotoma psicológico que é inconsciente e, portanto, irreconhecível. Negar de forma dogmática é dizer que algo é *impossível*. Mas declarar isso é reivindicar, tacitamente, que você já conhece o *espectro completo do possível*. Em um século no qual todas as décadas têm trazido descobertas científicas surpreendentes, essa é uma fé imensa, corajosa e audaciosa. Isso exige uma autoconfiança quase heróica e uma ignorância igualmente gigantesca de história intelectual recente.

A única escapatória para essa armadilha, até onde consigo ver, é ser cético em relação ao nosso próprio ceticismo: isso foi o que eu quis dizer com "o Novo Agnosticismo".

*The Skeptical Inquirer*, outono de 1984 (Jornal do Comitê para a Investigação Científica de Eventos Paranormais), volume IX, n.º 1, página 44, artigo do professor Mario Munge: "da mesma forma, a telepatia pode ser um fato, embora não seja clarividência, profecia ou psicocinese, todas essas noções conflitando com as leis básicas da física". Deixando de lado a estranha tolerância do professor Munge pela telepatia, grande heresia para ser impressa *naquele* jornal, observe atentamente o que essa frase diz e o que ela insinua. Parece-me que ela insinua que ele já conhece todas as leis do Universo ou todas as leis *importantes*, e isso é o que quero dizer com uma fé imensa e audaciosa.

Para mim, para você e para os indivíduos que passam na rua, é obvio que ninguém no passado conheceu todas as leis, ou todas as leis importantes; os cientistas de 1904 ficaram impressionados com as descobertas de 1910; os cientistas que viveram em 1914 ficaram espantados com as descobertas de 1920, e assim por diante. Temos aprendido um certo agnosticismo moderado ou um comportamento aberto; estamos preparados para sermos surpreendidos por novas descobertas. O professor Munge não está preparado; ele sabe antecipadamente o que é possível e o que não é. Poucos teólogos da atualidade ousam falar com esse tipo de autoridade dogmática. O "ceticismo" do Dr.

Munge tornou-se uma fé cega, uma fé que ele *conhece* em 1984 que pode ou não pode ser provado em 1990.

Visto que este livro é uma aventura na guerrilha ontológica, uma tentativa de ampliar nossos conceitos relacionados com o pensável, na tradição de Nietzsche, do surrealismo, da patafísica* e de Charles Fort, ele será violentamente denunciado pela fortaleza e pelos indivíduos que se autodenominam céticos, como o professor Munge, indivíduos estes que possuem uma fé cega nos ídolos atuais, nos paradigmas aceitos e nos túneis de realidade tribais em geral. Devido ao fato de possuir um gosto vulgar por uma retórica barroca, continuarei a chamar esses sacerdotes superiores de ídolos modernos, a *Nova Inquisição*, e continuarei a me referir ao túnel de realidade dogmática como o *Novo Fundamentalismo*.

Esses termos não significam somente termos de abuso, assim como todos os polemistas tentam enforcar seus oponentes. Desejo fazer uma distinção entre liberais e fundamentalistas, tanto na ciência como na religião, e até mesmo na filosofia geral. Por exemplo, um indivíduo que teve sua mente expandida ou arruinada por um bom curso de epistemologia pode se tornar um fundamentalista, ou um absolutista, ou um discípulo de Hume, convencido de que todas as provas são impossíveis e de que nenhuma idéia é mais válida que a outra. Mas um estudante mais sábio e menos lógico pode se transformar apenas em um discípulo liberal de Hume, defendendo que nenhuma prova é absoluta, mas que algumas idéias são mais plausíveis que outras. "Se chover, as ruas ficarão molhadas." Da mesma forma, há teístas liberais por toda a parte atualmente, admitindo alegremente a evidência de argumentos inegáveis a respeito da existência de Deus. E há teístas fundamentalistas, sobreviventes da antiga Inquisição, que queimariam na fogueira qualquer um que tivesse dúvidas acerca da questão.

Defino o materialista *liberal,* portanto, como aquele que afirma que o materialismo é a "melhor aposta relativa" entre as filosofias competitivas ou o melhor modelo plausível no momento, enquanto o materialista fundamentalista, movido pelo desconhecimento da filosofia, pela ousadia absoluta ou pela fé cega, proclama que o materialismo é a "única filosofia verdadeira" e que qualquer um que apresente dúvida ou hesitação é um insano, um perverso ou uma

---

* N. do T.: Patafísica — estudo da ciência das soluções imaginárias.

fraude deliberada. Essa "única filosofia verdadeira" é a versão moderna da "única igreja verdadeira" da Idade Média. O materialista fundamentalista é o idólatra moderno; ele criou uma imagem do mundo e agora se ajoelha e a adora.

A ciência fundamentalista é similar a outras formas de fundamentalismos. Sem humor, caridade e uma certa porção de dúvida, ela se comporta de maneira intolerante, fanática e *brutal* em relação a todos os "hereges". Eventualmente, como todos os sistemas ideológicos fechados, torna-se cômica e ridícula. Essa deverá ser minha demonstração principal.

E porque ela prova um certo drama ou comédia inferior, escreverei como se os novos fundamentalistas estivessem firmemente arraigados em estruturas poderosas em toda a parte do mundo moderno e como se realmente agissem como uma nova Inquisição em relação àqueles que rejeitam seu ídolo. Confesso, novamente, que essa retórica é, como todas as polêmicas, exagerada e perversa. Os homens da fortaleza jamais queimaram livros ou conspiraram para suprimi-los; jamais falsificaram evidências que sustentassem seus próprios preconceitos ou se envolveram em campanhas calculadamente obscuras contra aqueles que eram diferentes. São homens honrados, todos homens honrados. Naturalmente.

Todavia (consulte *The Quest for Wilhelm Reich*, de Colin Wilson, Grenada Books, Londres), em outubro de 1957, os agentes do governo dos Estados Unidos dirigiram-se para a Editora Instituto Orgone, na cidade de Nova Iorque. Eles apreenderam todos os livros, colocaram-nos em um caminhão de lixo confiscado, foram até o incinerador da Rua Vandivoort e queimaram-nos.

Isso não aconteceu na "Idade Média", mas sim há alguns anos. Também não aconteceu em uma ditadura fascista ou marxista, mas em uma nação cuja constituição proíbe esse modo piromaníaco de eliminar idéias não-populares. O evento não foi instigado por fanáticos religiosos, mas pelos fanáticos da "ciência", rotulados por J.B. Priestly de fortaleza.

Os livros eram do Dr. Wilhelm Reich, um estudante de Freud e radical político. O Dr. Reich havia sido comunista por um breve período e um socialista por algum tempo e, eventualmente, desenvolveu a própria ideologia, chamada Democracia do Trabalho, que pode ser brevemente descrita como o socialismo corporativo de

Chesterton, o anarquismo de Kropotkin e o marxismo liberal atualmente em voga entre os rebeldes contra o marxismo ortodoxo. O Dr. Reich também acreditava que todas as ideologias, incluindo a sua, eram impraticáveis até que uma revolução sexual da natureza psicológica (e não política) ocorresse e os indivíduos não mais se envergonhassem das suas funções corporais.

Reich irritou a Associação Médica Americana ao assumir uma posição "psicossomática" extrema, defendendo que quase todas as doenças eram causadas pela *repressão*, tanto no sentido freudiano como no sentido político, ou seja, os primatas domesticados haviam sido treinados para uma espécie de submissão masoquista que os tornava, literalmente, doentes, "física" e "mentalmente". Reich também irritou a poderosa Associação Psicanalítica Americana, declarando que a terapia freudiana não curava nada em si e que deveria ser suplementada pelo "trabalho de corpo": técnicas diversas para relaxar os músculos e normalizar a respiração. Além disso, ofendeu mortalmente a fortaleza ao insistir que toda energia nuclear (mesmo na indústria "pacífica") era prejudicial à saúde dos humanos e, para garantir sua impopularidade, ele desafiou diretamente o novo fundamentalismo, alegando a existência de uma nova energia característica dos seres vivos, que ele chamou de *orgone*, energia esta suspeita como a "força vital" apresentada pelos antimaterialistas, como Bérgson e Bernard Shaw.

A guerra de propaganda contra Reich foi conduzida por Martin Gardner, um fundamentalista científico que encontraremos repetidas vezes nestas páginas. O Sr. Gardner tem um método infalível de reconhecimento da ciência real e da pseudociência. A primeira é o que concorda com o seu ídolo e a segunda é o que o desafia. Colin Wilson escreveu: "Gostaria de ter certeza de alguma coisa, assim como Martin Gardner tem certeza de tudo." Nem todos os Papas do século XX coletivamente ousaram questionar tantos dogmas absolutos como o Sr. Gardner; nenhum homem apresentou tamanha fé em sua própria exatidão desde Oliver Cromwell.

As bulas papais do Sr. Gardner contra a heresia de Reich são bastante interessantes e muito típicas do fundamentalismo quando enfurecido. Nelas um indivíduo encontra uma forte inferência de que o Dr. Reich era insano e estaria alucinando, embora isso nunca seja afirmado de maneira direta e inequívoca. É possível para um defensor do Sr. Gardner alegar que essa sentença é injusta, pois Gardner nunca disse explicitamente que Reich era tão louco quanto um rato dançante; ele diz, meramente, que os livros de Reich soam como uma "ópera cômica". Contudo, a *sugestão* de desequilíbrio mental está fortemente presente em tudo o que Gardner escreveu a respeito de Reich. Essa *sugestão* é quase sempre insinuada nas críticas fundamentais pungentes contra aqueles que não aceitam seus ídolos. Pode-se dizer que eles não têm *certeza* de que você é louco se discordar, mas eles suspeitam disso.

De acordo com meu conhecimento (tendo acompanhado por trinta anos as publicações específicas em relação à controvérsia de Reich), Gardner não afirma ter repetido os mesmos experimentos realizados por Reich de forma a obter resultados contrários às suas descobertas. Como um agnóstico, suponho que seja possível que ele tenha feito essa declaração em algum lugar, mas, se assim o fez, tal declaração deve constar em um periódico bastante obscuro, com uma circulação muito limitada. Além disso, os relatórios desses experimentos não foram impressos em nenhuma publicação que eu tenha encontrado. Parece-me que, de acordo com fontes disponíveis, o Sr. Gardner não conduziu nenhum experimento para testar as afirmações de Reich. Parece-me sim que ele possui, ou imagina possuir, o mesmo tipo de conhecimento que o Dr. Munge: ele *sabia* o que era possível e o que era impossível. Dessa forma, a investigação seria desnecessária.

Gardner, juntamente com muitos outros, denunciou o Dr. Reich em todos os meios de comunicação, e os membros da Associação Médica Americana e da Associação Psicanalítica Americana pressionaram o governo para que Reich fosse processado como um excêntrico ou como um "charlatão". O Dr. Wilhelm Reich, motivado pela desilusão de grandeza ou pelo compromisso com seus princípios em relação a idéias libertárias (faça sua escolha), recusou-se a admitir que o governo tivesse qualquer direito de julgar as teorias científicas e, como resultado, foi condenado somente por desobediência à corte. Contudo, o governo prosseguiu com a queima de livros e com a *destruição dos equipamentos no laboratório de Reich com o auxílio de um machado.* Posteriormente colocaram-no na prisão, onde morreu de um ataque cardíaco depois de alguns meses. O colega de trabalho de Reich, Dr. Michael Solvert, cometeu suicídio algum tempo depois.

Seria reconfortante pensar que Reich *era* louco, conforme Gardner sugere. Essa é a atitude sana e conservadora que deve ser tomada. É um tanto quanto enervante pensar que os livros que são queimados nas nações democráticas podem conter algo de valioso, assim como os livros que são queimados em nações não-democráticas.

Ainda assim, queimar livros é um tanto quanto *estúpido*. Isso provoca uma péssima impressão para aqueles criados com Burke, Jefferson e Mill.

E Reich não foi a única vítima da nova inquisição. Houve outros. Nós os conheceremos à medida que avançamos.

O novo ídolo pode ser tão cego e selvagem quanto o velho? Oh, não: eu admito que isso é somente uma retórica melodramática. Mas...

Apenas suponha que o Dr. Reich estivesse parcial ou ocasionalmente certo. Afinal de contas, mesmo um relógio parado está certo duas vezes por dia. Mas a fortaleza queimou todos os seus livros. Trinta anos de pesquisa científica jogados em um incinerador de lixo flamejante, uma oferenda ao deus Moloch da ortodoxia. Os livros incluíam *The Impulsive Personality, A Função do Orgasmo, Análise do Caráter, Psicologia de Massa do Fascismo, A Revolução Sexual, People in Trouble, O Assassinato de Cristo, The Câncer Biophaty*, e outros. Trinta anos de relatórios referentes à prática psicoterapêutica; observações sociológicas dos membros dos partidos nazista e comunista e suas situações no trabalho e suas relações familiares; pesquisa de laboratório a respeito da carga e descarga bioelétrica no orgasmo; estudos clínicos da psicologia de pacientes com câncer e asma; dúzias de supostos experimentos com a energia "orgone". Tudo queimado, consumido.

Não tenho idéia da porcentagem de todos esses anos de trabalho que poderia estar correta. Sei que a fórmula do orgasmo de Reich de quatro estágios de excitação e relaxamento psicológico foi confirmada por Masters e Johnson, e que a sua análise da personalidade fascista foi amplamente aceita por outros psicólogos. Muitas das técnicas terapêuticas que ele descobriu (como ensinar o paciente a gritar, chorar e atacar com os punhos) ainda são amplamente usadas nos Estados Unidos. Frente a esse fato, não deduzo que *todas* as idéias de Reich estavam corretas. Penso que talvez sejam necessárias duas décadas de trabalho envolvendo diversos grupos científicos independentes para selecionar as partes da teoria da energia "orgone" que podem estar corretas e as partes que podem ser tão loucas quanto Gardner e os outros materialistas fundamentalistas afirmaram. Vejo somente uma certeza em toda essa tragédia da queima de livros e intelecto independente trancafiado em uma prisão: não blasfemarás contra o novo ídolo.

Devo enfatizar que nem o Sr. Gardner, nem nenhum dos outros fundamentalistas que publicaram críticas pungentes contra o Dr. Reich eram responsáveis pela queima de livros; esse ato foi de total responsabilidade dos cientistas e burocratas que trabalhavam para o governo dos Estados Unidos, o músculo da fortaleza, por assim dizer. Contudo, a fortaleza observou, impassível. *Apenas 18 psiquiatras em todo o país assinaram um protesto contra a queima dos livros.*

O próprio Sr. Gardner, na edição revisada de um de seus livros — *Fads and Fallacies in the Name of Science*, Editora Dover, Nova Iorque, 1957 — expressou repugnância em relação à queima de livros de Reich.

Apesar disso, a nova inquisição corria solta. Nenhum dos livros do Dr. Reich pôde ser legalmente impresso nos Estados Unidos até 1967. Aqueles que gostariam de formar uma opinião independente acerca das questões científicas não puderam ver nem tocar as páginas *proibidas*.

E o espírito inquisitório continua atualmente. Enquanto muitos psicólogos admitem uma certa racionalidade em algumas das idéias de Reich, para a fortaleza em geral ele não é "respeitável" e os biólogos e os físicos jamais mencionam sua suposta "orgone", exceto para ridicularizá-la. Essa atitude sobrevive apesar do fato de ninguém ter ainda publicado, em um grande periódico científico ou em qualquer pequeno periódico conhecido por mim, experimentos que refutem ou contradigam as afirmações de Reich. Aparentemente, a Fortaleza não tem necessidade de testar suas idéias. A certeza intuitiva de Gardner e do professor Munge parece estar difundida, quase que onipresente, na fortaleza. Todos "sabem" que o Dr. Reich estava errado, então ninguém se dá ao trabalho de investigar a questão. Alguns hereges têm feito isso, mas eles têm sido ignorados.

Em 1962, surgiu um livro chamado *A New Method of Weather Control*, de Charles Kelley, impresso particularmente. Kelley estava trabalhando para o Departamento de Meteorologia dos Estados Unidos quando Reich, pouco antes de ser preso, escreveu para ele dizendo que produziria uma tempestade no Maine para demonstrar a existência da energia "orgone" oficialmente inexistente. A tempestade aconteceu.

Já explicamos que mesmo um relógio parado está certo duas vezes por dia. Além disso, *foi somente uma coincidência* (lembre-se dessa frase. Ela constitui a ladainha auto-hipnótica, por meio da qual a nova inquisição extermina todas as evidências das quais ela não gosta. Nós a ouviremos com freqüência.)

Mas Kelley ficou intrigado com o homem que fabricou uma tempestade com uma energia não-existente. Ele repetiu os experimentos de controle de meteorologia do Dr. Reich. Seu livro apresenta fotos dos supostos resultados. Estas provaram de forma conclusiva que seus experimentos funcionaram; do contrário, Kelley é um perito em falsificar fotos, pois todas elas desafiaram os dogmas da nova inquisição e por esse motivo são, *por definição*, falsas.

Mesmo assim, o impulso do pecado e da heresia está em todos nós, exceto por alguns partidários da fé, como Gardner e Munge. Assim, alguns ousarão perguntar: e se Kelley não falsificou as fotos?

Essa é a forma pela qual os poderes das trevas nos seduzem. O caminho para o inferno é fácil. Você se permite questionar algo como isso e, em seguida, está se perguntando a respeito de óvnis, ou percepção extra-sensorial, ou até mesmo astrologia. Você pode acabar comendo legumes e fazendo meditação.

A controvérsia de Reich não está morta, embora os livros tenham sido queimados e o homem, enterrado. A cada ano, um livro escrito por um semeador do diabo é publicado, afirmando que os experimentos do Dr. Reich foram repetidos e os resultados obtidos foram positivos, ou seja, também confirmando os experimentos de Kelley. Em *Orgone, Reich and Eros*, o sociólogo Erik Mann descreve seus experimentos com uma "orgone" universal que funcionou, ou parece ter funcionado. Em *Love and Orgasm*, o médico Alexander Lowen cautelosamente usa a vaga expressão "bioenergia" em vez da expressão proibida "orgone", mas afirma que seu trabalho com pacientes confirma os experimentos de Reich. Em *Orgone and Me*, o ator Orson Bean diz ter *visto* a "orgone" depois de ter sido tratado por um médico "orgonômico", Dr. Baker. Em *The Cosmic Pulse of Life*, o oficial aposentado da marinha

Trevor Constable apresenta fotos que ou confirmam as teorias de Reich, ou mostram que Constable, como Kelley, sabe como falsificar fotos. Ainda assim, alguns podem ter dúvidas referentes a esse ponto. Não sei. Não estou particularmente interessado na porcentagem da teoria de Reich que estava certa ou errada. Apresento esse caso como uma ilustração de como o ídolo atual, a ortodoxia do materialismo biológico, mantém-se. E, da mesma forma, todas as ortodoxias e ídolos têm se mantido. Veremos mais a respeito disso quando mencionarmos o caso do Dr. Sheldrake, o biólogo inglês que redescobriu a "orgone", ou algo bastante parecido, e a denominou "campo morfogenético".

Voltando para nossas proposições, e se "a água ferve a 100 graus Celsius" for uma afirmação verdadeira apenas ao nível do mar, neste planeta, e talvez em alguns lugares similares no *continuum* tempo-espaço, mas não *em todos os lugares*? E se a proposição "pq é igual a qp" foi uma afirmação verdadeira (ou "válida") dentro de um tipo de álgebra?

Então, talvez a "verdade" seja somente relativa a um contexto de alguma espécie.

Bem, talvez. Não espero que todos cheguem a essa conclusão imediatamente. Estamos tentando passar de um nível de ceticismo para outro mais elevado. Não vamos pular todos os níveis ainda.

No entanto, devemos nos lembrar da opinião de Sir Karl.

Popper, que afirma que jamais poderemos estabelecer a verdade absoluta, visto que isso exigiria um infinito número de testes. Popper também argumenta que a mentira infinita *pode* ser estabelecida, visto que uma afirmação na forma *absoluta* é falsificada quando uma única exceção para ela é encontrada.

Se aceitarmos esse ponto de vista historicamente plausível, então o jogo aristotélico do verdadeiro/falso torna-se relativo para o nosso conhecimento em um momento particular na história e deve ser modificado *pelo menos* para "Relativamente Verdadeiro" e "Absolutamente Falso".

Por exemplo, a menos que sejamos absolutamente pedantes, a afirmação "Ronald Reagan escreveu *Hamlet*" deve ser considerada absolutamente falsa. Se *desejarmos* ser excessivamente pedantes, podemos reescrever esta afirmação como "Ronald Reagan escreveu a versão de *Hamlet* atribuída a Shakespeare", e então ela será absolutamente falsa, já que conhecemos *pelo menos uma* (e, de fato, muitas) das cópias do *Hamlet* de Shakespeare que foram impressas antes que o Sr. Reagan tivesse nascido (assim, evitamos a possibilidade "enganosa" de que o Sr. Reagan tivesse escrito sua própria versão de *Hamlet,* na juventude, e, então, recobrou a sanidade e a destruiu, como eu mesmo destruí minhas efusões poéticas da juventude).

E quanto à afirmação 3, "o infame Dr. Crippen envenenou sua esposa"? Nós estipulamos que "o infame Dr. Crippen" é o Dr. Crippen que a maioria dos leitores estão pensando, o primeiro homem preso pela telegrafia sem fio: *aquele* Dr. Crippen.

Essa afirmação, como aquelas referentes ao ponto de ebulição da água e ao pq igual a qp, parece ser, pelo menos, relativamente verdadeira para a maioria de nós. É interessante, contudo, que tenhamos passado por três *tipos* de verdade relativa.

"A água ferve a 100 graus Celsius" é "verdadeira" quando se refere às leis da física ao nível do mar, neste planeta.

A afirmação "pq é igual a qp" é *válida* (a palavra "verdadeira" é raramente usada nessa área) relativa a *um* tipo de álgebra, o tipo mais usado em questões econômicas (não é válida na álgebra de Hamilton, usada na mecânica quântica).

"O infame Dr. Crippen envenenou sua esposa" é uma afirmação "verdadeira" relativa às leis da evidência em nosso sistema legal. Tradicionalmente, expressamos isso dizendo que o Dr. Crippen foi considerado culpado sem qualquer dúvida. Esse tipo de "prova" não é do mesmo tipo *experimental* da física nem do tipo *formal* da matemática; é uma prova *legal*. Com o risco de parecer ainda mais pedante e irritante do que de costume, sugiro que as provas científica, matemática e legal têm *regras* diferentes, de forma que fazem referência a três tipos de "verdades" ou três tipos de demonstrações. "O infame Dr. Crippen foi condenado por envenenar sua esposa" parece ser um quarto tipo de afirmação, ou seja, uma verdade "histórica", que é mais certa que a "verdade legal" (ele envenenou sua esposa). A "verdade" histórica (Crippen foi condenado) é baseada *na hipótese de que nós possuímos registros precisos*, mas a afirmação de que Crippen *era* culpado é baseada na hipótese adicional de que o júri não cometeu um erro no caso.

E quanto à afirmação 4, "os comunistas estão planejando nos escravizar"? Essa não parece ser uma "verdade" científica, *ou* uma "verdade" matemática (validade), *ou* mesmo uma "verdade" legal. Que tipo de "verdade" (*ou* falácia) ela seria?

Essa é difícil. Seria melhor se adiássemos essa decisão novamente, enquanto continuamos nossa excêntrica excursão que vai do primeiro nível de ceticismo para o segundo nível.

A fortaleza possui um departamento de propaganda vigoroso e versátil nos Estados Unidos chamado Comitê de Investigação Científica de Eventos Paranormais ou CSICOP,* resumidamente. Você não ficará surpreso em saber que Martin Gardner e o professor Munge estão entre seus porta-vozes. O método do CSICOP para "investigação científica" geralmente é difundir uma campanha de difamação na mídia contra qualquer pesquisador de cujas idéias eles não gostem.

O que eu acabo de dizer? Isso foi polêmico e injusto. Peço desculpas. Eles são todos homens de honra.

Revista *Fate*, Estados Unidos, outubro de 1981: artigo da página 32, intitulado "Starbaby", de Dennis Rawlins, um físico de Harvard que conhece o CSICOP profundamente. Ele foi um de seus co-fundadores em 1976, serviu em seu Conselho Executivo, de 1976 a 1979, e era um dos editores associados do periódico (originalmente *Zetetic*, atualmente *The Skeptical Inquirer*) de 1976 a 1980. Estou temeroso em escrever isto: uma terrível blasfêmia até mesmo depois de coisas como "orgone", mas...

Rawlins descobriu, no início de 1977, que o primeiro estudo científico realizado pelo CSICOP havia sido, para dizer sutilmente, errôneo. Ele denomina as técnicas de estatística usadas "incorretas". A professora Elizabeth Scott, do Departamento de Estatística da Universidade da Califórnia, chamou-a de "equivocada". Qualquer que seja sua denominação, ela era, como veremos, um fragmento notável de lógica impossível.

Este era o caso: o estatístico francês Michael Gauquelin havia publicado uma amostra estatística de grande escala que, aparentemente, confirmava as predições astrológicas. O CSICOP havia decidido refutar essa teoria. Rawlins diz que não havia dúvida na mente dos membros do CSICOP de que o que eles pretendiam era a *refutação* da teoria e não o exame imparcial. Isso seria realizado por

---

*N. do T.: CSICOP — Originalmente, Committee for Scientific Investigation of Claims of the Paranormal.

meio da concentração das suas críticas em uma área em particular, que passou a ser conhecida como "o efeito de Marte". Marte, relativamente à Terra, pode ser classificado como o ocupante de 12 posições no céu em vários períodos. Duas dessas posições podem ser consideradas "favoráveis" para o nascimento de campeões de esportes. Se não há validade na astrologia, a chance de os campeões nascerem nessas duas posições ("Elevação de Marte" e "Transição de Marte") é de 2/12 ou, aproximadamente, de 17%. A estatística de Gauquelin demonstrou que a porcentagem dos campeões de esportes europeus nascidos nesses dois períodos era de 22%.

Agora, esse desvio de mais de 5% pode não parecer impressionante para um leigo, mas para um estatístico ele é significativo. As probabilidades *contra* esse fato acontecer por acaso são de muitos milhões em uma. Assim, se as estatísticas de Gauquelin são válidas, ou a astrologia é particularmente confirmada, ou alguma outra explicação para o desvio se faz necessária.

O relatório do CSICOP declarava ter identificado o fator que explicava o desvio. Ele é conhecido como o "efeito Marte/alvorecer" e significa, simplesmente, que, quando Marte está "surgindo", movimento relativo a um ponto na Terra, está amanhecendo naquele lugar. O relatório do CSICOP afirmou provar que os 22% dos campeões de esportes nascidos naquela época não eram significantes porque 22% de todos os *seres humanos* nasceram naquela mesma época, porque mulheres grávidas são levemente mais propensas a entrar em trabalho de parto ao amanhecer do que em outros períodos do dia.

O relatório não provava isso. Ele obtinha esse resultado falsificando números, especialmente por meio da redução dos números totais dos campeões de esportes de 2.088 para 303. Isso foi o que Rawlins chamou de "falsificar" e a professora Scott denominou uma técnica estatística "equivocada". Se o CSICOP tivesse notícia de um parapsicólogo ou astrólogo fazendo algo similar, eles poderiam chamar isso de "fraude" ou "alteração de dados". Em todo caso, quando os números são corrigidos e todos os 2.088 campeões de esportes são considerados, em vez da amostra parcial de 303, as estatísticas realmente confirmam a teoria de Gauquelin. Os números reais são: 17% de todos os humanos nasceram dentro da zona "efeito Marte" conforme a probabilidade prediz, e 22% dos campeões esportistas são nascidos nesse período, conforme Gauquelin havia postulado.

Conforme afirmei, Rawlins classifica isso como "falsificação". Alguns terão um nome mais forte para tal manipulação. Em relação ao que segue, parece não haver nenhuma probabilidade para o uso do termo "falsificação" ou incompetência geral como explicação.

Rawlins e a professora Scott descobriram a fraude estatística no relatório antes do final de 1977. Em 1978, Rawlins, um membro do conselho executivo do CSICOP, tentou corrigir o erro. Sua tentativa foi em vão e ele denomina o comportamento de outros executivos da CSICOP um "disfarce" e compara esse evento com o caso Watergate na política.

O Comitê recusou-se a publicar uma carta de Rawlins a respeito da questão, embora ele fosse o editor associado do seu periódico.

Quando Rawlins realizou um estudo complementar, que surpreendentemente contradisse Gauquelin, o CSICOP ficou satisfeito em publicá-lo, mas recusou a sua inclusão em uma seção descrevendo o erro no relatório original.

Ao insistir que eles imprimissem uma sentença dizendo que parte do seu artigo havia sido censurado, os outros editores concordaram verbalmente e, então, removeram a sentença sem que ele soubesse. Ou seja, eles não somente o censuraram, como também censuraram sua tentativa de dizer aos leitores que eles o estavam censurando.

No momento em que Rawlins insistiu que uma equipe de peritos deveria julgar a questão, os executivos não permitiram que uma equipe imparcial fosse escolhida: eles mesmos selecionaram seus próprios peritos. Apesar disso, os peritos concordaram que, quando os erros eram corrigidos, o relatório original realmente confirmava a estatística de Gauquelin em vez de refutá-la, conforme Rawlins e a professora Scott haviam confirmado desde o começo. Então, o comitê recusou-se a publicar o relatório dos peritos.

Em 1979, Rawlins sentiu que havia presenciado tanta desonestidade nessa questão que um pronunciamento se fazia necessário, mas hesitou porque "não queria ferir o racionalismo". Ele continuou a lutar para que suas correções fossem publicadas e, finalmente, percebeu que "o cinismo do governo da força estava tirando vantagem daquela relutância" e explorando sua lealdade para com a causa. Ele tentou dar uma entrevista coletiva à imprensa, mas o conselho executivo interrompeu a entrevista antes que ele pudesse se expressar.

O conselho executivo reuniu-se em uma assembléia exclusiva, com a presença de todos os membros, exceto Rawlins, que votaram a favor de sua exclusão. Permitiram que ele continuasse como editor associado do periódico, e ele continuou a lutar para que suas correções fossem publicadas por mais um ano. Em 1980, ele pediu demissão do CSICOP, totalmente desiludido.

Para resumir: o CSICOP publicou um relatório cientificamente falso. Eles impediram todas as tentativas de um membro do conselho executivo de informar que o relatório era falso. Quando os peritos escolhidos por eles mesmos concordaram que o relatório era falso, eles omitiram o relatório dos peritos. Isso continuou durante um período de quatro anos (1977-1981), e se o termo "falsificação" explica o começo desse evento, o termo de Rawlins, "alteração", certamente não parece muito forte para o que segue.

Talvez minha frase perversa e polêmica acerca de novo fundamentalismo não seja tão forte?

Revista *Fate*, edição de setembro e outubro de 1979, "The Crusade Against the Paranormal", de Jerome Clark e J. Gordon Melton:

Outro membro fundador do CSICOP demitiu-se ou foi expulso; os julgamentos diferem.

O professor Marcelo Truzzi, sociólogo da Universidade Oriental do Michigan, era editor do periódico do CSICOP quando ele ainda se chamava *Zetetic*. Truzzi tinha uma diferença de opinião com o conselho executivo, questionando se as opiniões divergentes deveriam ser publicadas. Ele diz que o CSICOP não é cético em relação ao verdadeiro significado daquela palavra, mas é um "corpo de advocacia sustentando pontos de vista ortodoxos estabelecidos". Em outras palavras, seu suposto ceticismo tornou-se, como qualquer paradoxo sugere, apenas outra fé cega dogmática.

Truzzi iniciou seu próprio periódico, agora chamado *Zetic Scholar*, competindo com o periódico do CSICOP, *The Skeptical Enquirer*. Ele segue o procedimento normal do que é geralmente considerado um debate adulto entre pessoas sãs: publica artigos referentes a ambos os lados de cada questão e permite um debate aberto; diferentemente do *Skeptical Enquirer*, que somente publica artigos que defendem um lado da questão, visto que eles já conhecem a verdade. Sua fúria contra ele é o que qualquer estudante da arte do sacerdócio esperaria.

*Metamagical Themas*, de Douglas Hofstadter, páginas 111-113:

Hofstadter, um bom amigo e admirador da estrela do CSICOP, Martin Gardner, fornece sua versão do êxodo do professor Truzzi. Truzzi queria publicar artigos que defendiam os dois lados da controvérsia Velikovsky (a qual iremos examinar brevemente). Gardner pensava que isto atribuiria a Velikovsky uma "legitimidade injusta" e insistiu na atitude que defendia somente um lado, que agora prevalece no CSICOP (como um libertário, devo admitir que isso é incompreensível para mim. Atacar as idéias de um homem e, então, recusar-se a permitir que ele ou seus defensores respondam aos ataques parece-me idolatria, se não fascismo. Dizer que, *depois de atacá-lo*, permitir uma refutação atribuiria a ele "legitimidade injusta" é uma racionalização que, penso eu, somente o mais fiel pode acreditar ou até mesmo discutir com seriedade). Hofstadter defende Gardner da melhor forma possível, chamando Velikovsky de "antipático", mas acaba admitindo que, pessoalmente, ele preferiria um debate aberto. Mesmo assim, ele ainda apóia o CSICOP.

Enquanto isso, o conselho não está ouvindo Hofstadter. Eles não permitem o debate aberto em seu periódico. O ponto de vista herético de Jefferson, que defende que até mesmo os antipáticos têm o direito de serem ouvidos, ainda não permeou seu cérebro.

Para retornar à nossa lista de diferentes *tipos* de afirmações que o discurso humano pode proferir e lembrando que qualquer conjunto de proposições internalizadas cria um túnel de realidade que edita a experiência, considere a afirmação número 6, "Marilyn Monroe foi a mulher mais bela de seu tempo".

Isso não pode ser considerado uma afirmação científica, visto que não há nenhum instrumento para medir a beleza comparando a Sra. Monroe com, digamos, Jane Russel ou Diana Dors. Tampouco é uma afirmação matemática. Também não constitui um veredito legal, uma vez que nenhum júri conduziu o caso.

Seguindo algumas idéias da semântica e da lógica moderna, sugiro que a afirmação "Marilyn Monroe foi a mulher mais bela de seu tempo" seja considerada uma *afirmação auto-referencial*. Ou seja, ela diz respeito ao sistema nervoso do enunciador. De maneira apropriada, ela deveria ser formulada da seguinte maneira: "Marilyn Monroe parecia-me a mulher mais bela do seu tempo". Expressada dessa forma, ela é "verdadeira" (a menos que queiramos ser tão ardilosos a ponto de supor que o falante está deliberadamente nos enganando).

Tais "verdades" auto-referenciais são válidas somente para uma pessoa de cada vez, ou um grupo de pessoas, e dizem respeito somente ao sistema nervoso ou sistemas nervosos daqueles que as adotam. Isso não significa que elas são "falsas"; significa apenas que são ainda mais relativas (e subjetivas) do que provas legais, por exemplo, e que eles são muito diferentes das "verdades" matemáticas ou científicas.

Parece que uma fonte poderosa do erro e do dogmatismo potencial penetra nosso "pensamento" quando nossa linguagem *não é meticulosa o suficiente*. A frase "Marilyn Monroe era a mulher mais bela de seu tempo" *parece* ser uma afirmação de alguma "realidade objetiva" e pode, facilmente, levar a discussões com fãs de Sophia Loren; mas "Marilyn Monroe parecia a mulher mais bela de seu tempo" declara-se como uma afirmação auto-referencial e não se confunde com afirmações "objetivas".

Da mesma forma, a afirmação 13, "Beethoven é um compositor melhor que Mozart", pode ser considerada uma afirmação auto-referencial, que deveria ser reformulada mais corretamente como "Beethoven parece-me um compositor melhor que Mozart". Naturalmente, a crítica musical (e a crítica da arte em geral) seria menos espirituosa e maliciosa se essa reforma semântica fosse aceita; mas ela poderia fazer mais sentido.

De acordo com os positivistas lógicos, as afirmações a respeito da beleza comparativa de Monroe e Loren, ou Beethoven e Mozart, ou Van Gogh e Picasso deveriam ser consideradas "sem sentido". Não somos tão rigorosos aqui. Admitimos que tais afirmações tenham um sentido para os indivíduos que as formulam. Estamos apenas sugerindo que, ao nomearmos tais afirmações como auto-referenciais, podemos evitar erros e explosões emocionais que, inevitavelmente, passam a conversação, quando é tacitamente suposto que todas as afirmações pertencem à mesma categoria que aquelas referentes ao ponto de ebulição da água, ao pq e qp ou até mesmo sobre o Dr. Crippen e o envenenamento de sua esposa.

E quanto à afirmação 10, "*O Amante de Lady Chatterley* é um romance pornográfico"? Poderia ser dito que essa é uma afirmação legalmente verdadeira até que as cortes mudaram de idéia, eu suponho. Também pode ser dito que esse tipo de afirmação é tão auto-referencial quanto aquelas acerca da beleza comparativa, e as cortes, ao considerarem essa questão, estavam confundindo a classe auto-referencial com outras classes mais objetivas. Infelizmente, são pensamentos como esses que têm me transformado no caso mais triste de agnosticismo grave que conheço. Enquanto isso, até que uma medida seja inventada, todas essas questões referentes à *Lady Chatterley*, ou a Shakespeare ou aos filmes de Marilyn Chambers são brutalmente diferentes daquelas questões a respeito de quantos volts existem em um circuito elétrico.

Até que algum medidor para tais questões chegue ao mercado, seria sábio considerar afirmações acerca de beleza e pornografia como, pelo menos, auto-referenciais, mesmo se não nos associarmos aos positivistas lógicos ao classificá-las como completamente sem sentido.

Mas, e a afirmação 11, "*O Amante de Lady Chatterley* é um romance machista"? Se chamarmos essa afirmação de auto-referencial, tornar-nos-emos ainda mais impopulares. Como no caso de uma nova fábrica nuclear mencionada anteriormente, parecemos estar ultrapassando uma fronteira na qual o "científico", o "estético" e o "moral" não podem ser desvinculados para a satisfação de dois comentaristas: onde o "objetivo" e o "subjetivo" se sobrepõem de maneira alarmante.

Talvez o reconhecimento do problema, em vez da tentativa de resolvê-lo, seja um passo em direção à luz?

*New Sunday Times*, Malásia, 22 de fevereiro de 1981: um garoto de 15 anos apresenta "uma temperatura estranhamente alta" durante dez anos, desde que ele tinha 5 anos de idade. Os médicos nada encontram de errado com ele, e ele não está doente ou aflito. Os vizinhos chamam-no de "menino fogo", diz a reportagem.

O que devemos fazer com uma história como essa? Alguns, suponho, acreditarão e alguns atribuirão a história ao RIO — Repórter Inescrupuloso Onipresente —, o cavalheiro responsável por todas as histórias sensacionais e bizarras do jornal.

Não sei. Somente reflito. Visto que não há nada "paranormal", "extraterrestre" ou assustador acerca disso, imagino que a maioria dos leitores também pensará a respeito. Talvez isso signifique que não há tabu contra o pensamento referente a esse tipo de estranheza?

*Straits Times*, Singapura, 26 de fevereiro de 1981: uma recém-nascida de 18 meses, em Mianyang, sudoeste da China, também apresenta uma temperatura anormal. Diferentemente do "menino fogo", ela nasceu com esta "doença" ou "problema". Os médicos a examinaram e, supostamente, não encontraram nenhum problema médico.

O Repórter Inescrupuloso Onipresente ataca novamente? Talvez. Novamente, visto que nenhum tabu é quebrado, muitos podem considerar esse evento como uma estranheza possível em vez de uma farsa óbvia.

*Phenomena*, de Michell e Richard (Thames e Hudson, 1977), página 24: em 1934, uma paciente de asma chamada Anna Monaro desenvolveu uma luminescência *azul* em volta de seu peito enquanto ela dormia, e somente enquanto dormia. Muitos médicos tentaram explicar esse mistério, mas nenhuma explicação era aceitável para todos eles. Então, discutiram incessantemente enquanto a senhora Monaro continuava a brilhar. O caso é discutido no *Times* de Londres, em maio de 1934.

A energia "orgone" de Reich é supostamente azul, mas isso era somente alucinação.

*Phenomena*, mesma página, citando a obra do Padre Thurston, *Physical Phenomena of Mysticism*, diz que muitos santos católicos foram vistos brilhando da mesma forma. Isso é superstição católica, naturalmente, mas, ainda assim, um dos casos de Thurston, Santa Ludovina, brilhava somente quando dormia, como a senhora Monaro. Alguns podem pensar que um detalhe bizarro como esse, que soa menos como o "miraculoso" que como meramente enigmático, não é útil à noção da Inteligência Divina. Parece mais a Tolice Divina ou um fenômeno natural que, no momento, não entendemos; algo que um materialista liberal, conforme diferenciado de um fundamentalista, pode estar disposto a pensar.

Não estou defendendo idéias específicas aqui. Estou tentando trazer para o nível consciente o tipo de *decisão* que não é completamente consciente e que determina, para cada um de nós, quais pensamentos são "pensáveis" e quais são "impensáveis".

De alguma forma, passando de temperaturas anormais para luminescência azul e "auréolas", parecemos ter cruzado uma linha e, para a maioria dos leitores, o ceticismo está aumentando. Pergunto-me por quê. Seria possível que aquilo que chamo de novo ídolo domine o mundo moderno de tal forma que até mesmo aqueles que lêem um livro subversivo como este ainda permanecem inquietos com a possibilidade de se tornarem blasfemos e hereges?

Lembre-se: não estou pedindo que você acredite nessas histórias. Sabemos quanta besteira é publicada atualmente, não sabemos? Estou meramente pedindo que observe em você a *força* e a *urgência* do impulso de negar tudo imediatamente. Esse impulso varia de acordo com o peso da evidência circunstancial ou de acordo com a quantidade dos seus próprios túneis de realidade impressos e condicionados que são desafiados.

Se você disser "Santa Ludovina não brilhava", você está fazendo uma afirmação aparentemente objetiva acerca de eventos que você não presenciou de forma a examinar pessoalmente. Se, por outro lado, você disser: "Eu duvido que Santa Ludovina brilhava", você está relatando, de forma verdadeira, como seu sistema nervoso opera, como seu túnel de realidade impresso e condicionado julga coisas que não foram observadas. Quais dessas afirmações parecem estar mais de acordo com a neurologia atual e com a psicologia perceptiva?

Jornal *Herald*, Nova Iorque, 7 de setembro de 1871: Nathan Coker, um ferreiro de Easton, Maryland, era imune à dor causada pelo fogo, *mas não a outros tipos de dor*. O *Herald* alega que Coker demonstrou sua imunidade para vários investigadores científicos, segurando atiçadores quentes em sua mão sem hesitar e colocando chumbo derretido em sua boca e cuspindo em seguida, sem apresentar nenhuma marca de queimaduras na língua ou nos lábios.

Isso é tão estranho quanto Reich e sua energia "orgone", eu sei. Aqueles que foram doutrinados, ou intimidados, ou convertidos religiosamente pelo materialismo fundamentalista jamais considerarão isso por um minuto: é tão "impossível" quanto o ato dos polinésios de andar sobre o fogo. Isso *tem* de ser o trabalho do Repórter Inescrupuloso Onipresente, que havia sido empregado pelo jornal *Herald*, em 1871.

*Phenomena*, de Michell e Richard, *op.cit.*, páginas 30-31: diversas testemunhas relatam a *proibida* e impossível caminhada sobre o fogo.

Essas testemunhas eram todos tolos ou mentirosos, naturalmente.

Um dos indivíduos que caminhou sobre o fogo descrito (página 30) foi supervisionado e observado por autoridades médicas da Universidade de Londres.

Bem, eles foram todos enganados ou iludidos. Todos os cientistas que relataram coisas repugnantes para o dogma materialista fundamentalista foram enganados ou iludidos *por definição*. Veja as polêmicas intermináveis no periódico *The Skeptical Enquirer* contra todos aqueles cientistas que não podem enxergar, precisamente, o que está em frente aos seus olhos e que devem ser corrigidos pelos membros do CSICOP, que conhecem *a priori* o que é e o que não é "possível". Notem em particular as intermináveis diatribes do membro do CSICOP James Randi contra os Drs. Puthoff e Targ, físicos do Instituto de Pesquisa de Stanford (Palo Alto), que permitiram que Uri Geller entrasse em seu laboratório e relatasse aquilo que o Sr. Randi, que não estava lá, *sabe* impetuosamente que não poderia ter acontecido.

*Fortean Times*, inverno de 1984, número 42, páginas 10-12: um suposto *poltergeist* na casa da família Resch de Columbus, Ohio. De acordo com os moderadamente supersticiosos, um *poltergeist* "é" um fantasma de alguma espécie; de acordo com os extremamente supersticiosos, ele "é" um demônio do inferno (veja *O Exorcista*). De acordo com os parapsicólogos, ele "é", geralmente, uma explosão de energia emocional, na forma "psicocinética", proveniente de um indivíduo perturbado, normalmente um adolescente. Segundo o materialismo fundamentalista, tudo isso "é" somente fraude ou ardil, naturalmente. O que quer que tenha sido, ele supostamente arremessava relógios, castiçais e outras peças de mobília, fazia as luzes ligarem e desligarem em intervalos estranhos e até mesmo arremessou um telefone na presença de um fotógrafo do jornal *Dispatch*, de Columbus (a foto é mencionada no citado *Fortean Times*, página 11).

Então, o Sr. Randi, do CSICOP, chegou e, sem entrar na casa, anunciou que os eventos eram uma fraude. A família Resch, ofendida, recusou-se a permitir sua entrada. Conseqüentemente, ele foi embora, supostamente sabendo que aquilo era uma fraude.

Assim como o Sr. Randi, eu nunca entrei naquela casa; diferentemente dele, não tenho certeza do que estava acontecendo lá. *Talvez* fosse uma fraude.

*Fortean Times* cita do jornal *Columbus Dispatch* as palavras de um eletricista, Bruce Claggett, que havia sido chamado pela polícia para consertar o problema das luzes que se ligavam e desligavam. O Sr. Claggett diz: "eu fiquei lá por três horas e as luzes se acendiam por toda a casa. Tentei prender os interruptores, mas assim que eu colocava a fita adesiva prendendo-os na posição "desligado", eles se soltavam e voltavam a acender as luzes."

Isso *poderia* dar o que pensar para um indivíduo cuja fé não é tão veemente quanto a fé do Sr. Randi e de seus colegas do CSICOP. Poderia até mesmo provocar a curiosidade?

*Evening News*, Londres, 30 de agosto de 1921: nasce uma criança com uma cabeça de lobo em Avigon, França, e morre depois de cinco dias.

Provavelmente um exagero. Sua cabeça *apenas* lembrava a cabeça de um lobo...

O jornal diz também que ele tinha garras de lagostas em vez de mãos.

O que *você* acha, querido leitor? Isso é *mais* ou *menos* provável de ser uma fraude que o *poltergeist* em Columbus, Ohio?

Para o menino com cabeça de lobo, temos alguns detalhes; para o *poltergeist*, temos uma foto (que pode ser falsificada), e o nome de um eletricista como testemunha (mas ele pode ser fictício, se o Repórter Inescrupuloso Onipresente estivesse trabalhando em Columbus naquele ano). Se tivermos de adivinhar qual história é mais improvável, deveremos decidir com base nesses detalhes ou com base em um pré-julgamento de que um recém-nascido teratóide descrito não é tão absurdo quanto um "fantasma"?

Se você está disposto a pensar que os eventos em Columbus são possíveis, você também tende a acreditar na explicação do fantasma, ou na teoria do demônio, ou na força "psicocinética"? Por que?

*Sunday Dispatch*, Londres, 10 de junho de 1933: um gato com asas. Ele foi supostamente encontrado pela Sra. Hughes Griffith, de Summerstown, Oxford. O zoológico de Oxford, supostamente examinou o gato e decidiu que as asas eram reais.

Mais uma vez, o Repórter Inescrupuloso Onipresente?

Há uma foto do gato alado juntamente com a história.

Então, o repórter inescrupuloso foi auxiliado por um fotógrafo inescrupuloso? Todos *sabemos* que as fotos de Kelley dos efeitos da energia "orgone" nas árvores e nas nuvens são falsas, assim como todas as fotos de óvnis, e a foto do telefone que levitou, pelo menos segundo aqueles que *sabem* o que é impossível.

Suponho que essa foto também possa ser falsa.

Isso porque é mais fácil imaginar uma briga genética produzindo um garoto com uma cabeça de lobo e garras de lagosta (ou cabeça e mãos tão desfiguradas a ponto lembrarem características de um lobo e uma lagosta) do que imaginar uma *ressaca* genética estranha o suficiente para produzir asas em um gato.

*Fortean Times*, verão de 1981, edição número 34: carta de Sid Birchby afirma que se lembra do gato alado em Oxford, 1933. O Sr. Birchby afirma que o zelador do zoológico declarou que as asas eram reais, mas que o gato não poderia voar.

O Sr. Birchby também fala a respeito de um *segundo* gato alado divulgado em 23 de setembro de 1975, em Manchester, no jornal *Evening News*. Este foi encontrado quando ainda era jovem, e as asas levaram um ano para se desenvolver. Elas mediam, aproximadamente, 28 centímetros dos ombros até a ponta.

Birchby diz que essa história também era acompanhada por uma foto. Bem, então, pelo menos dois repórteres malucos encontraram dois fotógrafos igualmente nefastos e, por razões inexplicáveis, falsificaram gatos alados com fotos dos mesmos para sustentar a história? Esse deve ser o mesmo humor cruel e maligno que faz com que outros indivíduos falsifiquem fotos de óvnis ano após ano. Conforme prosseguirmos, veremos que esses indivíduos desesperados não são meramente travessos, mas, na verdade, parecem produzir continuamente farsas que sustentam outras farsas. Assim como os darwinianos fazem, de acordo com os fiéis criacionistas.

Não que eu não acredite no garoto com uma cabeça de lobo, ou nesses gatos alados, ou em astrologia, ou na energia "orgone", mas prefiro refletir acerca desses assuntos.

*Sunday Dispatch*, Londres, 18 de outubro de 1931: uma cabra de duas cabeças. Nasceu em Boizana, Itália, e não sobreviveu por muito tempo. Ela comia com as duas cabeças, ou assim a história conta.

*Evening Standard*, Londres, 19 de dezembro de 1932: uma *garota* com duas cabeças, nascida seis semanas antes da data prevista, estava sendo estudada no Instituto Soviético de Medicina Experimental, em São Petersburgo. Ela comia com as duas cabeças. Como a cabra na França. Assim disseram.

*Morning Sun*, Londres, 22 de dezembro de 1931: uma mula, em Weenan, Natal, havia dado a luz à sua segunda cria. O primeiro, supostamente nascido sete anos antes, já havia se tornado um saudável garanhão.

Agora, para o leitor comum, essa história não é tão impressionante quanto os gatos alados ou a cabra de duas cabeças, mas para biólogos, essa é a pior blasfêmia que proferi até agora. Consulte qualquer livro de biologia: eles não somente dirão que as mulas são inférteis, mas também explicarão o porquê. Mulas são híbridos, e híbridos *devem ser* inférteis, segundo as leis da biologia básica. Assim como a aparente psicocinese naquela casa em Columbus é impossível de acordo com as leis físicas básicas do professor Munge. A história do jornal *Sun* diz que a autenticidade dos nascimentos é atestada pelo Dr. Ernest Warren, do Museu Natal. A mãe era realmente uma mula, diz, e não um cavalo de pequeno porte que se parecesse com uma mula.

O Dr. Warren deve ser um CI (Cientista Ingênuo), como os tolos da Universidade de Londres que pensaram ter visto um homem caminhar sobre o fogo sem ser queimado, ou como os Drs. Puthoff e Targ, do Instituto de Pesquisa de Stanford, que pensam ter visto Uri Geller fazer coisas que James Randi sabe, por definição, que não poderiam ter sido feitas. Quando o RIO, Repórter Inescrupuloso Onipresente, não cria essas blasfêmias partindo do nada, ele sempre tem um CI como cooperador. Ou um CM (Cientista Maluco), que alucina, como o Dr. Reich.

*Evening News*, Londres, 19 de abril de 1931: resultado do inquérito a respeito de John Charles Clarke. O médico-legista supostamente afirmou que o sangue de Clarke era *negro*. "Negro como carvão, da consistência de piche" — foram suas palavras.

Talvez o Sr. Clark tenha fumado demais. Ou talvez o médico-legista estivesse muito bêbado. Talvez tenha sido somente "erro de cópia genética". Talvez seja o RIO nos enviando mais notícias extraordinárias.

Ou talvez a idéia de leis absolutas seja somente uma proteção da *necessidade* emocional por certeza que está presente em alguns indivíduos?

*News Chronicle*, Brighton, 4 de março de 1931: *milhões* de ratos "vindos de ninguém sabe onde" para invadir Nullabor Plain, por meio da qual a via férrea transaustraliana passa. Um controlador de estação, em Loongana, é citado: "em todos os cantos vemos milhões de ratos, que parecem ter vindo do céu. Eles estão comendo tudo ao seu alcance e estão atacando mobília e roupas de cama".

Parecem ter vindo do céu. Essa deve ter sido somente uma expressão pitoresca que o controlador usou. Para começar, estamos considerando blasfêmias contra leis básicas da biologia, mas ainda não estamos prontos para blasfêmias contra as leis básicas da física do professor Munge.

*Toronto Globe*, 25 de maio de 1889: relatos de Simcoe, Ontário, afirmando que uma vaca na fazenda do Sr. John H. Carter havia parido um bezerro e dois carneiros.

Como aquela mula supostamente fértil, em Natal, isto é ainda mais terrível para os peritos que para os leitores comuns. Conforme comentou Charles Fort, não seria mais repugnante para a biologia ortodoxa se a vaca tivesse parido um bezerro e duas bicicletas.

Pior: o jornal *Globe* enviou um repórter para o local. Segundo a Lei de Murphy, ou a Lei da Perversidade das Coisas em Geral, ou alguma maldição, esse repórter era outra encarnação do superdemônio Repórter Inescrupuloso Onipresente. O mentiroso disse ter examinado a cria e dois dos três eram definitivamente carneiros, mas em seus corpos tinham pêlos como os da vaca em vez de lã.

*Daily Mercury*, Quebec, 25 de maio de 1889: eles enviaram seu próprio repórter para Simcoe. Ele também alega ter visto o mesmo crime superior contra a lei revelada com seus próprios olhos.

Coincidência novamente. Os únicos dois repórteres enviados para o caso eram membros da grande conspiração mundial que se dedica a falsificar relatórios a respeito das coisas que os novos fundamentalistas sabem que não poderia acontecer.

Como um filósofo ou uma moléstia pública (os dois termos têm sido alternados desde os tempos de Sócrates), penso que nosso julgamento acerca desta história, especificamente, e das outras, de forma geral, verdadeiramente repousa no grau em que o platonismo ainda domina o pensamento ocidental inconscientemente. Considero que o que estamos nos perguntando em cada caso é se as leis absolutas estão sendo violadas ou não. Se uma história não contradiz diretamente tais leis absolutas, então tendemos a pensar, mesmo que isso possa parecer bizarro ou incomum, que isso *pode* ser possível. Contrariamente, se elas contradizem as mesmas, então *"sabemos"* (ou pensamos que "sabemos") que isso é impossível.

O novo fundamentalista geralmente se autointitula ciência quando deseja impressionar e simular alguma pretensão; mais diretamente, autodenomina-se materialismo quando está buscando, de forma combativa, disputas com os místicos, poetas ou outros excêntricos; mas penso que ele pode ser precisamente chamado de a última variedade do neoplatonismo.

O que as leis absolutas devem ser? Devem ser atemporais, sem limites, eternas e imutáveis, assim como as idéias de Platão ou suas formas. Como podemos conhecer essas entidades ectoplasmáticas? Não pela ciência no sentido imundo e detalhista no qual eu, ou qualquer transeunte da rua, ou os físicos modernos, conhecemos a ciência; pois esse tipo de ciência, o tipo que vemos no mundo real, apenas produz modelos que são adequados para um tempo e espaço, e descarta-os assim que outros mais adequados são criados.

As leis absolutas no sentido platônico não podem ser conhecidas cientificamente, como Platão percebeu. Elas podem somente ser "conhecidas" (ou imaginadas) por intuição ou por meio de um ato de fé. Empírica e existencialmente, ninguém sabe, hoje, neste exato momento, se temos alguma lei absoluta em nosso mercado intelectual comum. Tudo o que *sabemos* é que temos alguns modelos que funcionam bem melhor que outros que temos descartado.

Se as assim chamadas "leis" contidas em nossos modelos são apenas generalizações baseadas em *nossa experiência até o presente*, se elas não são ilimitadas, atemporais, eternas e concedidas por alguma divindade, então as coisas que não se encaixam em nossos modelos atuais não deveriam ser rejeitadas *a priori*. Deveriam ser estudadas cuidadosamente, como pistas que podem nos conduzir a modelos melhores no futuro.

A posição que rejeita isso e afirma conhecer com certeza quais "leis" supostas são absolutas vai muito além do materialismo, que é apenas, propriamente falando, uma teoria que afirma que a metáfora de "matéria" é a melhor a ser usada na organização de nossos modelos. Ela retoma o platonismo, mesmo que seus defensores raramente percebam isso.

Nosso entendimento de "matéria" transforma-se continuamente, particularmente no século passado; e a maioria dos físicos parece pensar que as dúbias aspas pertencem à "matéria" em si, visto que "matéria" atualmente aparece como um tipo de complicação temporária na energia. Não sabemos "tudo" a respeito da "matéria", e sabemos que não sabemos. Uma filosofia do materialismo *propriamente dita* não precisa rejeitar dogmaticamente qualquer dado *a priori*, já que qualquer dado pode, se verificado, ensinar-nos mais acerca da "matéria".

A única filosofia que pode rejeitar dogmaticamente *a priori* qualquer dado é a filosofia platônica das idéias eternas, ilimitadas e atemporais, ou leis absolutas.

Os novos fundamentalistas não estão tão separados dos antigos fundamentalistas como eles gostam de pensar.

Voltando para as afirmações perversamente mescladas consideradas no início do livro, afirmações estas que o leitor foi encorajado a encaixar dentro da camisa de força da lógica aristotélica do verdadeiro ou falso — sugerimos que algumas das afirmações parecem relativamente verdadeiras (em um contexto); algumas parecem repousar em um tipo de "prova"; algumas, em outros tipos de "prova"; e algumas parecem ser melhor categorizadas como um autoreferencial, ou seja, afirmações acerca das próprias reações neurossemânticas de um indivíduo. Vamos analisar algumas das afirmações restantes daquela lista.

Proposição número 7: "Há um décimo planeta em nosso Sistema Solar, depois de Plutão." Essa é uma afirmação que não pode ser nem refutada nem verificada no momento em que escrevi isso (essa é uma medida da aceleração científica em nosso tempo, que poderá ser refutada ou verificada no momento em que este livro chegar às livrarias). Os positivistas lógicos quiseram, certa vez, denominar esse tipo de afirmação como "insignificante", mas essa posição desmoronou, e a maioria dos lógicos modernos provavelmente concordariam com a terminologia do Dr. Anatole Rapoport, que as chama de *indeterminadas*.

Uma afirmação indeterminada não pode ser verificada ou refutada no *momento* em que a confrontamos, mas há claros processos científicos pelos quais ela pode ser verificada ou refutada em um momento *futuro*. O décimo planeta depois de Plutão, nessa instância, será descoberto ou não quando o telescópio espacial for lançado ao espaço no futuro próximo. A existência de formas de vida avançadas além da Terra pode não ser verificada ou refutada por milhares de anos ou mais (ou pode ser verificada amanhã, se os "Irmãos Espaciais" inesperadamente aterrissarem *em massa*), mas, no presente, essa questão permanece igualmente indeterminada.

Isso mostra o que está errado comigo, pois considero a maioria das histórias jornalísticas deste capítulo igualmente indeterminadas. Honestamente, não sei como formar um julgamento a respeito delas.

Por esse motivo, prefiro a tarefa mais fácil de formar julgamentos sobre por que alguns indivíduos *querem* seriamente acreditar nelas e outros *querem*, com igual fervor, negá-las.

Naturalmente, a afirmação número 8, "idéias verdes sem cor dormem furiosamente", encaixa-se na categoria das afirmações do positivismo lógico (e da Lingüística Analítica) verdadeiramente "insignificantes". Isso porque ninguém pode imaginar um meio de observar uma idéia verde sem cor, mesmo no futuro distante, ou de aprender acerca de seus hábitos noturnos. Todavia, mesmo aqui, um pouco de meticulosidade pode ser tanto divertida como irritante. "Idéias verdes sem cor dormem furiosamente" é *insignificante* como uma proposição filosófica ou científica, mas não a escolhi aleatoriamente. Ela é bastante significante *em outro sentido*. O professor Noam Chomsky usa essa frase para ilustrar um ponto técnico em lingüística, ou seja, que podemos reconhecer uma estrutura gramaticalmente correta mesmo quando não podemos reconhecer qualquer mensagem sensível na gramática.

A maioria dos lógicos modernos classificaria a afirmação 15, "Deus falou comigo", como igualmente insignificante no sentido acima mencionado. Concordo parcialmente. Por outro lado, penso que seria mais preciso e compassivo considerá-la uma afirmação *auto-referencial* mal-formulada. Ou seja, assim como "Beethoven é um compositor melhor que Mozart" consiste em uma formulação errônea da afirmação auto-referencial "Beethoven parece-me um melhor compositor que Mozart", pode ser mais útil considerar "Deus falou comigo" como uma má formulação da afirmação correta "Tive uma experiência tão assombrosa e inspiradora que a melhor forma que conheço descrevê-la é dizendo que Deus falou comigo." Penso que isso pode ser útil, porque a afirmação somente é falsa se o indivíduo estiver mentindo deliberadamente e porque ela nos lembra que experiências similares são freqüentemente declaradas dentro de outros paradigmas, tais como "Tornei-me um com a mente de Buda" ou "Tornei-me um com o Universo". Essas afirmações apresentam significados filosóficos diferentes da proposição "Deus falou comigo", mas, provavelmente referem-se ao mesmo tipo de experiências éticas (não-verbais).

O que devemos pensar da afirmação número 12, "o Papa é infalível em questões relacionadas à fé e à moral"? Alguns poderiam rotulá-la de insignificante, visto que ela não pode ser refutada nem verificada, e alguns notariam que ela é uma proposição auto-referencial formulada de maneira errônea ("Aceito o Papa como uma autoridade infalível nas questões relacionadas à fé e à moral"). Eu sugeriria que ela fosse considerada uma regra do jogo. Ou seja, ela representa uma regra que um indivíduo deve aceitar se desejar participar do jogo católico romano; se um indivíduo a rejeita, ele será automaticamente excluído desse jogo. Da mesma forma, "a decisão do juiz é obrigatória" é uma regra do jogo de beisebol e "você não deve comer carne de porco" é uma regra do jogo do Judaísmo ortodoxo.

Conseqüentemente, penso que faz sentido se referir à afirmação número 18, "todos os seres humanos são criados de forma igual", como uma regra do jogo da democracia liberal. Certamente, essa não é uma declaração científica, visto que alguns humanos são imensamente altos ou apresentam medidas elevadas de QI, ou escrevem poesia melhor que outros. E descrever "todos os seres humanos são criados de forma igual" como uma afirmação *auto-referencial* perde o sentido exato, visto que ela não é meramente uma paráfrase de "desejo tratar todos os seres humanos como iguais". Essa é uma proposição para o tipo de sociedade que nós (ou alguns de nós) desejamos experienciar. Assim, ela deve ser considerada uma regra do jogo para aquele tipo de sociedade, precisamente como a "infalibilidade" do Papa é uma regra do jogo do Catolicismo Romano.

A proposição número 16, "a sentença seguinte é verdadeira", apresenta um novo tipo de problema. Mais uma vez, a afirmação dificilmente pode ser classificada como verdadeira ou falsa em si, e temos de julgar sua verdade ou falsidade *dentro de um contexto*. Felizmente, o contexto é especificado, e é a proposição número 17, "a sentença anterior é falsa".

Nesse caso, o contexto parece nos confundir em vez de nos ajudar. A primeira sentença é verdadeira se falsa, e falsa se verdadeira.

Tais sistemas são tradicionalmente chamados de paradoxos; prefiro emprestar um termo do Sr. Hofstadter e chamá-los de labirintos bizarros.

O clássico labirinto bizarro é o notório cretense que nos informa que os cretenses sempre morrem. Uma instância mais moderna é o barbeiro, que faz a barba de todos os homens na cidade mas não se barbeia.

Se a proposição número 16 é verdadeira, ela é falsa. Se o notável cretense está nos dizendo a verdade, ele está mentindo. Se o barbeiro se barbeia, ele não se barbeia. Um dos labirintos bizarros mais maravilhosos (particularmente) é a classe de todas as classes de Bertrand Russell que não são membros de si mesmas; se ela é um membro de si mesmo, ela não é, e se ela não é, ela é.

Tais labirintos bizarros não são meramente comédia filosófica ou jogos por meio dos quais os lógicos se irritam mutuamente. Como argumentei em minha obra *Prometheus Rising*, e como tem sido discutido por Bateson e Ruesch em *Communication: The Social Matrix of Psychiatry* por Watslavick em *How Real is Real?* e por muitos outros autores, grande parte da irracionalidade pessoal e social parece ser o resultado de outros indivíduos aceitando os labirintos bizarros em seus modos de pensar. Pessoalmente, suspeito que muito do que eu chamo de nova Inquisição resulta do labirinto bizarro.

A. Todas as idéias merecem igual proteção sob a lei.

B. Algumas idéias não merecem igual proteção sob a lei.

Os novos fundamentalistas cultivam um obscuro respeito pela Lei A, que é profundamente incorporada à cultura ocidental moderna, mesmo quando sua fé os leva a agir de acordo com a Lei B. Isso os leva a lutas notáveis de racionalismo irracional.

Um grande número de "doenças mentais" parece resultar do labirinto bizarro.

A. Eu devo obedecer às regras do jogo dos meus pais.

B. Eu devo obedecer às regras do jogo da sociedade."

Quando as regras do jogo dos pais e da sociedade diferem grandemente, algum grau de "doença mental" torna-se quase inevitável.

Em lógica, não há escapatória do labirinto bizarro. Na vida pragmática, há uma saída fácil: rejeitar uma parte do sistema. *Uma parte, mas não o todo*, pode ser útil. Um paciente perturbado está começando a se recuperar, por exemplo, quando o último labirinto bizarro é modificado para:

A. Eu devo obedecer a *uma parte, mas não a todas* as regras do jogo impostas por meus pais.

B. Eu devo obedecer a *uma parte, mas não a todas* as regras do jogo impostas pela sociedade.

A proposição número 5, "os nazistas mataram seis milhões de judeus.", apresenta-nos problemas ainda mais perturbadores, porque quase todas as pessoas acreditam nela e é rejeitada por uma minoria veemente chamada revisionistas do Holocausto. O caso defendido pelos revisionistas é o fato de haver uma grande conspiração mundial que falsificou todas as evidências aceitas de forma ingênua pelo restante dos indivíduos.

Os revisionistas do Holocausto, ou RH, dificilmente podem ser chamados de "falsos" em um sentido histórico, porque não são parte do jogo histórico; eles rejeitam as leis da evidência que os historicistas respeitam. Isso pode ser observado na comparação desse fato com a tese de que o presidente Richard Nixon jamais existiu e todas as evidências de tal homem foram falsificadas por outra conspiração mundial. Não se pode refutar nem os RH, nem os revisionistas de Nixon, visto que todas as evidências históricas relevantes para a disputa são *definidas* como corrompidas.

Penso que é mais seguro considerar os RH como labirintos bizarros. Supondo que todas as evidências inconvenientes sejam falsificadas, um indivíduo inicia um regresso infinito, e podemos, logicamente, perguntar se as evidências de que os revisionistas do Holocausto existem podem ter sido falsificadas (isto é, os etnometodologistas ou outros sociólogos interessados em "novos experimentos" acerca dos túneis de realidade fabricaram os livros e panfletos dos revisionistas do Holocausto como um experimento, com a intenção de testar se nós *acreditaríamos* que tais pessoas escreveriam tais documentos de forma séria?).

Deixo como uma pergunta aberta para que o leitor considere se os criacionistas (que alegam que as evidências para a evolução foram falsificadas) são outro labirinto bizarro.

No entanto, houve falsificações, ou decepções, na história política, na arte, na ciência, assim como o homem de piltdown. Penso que um labirinto bizarro somente aparece quando a acusação de falsificação envolve uma conspiração de proporções tamanhas que *todas* as evidências tornam-se suspeitas, já que uma conspiração dessa magnitude pode, em princípio, enganar-nos acerca de qualquer questão.

É interessante notar que os novos fundamentalistas estão sempre próximos desse tipo de Labirinto Bizarro em suas críticas à chamada pesquisa da "Percepção Extra-Sensorial", que tem agora mais de cem anos e envolveu, literalmente, milhares de cientistas de todos os cantos do mundo civilizado. Rotular *toda essa pesquisa* de farsa iniciaria, imediatamente, um labirinto bizarro e, provavelmente, um regresso infinito. Os fundamentalistas sentem isso e utilizam a palavra "falsificar" somente parte do tempo, mencionando "engano" e "incompetência" ou, melhor ainda, "controles inadequados" o restante do tempo.

Apesar disso, por vezes, sinto um labirinto bizarro em tais polêmicas, porque quando considero a quantidade de *falsificação, engano, incompetência* e *controles inadequados* que são supostos em tais críticas, começo a perguntar-me quanto desse tipo de coisa deve continuar acontecendo em outras áreas de pesquisa. Meu agnosticismo acelera a tal ponto que me questiono até mesmo em relação ao caso dos criacionistas contra a evolução... Somente volto ao confortável senso comum quando percebo que, continuando neste caminho, logo estarei me questionando se todos que eu conheci são robôs programados para se comportarem como seres humanos, ou se minhas próprias tramas de ficção científica podem ser reais.

Não: permaneço firme no segundo estágio do ceticismo durante a maior parte do tempo. O ceticismo em um grau elevado é um lugar estimulante para ser visitado (por um romancista), mas certamente não desejo viver lá.

Neste ponto, pode ser esclarecedor (ou irritante) repetir nosso questionário dessa vez, sem o jogo aristotélico do verdadeiro/falso e incluindo as categorias adicionais além do verdadeiro e do falso.

Você prefere mudar algumas proposições do "verdadeiro" ou "falso" para uma das outras categorias? Pensa que isso é apenas meticulosidade ou que aplicar uma abordagem de múltipla escolha à vida pode, de maneira geral, esclarecer pensamentos e até mesmo libertar energias criativas? Você concorda com minha sugestão ou acha que algumas proposições deveriam ser transportadas da categoria que eu as coloquei para outra?

E, mais importante no contexto deste livro:

Você pensa que Inquisições são mais prováveis de prosperar em um jogo aristotélico de verdadeiro/falso ou nesse tipo de jogo de múltipla escolha?

Como *Sombunall*, isso não é uma tentativa de resolver todos os nossos problemas filosóficos e psicológicos de uma vez por todas. Não sou brilhante o suficiente para realizar tal façanha. Isso é apenas uma sugestão. Alguns de vocês podem descobrir que ela é útil. Alguns também podem querer passar nossas notícias de jornais ou histórias e mudá-las de "verdadeiro" ou "falso" para outras categorias.

Na obra *Messengers of Deception*, Editora And/Or, Berkeley, 1977, Dr. Jacques Vallee sugere que os óvnis podem ser produzidos por uma vasta conspiração mundial. O Dr. Vallee não parece paranóico e não insiste nesse modelo; ele meramente nos pede que consideremos essa possibilidade como um modelo possível para um fenômeno que não é propriamente entendido pela maioria de nós. A grande conspiração mundial, neste caso, é, supostamente, uma agência de inteligência e seu objetivo é criar *desinformação* para confundir e surpreender outras agências de inteligências.

## Ceticismo e Fé Cega

| Preposições | Relativamente Verdadeiro | Falso | Auto-Referencial | "Insignificante" | Indeterminado | Labirinto Bizarro | Regra do Jogo |
|---|---|---|---|---|---|---|---|
| 1. A água ferve a 100° Celsius | ☐ | ☐ | ☐ | ☐ | ☐ | ☐ | ☐ |
| 2. Pq é igual à qp | ☐ | ☐ | ☐ | ☐ | ☐ | ☐ | ☐ |
| 3. O Infame Dr. Crippen envenenou sua esposa | ☐ | ☐ | ☐ | ☐ | ☐ | ☐ | ☐ |
| 4. Os Comunistas estão tramando nos escravizar | ☐ | ☐ | ☐ | ☐ | ☐ | ☐ | ☐ |
| 5. Os Nazistas mataram seis milhões de Judeus. | ☐ | ☐ | ☐ | ☐ | ☐ | ☐ | ☐ |
| 6. Marilyn Monroe foi a mulher mais bela de seu tempo | ☐ | ☐ | ☐ | ☐ | ☐ | ☐ | ☐ |
| 7. Há um décimo planeta em nosso sistema solar além de Plutão. | ☐ | ☐ | ☐ | ☐ | ☐ | ☐ | ☐ |
| 8. Idéias verdes sem cor dormem furiosamente. | ☐ | ☐ | ☐ | ☐ | ☐ | ☐ | ☐ |
| 9. Francis Bacon escreveu Hamlet | ☐ | ☐ | ☐ | ☐ | ☐ | ☐ | ☐ |
| 10. O Amante de Lady Chatterley é um romance Pornográfico | ☐ | ☐ | ☐ | ☐ | ☐ | ☐ | ☐ |
| 11. O Amante de Lady Chatterley é um romance machista | ☐ | ☐ | ☐ | ☐ | ☐ | ☐ | ☐ |
| 12. O Para é infalível em questões de fé e moral | ☐ | ☐ | ☐ | ☐ | ☐ | ☐ | ☐ |
| 13. Beethoven é um compositor melhor que Mozard | ☐ | ☐ | ☐ | ☐ | ☐ | ☐ | ☐ |
| 14. Ronald Reagan escreveu Hamlet | ☐ | ☐ | ☐ | ☐ | ☐ | ☐ | ☐ |
| 15. Deus falou comigo | ☐ | ☐ | ☐ | ☐ | ☐ | ☐ | ☐ |
| 16. A sentença seguinte é falsa | ☐ | ☐ | ☐ | ☐ | ☐ | ☐ | ☐ |
| 17. A sentença anterior é verdadeira | ☐ | ☐ | ☐ | ☐ | ☐ | ☐ | ☐ |
| 18. Todos os seres humanos são criados iguais. | ☐ | ☐ | ☐ | ☐ | ☐ | ☐ | ☐ |
| 19. O Capitalismo está condenado por suas eternas contradições | ☐ | ☐ | ☐ | ☐ | ☐ | ☐ | ☐ |
| 20. Meu cônjuge sempre foi fiel à mim. | ☐ | ☐ | ☐ | ☐ | ☐ | ☐ | ☐ |
| 21. Provavelmente não sou tão esperto como imagino. | ☐ | ☐ | ☐ | ☐ | ☐ | ☐ | ☐ |

O Dr. Vallee também sugere que *aqueles* que "acreditam" em óvnis e *alguns* "cépticos" em relação a isso podem fazer parte de uma conspiração, trabalhando juntamente para disseminar confusão e encobrir outras atividades da agência.

Se você considerar essa hipótese, ela também inicia um labirinto bizarro; ainda assim, alguns céticos do segundo estágio não a considerarão como algo impossível ou impensável.

Em uma crítica a essa teoria particular da grande conspiração mundial, tenho sugerido que as "descobertas" científicas recentes tais como *quasares* e buracos negros, também podem ser falsificadas da mesma forma. Visto que a fortaleza da ciência é, conforme continuo insistindo, propriedade dos grupos militar-industriais, pode ser desejável anunciar e divulgar "descobertas" que jamais aconteceram: isso iria confundir e enganar o outro lado nessa Guerra Fria e fazer com que seus cientistas perdessem tempo e esforços no que pode ser chamado de caça ao inexplicável.

Estou apenas brincando novamente. Naturalmente. Mas...

Os porta-vozes para o novo fundamentalismo, que têm seus próprios neologismos favoritos, freqüentemente falam a respeito do "Novo Irracionalismo". Com esse termo, eles designam uma atitude de pensamento que desconfia da comunidade científica como um todo, uma comunidade envolvida no tipo de engano que os novos fundamentalistas atribuem apenas aos parapsicólogos e a outros hereges. Concordo que muitas das reivindicações dos novos irracionalistas são tão absurdas quanto meu vôo de fantasia acerca dos *quasares* e dos buracos negros, mas penso que a fortaleza criou este labirinto bizarro por conta própria.

Se o professor X é pago pelo governo para inventar armas para matar pessoas, alguns irão, inevitavelmente, refletir a respeito do caráter moral do professor X.

Se o professor Y afirma que o professor Z, o parapsicólogo, não é confiável, alguns irão se perguntar se o professor Y é completamente confiável e se a ciência é verdadeiramente "imparcial".

Em um mundo dos carimbos SIGILOSO e CONFIDENCIAL, inevitavelmente alguns se perguntarão o *quanto* está sendo ocultado pela fortaleza, assim como o Projeto Manhattan foi ocultado, nos anos de 1940 e a pesquisa sobre drogas da CIA nos anos de 1960 e 1970.

Enquanto a Guerra Fria existir, os novos irracionalistas terão seu próprio tipo de racionalidade, assim como a instituição da Racionalidade assalariada tem seu próprio irracionalismo.

Contra a paranóia que facilmente infesta tanto o dogma da Instituição como o dogma da anti-Instituição, a única defesa que encontro é o Agnosticismo, bem temperado com senso de humor, e uma consciência de nossa própria falibilidade. Desconfio muito, mas enquanto os governos secretos existirem, não tenho *certeza* de nada.

Já mencionei os "experimentos inovadores", nos quais os sociólogos e/ou os psicólogos testam a rigidez de um túnel de realidade, sujeitando os indivíduos a experiências que contradizem seus túneis próprios.

Uma das coleções mais interessantes de experimentos inovadores são os *Studies in Ethnomethodology*, de Harold Garfinkel (Editora Prentice-Hall, Englewood, N.J., 1967).

Em um experimento, estudantes que viveram na casa dos pais foram orientados a observá-los de um ponto de vista estrangeiro: olhar para esses indivíduos de meia-idade como os observaria um hóspede morando na casa. Os estudantes acharam o experimento interessante e alarmante, embora ele seja um exercício um tanto elementar do desapego budista.

Em um experimento mais estimulante, os mesmos estudantes foram orientados a *agirem* como se eles fossem os estrangeiros enquanto estivessem em casa. Isso criou um considerável melodrama e alguma histeria, embora os estudantes fossem meticulosamente educados e bem-comportados, assim como "bons" hóspedes devem ser. Apesar disso, alguns pais ficaram assustados e até mesmo chegaram a sugerir tratamento psiquiátrico para os estudantes, apenas porque as regras do jogo inarticuladas estavam sendo quebradas.

Em um terceiro experimento, os estudantes fingiram, quando envolvidos em conversação com indivíduos que não eram membros da classe de Garfinkel, não entender certas suposições do "bom-senso" referente à causa e efeito, à localização no tempo-espaço e assim por diante. Em todos os casos, os indivíduos que tentavam explicar o "bom-senso" para estes *falsos ingênuos* demonstravam irritabilidade distinta e ansiedade, como Sócrates provocava quando constantemente perguntava "O que você quer dizer?" e "Como você sabe?"

A mesma irritabilidade que alguns dos leitores deste livro estão começando a sentir?

Essa é outra área em que o "científico" e o "moral" não podem ser facilmente separados. Alguns consideram os experimentos inovadores imorais e até mesmo perigosos. Richard de Mille afirma, de forma bastante detalhada, que há rumores de que alguns experimentos inovadores levaram a assassinatos, a suicídios e a colapsos psicóticos.

Considere o seguinte teste de múltipla escolha:

| Verdadeiro | Falso | Intermediário | Insignificante | Regra do Jogo | Labirinto Bizarro |
|---|---|---|---|---|---|
| ☐ | ☐ | ☐ | ☐ | ☐ | ☐ |

Este livro é, em parte, um experimento inovador

Casualmente, quantos de vocês têm o certificado de segurança para estar *absolutamente certo* de que a teoria do Dr. Vallee a respeito da conspiração dos óvnis está certa?

Obra *Nicola Tesla: Prodigal Genius*, de John O'Neill, Editora Neville Spearman, Londres, 1979:

Tesla inventou o atual sistema elétrico usado no mundo inteiro. Ele também inventou e patenteou mais de cem dispositivos elétricos que ajudaram a criar o estado industrial moderno. Entre os anos de 1890 e 1910, ele foi um dos cientistas mais respeitados, bem-sucedidos e influentes de seu tempo e ganhava mais de US$ 1.000.000, uma grande soma naqueles dias.

Depois de 1910, tudo isso acabou. O trabalho de Tesla não foi queimado, como o de Reich; ele não foi preso; não foi perseguido de nenhuma forma. Ele, simplesmente, tornou-se fora de moda. Por alguma razão, ninguém mais investia em sua pesquisa ou em suas invenções.

Há um grande mistério acerca da questão de Tesla, e ele se tornou um herói, uma figura *cult*, para muitas partes da contra-cultura. Há grande suspeita de que ele tenha sido vítima de uma conspiração comercial e que sua rede elétrica mundial destruiria todos os monopólios, fazendo com que a energia fosse gratuita para qualquer um que instalasse uma antena em seu quintal.

É difícil formar uma opinião objetiva a esse respeito. A rede elétrica de Tesla jamais foi testada. Não sabemos se ela faria tudo o que ele prometeu.

Um indivíduo pode somente ser agnóstico em um caso como este.

Apesar disso, Tesla foi considerado um gênio por seus contemporâneos e tem sido ignorado pela fortaleza por mais de 70 anos. Somente podemos nos perguntar o porquê.

É interessante notar que Tesla, assim como Reich, era profundamente contra a energia nuclear e declarava que, mesmo para "usos" pacíficos, a energia nuclear era perigosa para os humanos. Os indivíduos que financiavam a fortaleza não gostavam dessa idéia.

Conforme disse, podemos apenas nos perguntar o porquê. Quando grande parte da ciência é considerada SIGILOSA, não podemos ter absoluta certeza.

Mas o Dr. J. Robert Oppenheimer foi expulso da fortaleza, profundamente difamado e publicamente "desgraçado" por se opor ao desenvolvimento da bomba de hidrogênio. E Oppenheimer, como Tesla, era considerado um gênio por seus colegas de área, antes que suas idéias se tornassem fora de moda.

Capítulo 3

# Mais Dois Hereges e Algumas Outras Blasfêmias
*(com comentários acerca de lobisomens e similares coisas proibidas)*

> *É arriscado pensar que uma coordenação de palavras*
> *(filosofias nada mais são além disso)*
> *pode se assemelhar ao Universo.*
>
> Jorge Luis Borges,
> *Labirintos*

No caso do Dr. Immanuel Velikovsky, a fortaleza não queimou seus livros, mas tentou. Isso aconteceu em 1950, mas muitos ainda se lembram do escândalo. Para aqueles que esqueceram, dossiês completos estão disponíveis na *Kronos*, Caixa Postal 343, Wynnewood, Pensilvânia 19096. Os dossiês mostram que editoras foram perseguidas e ameaçadas se ousassem publicar os livros de Velikovsky; e elas foram avisadas de que seriam boicotadas. Uma editora ficou assustada o suficiente para quebrar um contrato que já havia sido assinado. Os livros do Dr. Velikovsky sobreviveram, e nós podemos consultá-los se tivermos curiosidade acerca do assunto, *somente* porque a nova Inquisição não é tão poderosa quanto gostaria de ser.

*Kronos* é uma editora dedicada a defender os modelos do Dr. Velikovsky. Talvez tenham exagerado no grau de ameaça e perseguição por parte de seus oponentes?

Em maio de 1980, a Conferência da Associação Americana para os Avanços da Ciência apresentou o trabalho "Ciência Patológica", do

Dr. Ray Hyman, da Universidade do Estado de Washington. Ele fala detalhadamente a respeito daquilo que ele chama de "conspiração" para extinguir os livros do Dr. Velikovsky e afirma que a conspiração foi "mais patológica" do que as heresias do estudioso.

Por acaso, o Dr. Hyman é um membro do CSICOP, o grupo contra o qual tenho demonstrado grande sarcasmo. Menciono esse fato para que nenhum leitor descuidado pense que eu quero denunciar toda a sociedade em massa. Não: minha ironia é direcionada, como sempre, apenas para *sombunall* de qualquer associação de indivíduos, jamais para *todos* eles. Esse é o fundamentalismo em qualquer grupo ou indivíduo que me alarma; e nenhum tipo de fundamentalismo me alarma mais que o meu próprio, sempre que percebo uma pequena parte dele espreitando nos aposentos da parte de trás do meu cérebro.

*Fortean News*, número 36, inverno de 1982: "Anomalísticos", do Dr. Wescott, da Universidade Estadual de Rutgers. O Dr. Velikovsky previu, na década de 1950, que seria descoberto que Vênus é terrivelmente quente, enquanto a ortodoxia insistia que o planeta era frio. As expedições aéreas descobriram que ele é realmente quente como o inferno.

Coincidência, naturalmente. Sabemos que isso é coincidência, porque sabemos que os homens de honra da nova Inquisição não conspirariam para extinguir o livro, a menos que ele fosse totalmente nefasto.

Ainda citando Wescott, *Fortean News*, mesma edição:

Velikovsky previu, nos anos de 1950, que seria descoberto que Júpiter produzia emissão de rádio. Tais emissões foram recentemente descobertas.

Coincidência novamente, como a tempestade que surgiu quando o Dr. Reich pensou ter disparado sua energia "orgone" não-existente para as nuvens.

Ou talvez o Dr. Velikovsky fosse um adivinhador de sorte.

Mas talvez (apenas talvez), *sombunall* dos modelos do Dr. Velikovsky pode ter atingido o alvo, e talvez a nova Inquisição pode ser, em alguns casos, tão cega pela intolerância quanto a antiga Inquisição?

Afinal de contas, qual foi a heresia do Dr. Velikovsky? Ele ousou realizar experimentos sobre elementos "extra-sensoriais" e "paranormais" e, então, decidiu publicar resultados experimentais que são considerados impossíveis por aqueles que *sabem*, mesmo estando longe do laboratório? Ele ousou especular a respeito dos óvnis e "Percepção Extra-Sensorial" ou daquela impossível e eternamente amaldiçoada "profecia"?

Não. Velikovsky apenas sugeriu que a evolução não aconteceu de forma suave e uniforme. Ele argumentava que houve catástrofes planetárias, que cometas tinham causado destruição na Terra no passado recente, chegando perto de nos destruir.

É extremamente improvável (para mim) que uma pequena, microscópica blasfêmia como essa poderia atrair a fúria da nova Inquisição. Dificilmente. Suspeito que tenham sido os *métodos* do Dr. Velikovsky, e não suas conclusões, que desencadearam pânico nos fundamentalistas.

O Dr. Velikovsky examinou os mitos dos antigos e especulou que eles podiam conter alguns fatos, *sombunall*, em nossos termos. Fatos exagerados, distorcidos ao serem recontados, adornados pelos poetas, mas que, ainda assim, poderiam ser deduzidos pela comparação de vários sistemas de mitos e pela observação do que eles pudessem ter em comum. Por exemplo, há mais de 120 lendas de dilúvios além daquela presente no Antigo Testamento. Elas vêm de todas as partes do mundo: Ásia, África, Austrália, Rússia, Escandinávia, Irlanda, América do Norte, América do Sul, Polinésia. Elimine os detalhes locais e você terá a seguinte constante: a idéia de que houve um dilúvio. Então, talvez tenha havido? E talvez um cometa o tenha causado?

Isso não lhe parece aterrorizante? Ou você já leu Locke e Mill e pensa que um indivíduo deve ter a liberdade de pensar e publicar seus pensamentos?

O terror pode ser este: *se uma história bíblica é particularmente confirmada, todo o negócio de religião pode voltar e nos ameaçar novamente.*

Lembro ao leitor, de forma redundante, que este livro não está, *propriamente dizendo*, defendendo quaisquer heresias em particular, mas está apenas examinando *por que* certas idéias são *tabus* ou *proibições* e por que indivíduos, geralmente racionais, conspiram para suprimi-las. Considero este livro como uma contribuição à sociologia ou à sociobiologia do *comportamento de pânico e dispersão* entre os primatas domesticados ou, mais educadamente, à resistência às informações estranhas.

Pense no "tênue início" da ditadura soviética percebida pelos membros do partido Tóri, na Grã-Bretanha, que "enxergam" o comunismo como uma possibilidade de alimentar os famintos. Pense no "tênue início" da tirania papal "vista" por aqueles que amotinaram as ruas de Londres, em 1780, quando o Parlamento considerou um projeto de lei permitindo que os Católicos romanos tivessem os mesmos direitos civis que qualquer outro cidadão inglês.

Pense na fúria da nova Inquisição contra qualquer cientista, mesmo que respeitado no passado, que ouse reafirmar evidências estatísticas da "percepção extra-sensorial" e lembre-se que *percepção extra-sensorial, mesmo que exista, não exige uma explicação "espiritual" ou "mental"*. Nicola Tesla, o grande inventor de inúmeros dispositivos elétricos, ou tinha esse tipo de percepção, ou supunha que tinha. Porém, ele permaneceu um materialista, apesar de ser um materialista liberal, durante toda a sua vida (consulte *Nicola Tesla, Prodigal Genius*, de John O'Neill, *op.cit.*, página 49). A percepção extra-sensorial pode viajar em uma onda material, como uma onda elétrica, se ela existir. Mas, mas, mas... penso que a ansiedade existente nessa questão é: se permitirmos que a percepção extra-sensorial entre na categoria do pensável ou possível, quem sabe quais outras coisas "assustadoras" podem querer entrar também?

O mesmo aconteceu com Velikovsky: permita que o dilúvio de Noé entre e, em seguida, o Espírito Santo e o nascimento por intermédio de uma virgem podem ressurgir.

Na verdade, na discussão entre o Sr. Hofstadter e o Dr. Truzzi, previamente citado (*Metamagical Themas*, página 111), Hofstadter diz que Velikovsky "afirmou que seus pontos de vista reconciliaram a ciência e a Bíblia". De acordo com meu conhecimento, Dr. Velikovsky realmente fez essa declaração, em um dado momento, mas é irrelevante para o julgamento de suas afirmações por uma série de razões:

1. Newton também pensou que seu modelo reconciliava a ciência e a Bíblia. Muitos outros propuseram noções similares. O valor de um modelo depende de sua utilidade científica e não do fato de o seu porta-voz *considerar* que o modelo apóia ou contradiz a Bíblia.

2. Aqueles que pensam que uma teoria específica apóia a Bíblia podem estar certos ou errados; aqueles que pensam que uma teoria específica contradiz a Bíblia podem estar certos ou errados.

Isso é uma ramificação emaranhada de exegeses das Escrituras Sagradas e não tem nenhuma ligação com a validade científica da teoria em si.

3. Muitos dos leitores de Velikovsky, a quem conheci, não têm consciência de que ele disse que seus pontos de vista apóiam a Bíblia. Esses leitores, que não são notavelmente estúpidos, têm uma impressão um tanto quanto oposta. Eles pensam que Velikovsky "apóia" não a Bíblia, mas a idéia geral de que *alguns* mitos de todos os povos são baseados em eventos históricos. Em outras palavras, esse grupo de leitores não entendeu a mensagem "a Bíblia é verdadeira", mas sim uma diferente, "alguns mitos contêm alguma verdade". Isso é impensável; desde a escavação de Tróia, Homero é agora reconhecido como contendo *algumas* verdades — *sombunall*.

4. Os fundamentalistas da Bíblia cultivam o ódio contra Velikovsky da mesma forma que os novos fundamentalistas. Seu *modelo cometa* explica (ou tenta explicar) eventos (ou supostos eventos) que *os fundamentalistas* preferem explicar com o *modelo "Deus"*. E, na verdade, se aceitarmos o modelo "cometa", não precisaremos do modelo "Deus" nesse caso. Uma idéia que causa fúria similar em *dois grupos opostos de fundamentalistas* pode somente ser considerada propaganda por *outros grupos*.

5. Partir da frase "algo como o dilúvio de Noé aconteceu certa vez" para chegar a "a Bíblia em sua completude é verdadeira" não é muito lógico, e eu não encontrei nada parecido em nenhum dos livros de Velikovsky que li. Isso seria tão lógico e tão ilógico quanto partir de algo como "algo como o dilúvio na Polinésia aconteceu uma vez" e chegar a "toda a mitologia polinésia é verdadeira", e Velikovsky não faz esse tipo de afirmação até o ponto em que eu o li.

O Dr. Velikovsky pensou que um cometa teria de ser extraordinariamente grande para causar todas as lendas de dilúvios. Ouvi muitas discussões dos fundamentalistas, em 1950, acerca do porquê de um cometa gigante ser impossível, mas...

Desde então, a grande explosão na Sibéria, em 1905, que liberou $10^{23}$ ergs de energia, tornou-se uma questão de grande controvérsia, especialmente desde que alguns cientistas russos — ou alguns "pseudocientistas" russos, como os fundamentalistas diriam — sugeriram que a explosão poderia ter resultado da colisão de um óvni contendo energia nuclear ou de uma espaçonave extraterrestre.

Para os fundamentalistas empedernidos, os óvnis são tão *proibidos* quanto a "percepção extra-sensorial". Então, outra explicação se fez necessária. Uma variedade de idéias tem circulado, mas, a mais popular, o modelo encorajado na televisão pelo Dr. Carl Sagan, um dos membros mais urbanos do CSICOP, afirma que a explosão na Sibéria foi causada pela queda de um cometa.

Um cometa que liberou uma energia equivalente a $10^{23}$ ergs é poderoso.

Se um monstro desse tamanho pôde nos atingir há apenas oitenta anos atrás, quais outros poderão ter passado pelo mesmo caminho nos últimos 8 mil anos, ou oito milhões de anos?

"Evolução pontuada."

Esse é o nome, ou um dos nomes, do modelo atualmente aceito que sustenta que, em contraste com a antiga doutrina uniformitarianista,* a evolução pode ter sido afetada por catástrofes. Quase todos os artigos recentes a respeito de dinossauros, por exemplo, propõem que alguma catástrofe (geralmente, a sugestão é de uma supernova próxima) pode ter causado a extinção daqueles imensos animais.

Mas quando Velikovsky foi condenado, tal *pontuação* era impensável. O principal argumento contra ele (discutido por aqueles que argumentavam e não apenas o amaldiçoavam com palavras como "pseudocientista") era que o Uniformitarianismo era tão estabelecido, tão certo, que seria "absurdo" ou, pelo menos, "desnecessário" examiná-lo novamente.

Obra *How to Build a Flying Saucer*, de T. B. Pawlicki, Corgi Books, Ealing, 1973:

O Sr. Pawlicki é um engenheiro de construção, não um astrônomo ou um físico. Contudo, ele reivindica o direito de pensar e de publicar seus pensamentos. Os fundamentalistas podem perdoá-lo por suas outras heresias devido à beleza do seu primeiro capítulo, que contém, em detalhes concretos, como Stonehenge e monumentos similares puderam scr construídos com a tecnologia da Idade da Pedra, sem o auxílio de nenhum astronauta antigo.

Infelizmente, em seu terceiro capítulo, o Sr. Pawlicki defende um modelo neo-velikovskyano ou quase-velikovskyano do Sistema

---

*N. do T.: Uniformitarianismo — ou gradualismo, doutrina que afirma que as mudanças na crosta terrestre ocorrem de forma lenta, prolongada e em pequena escala.

Solar. Ele argumenta que, se o Uniformitarianismo fosse estritamente verdadeiro, se jamais existissem catástrofes locais, os planetas deveriam apresentar uma uniformidade bem maior do que podemos observar. O Sr. Pawlicki cita a *Enciclopédia* de Funk e Wagnall como sua fonte para as seguintes esquisitices:
• Júpiter tem cinco vezes o momento angular[*] do sol.
• Vênus gira para trás em torno do seu eixo, e irradia mais energia do que recebe do Sol.
• A Lua da Terra não segue o mesmo tipo de órbita que as luas de outros planetas; na verdade, o sistema da Lua da Terra se comporta mais como um sistema planeta-planeta, em vez de um sistema planeta-satélite.
• Os eixos polares da Terra e de Marte são ambos inclinados em 30° em relação aos planos de suas órbitas, embora todos os outros planetas não apresentem a mesma inclinação.
• Júpiter, como Vênus, irradia mais energia do que recebe do Sol.
• O eixo de Urano está em ângulo reto em relação ao plano de órbita do restante do Sistema Solar.
• O satélite interno de Netuno gira para trás e o satélite externo apresenta a órbita mais elíptica no sistema solar.
• Plutão apresenta um comportamento tão estranho que muitos astrônomos não acreditam que ele é um planeta, mas sim outro satélite de Netuno que, de alguma forma, afastou-se.

A maioria dessas estranhezas será confirmada por trabalhos padrões da astronomia popular, na qual eles são tratados como charadas que ainda precisam de uma explicação. Talvez o momento angular de Júpiter (cinco vezes maior que o momento angular do Sol) seja a maior charada de todas. Se os planetas saíram do Sol de maneira uniformitariana e evoluíram uniformemente, eles deveriam apresentar um momento angular menor que aquele do Sol, e mesmo somando todos eles, ainda conseguiríamos uma soma menor que a do momento angular do Sol. Um deles não deveria apresentar um momento angular *cinco vezes maior que* a sua fonte, assim como um pedaço de torta não poderia ser *cinco vezes maior* que a torta inteira.

---

[*] N. do T.: Momento angular — a tendência que um corpo (ou sistema de corpos) apresenta e faz com que continue em seu movimento de rotação, a menos que essa ação sofra a interferência de uma força exterior.

Todas essas observações são consistentes com os modelos de catástrofes ou "evolução pontuada"; todas são extremamente estranhas para os uniformitarianos.

Pawlicki nem menciona os asteróides. De acordo com a "lei" de Bode (uma observação empírica, sem bases nas leis conhecidas, mas uma observação que seja adequada de forma razoável para o restante do Sistema Solar), deve existir outro planeta entre Marte e Júpiter. Não há. Em lugar disso, há milhares, milhares e milhares de asteróides. Especular que esses asteróides podem ser pedaços restantes de alguma catástrofe planetária não é considerado uma heresia.

Se um planeta pode ter sido esmagado e transformado em muitos milhares de pedaços devido a uma catástrofe de origem desconhecida, por que seria "ofensivo" (palavra do Sr. Hofstadter) especular que outro planeta (o nosso) poderia ter sido atingido por outra catástrofe, possivelmente um cometa?

A única explicação que encontro é que nenhuma especulação é ofensiva para uma mente aberta, mas todas as especulações novas e desafiadoras são ofensivas para os fundamentalistas.

Tenho passado grande parte do tempo conversando com indivíduos que levam Velikovsky a sério, e eles ainda não me convenceram de que sua catástrofe, em particular, aconteceu exatamente conforme ele descreveu. Não me importo com isso. Importo-me com a ameaça à minha própria liberdade de expressão (e *a liberdade do leitor* também) afirmada pelas mentalidades que tentaram, de inúmeras formas, suprimir o direito do Dr. Velikovsky de pensar e publicar suas idéias.

Talvez, apenas talvez, o tabu quebrado por Velikovsky seja este: *Não devemos pensar a respeito das Catástrofes Planetárias.*

Enquanto a fortaleza fabrica mais e mais mísseis nucleares para o império militar-industrial, ela está apta a provocar ansiedade, culpa ou sensações de desconforto em geral para aquele indivíduo que pensar no assunto de catástrofes planetárias. Os indivíduos que pensam dessa forma tendem a se demitir da fortaleza, ou serem expulsos, como o Dr. Oppenheimer, ou mesmo marcharem com placas de protesto.

*Weekly World News*, Estados Unidos, 5 de fevereiro de 1980: a polícia de Roanoke, Virginia, prendeu um homem (nome não divulgado) por ficar em pé em um telhado, nu, uivando e latindo como um cão.

Ele estava usando uma coleira e mordeu o policial E.L. Mills no momento da prisão. O policial disse que o homem e um grupo de cães têm cavado buracos em jardins. "Não era somente um homem que pensava ser um cão" — disse Mills. "Os cães também pensaram que ele era um cão. Foi estranho."

Então, o RIO, Repórter Inescrupuloso Onipresente, está vivo e passa bem, vivendo em Roanoke?

Talvez isso não seja necessário; pode ser considerado "apenas" um caso de patologia mental, mesmo que um bastante especial.

*Occult Review*, Inglaterra, março de 1905: informações de um homem, em Gales, que se transformou em um lobo. A testemunha foi a Sra. Mary Jones, uma pregadora revivalista.

Bem, a fonte, *Occult Review*, e uma mulher pregadora...

Mesma revista, mesmo artigo: outro homem em Gales, mesmo ano, foi visto transformando-se em um lobo. Dessa vez, dois homens testemunharam a transformação.

Deve ter sido "alucinação dupla". Se um indivíduo vê uma blasfêmia, é uma simples alucinação. Dois indivíduos, "alucinação dupla". Muitas pessoas, "alucinação coletiva".

Não duvido que "existam" alucinações ou coisas que possam ser moldadas pela teoria da alucinação, mesmo a dupla ou a coletiva. Porém, uma vez isto posto, por que ser seletivo com tais rótulos?

Uma testemunha presencia uma lagarta transformando-se em uma borboleta: alucinação. Dois indivíduos presenciam o mesmo fato: alucinação dupla. Muitas testemunhas: alucinação coletiva.

Não damos esse passo porque temos uma *teoria* para explicar a metamorfose dos insetos, mas não temos, no momento, nenhuma *teoria* para explicar a metamorfose de um homem em lobo.

Se a antiga Inquisição tivesse sido semanticamente ágil como a nova Inquisição:

Galileu vê manchas no Sol: alucinação. Mais dois observadores vêem as manchas: dupla alucinação. Muitos observadores vêem as manchas: alucinação coletiva.

Não vejo como a ciência poderia crescer se não admitíssemos, ocasionalmente, que coisas que contradizem velhas teorias podem ser significantes e exigir novas teorias. Tudo o que é inconveniente não pode ser rejeitado como "alucinação".

Ainda assim, *lobisomens*? Estou somente brincando novamente.

William Seabrook, *Witchcraft: Its Power in the World Today,* Editora White Lion, Londres, 1972, páginas 153 e 154: o autor e dois amigos, durante um experimento psíquico, viram uma mulher em transe transformar-se em lobo.

Mas então (era uma sala escura), eles acenderam as luzes e viram que, como os senhores de Roanoke, ela estava somente imitando muito bem um lobo.

Bem, isso é um alívio. Talvez nos casos de Gales ninguém tenha olhado mais atentamente.

Estou simplesmente tentando demonstrar que, na atual condição primitiva deste planeta retrógrado, ainda somos governados pela impressão e pelo condicionamento. Todos nós, assim como o Sr. Gardner e o Sr. Randi, achamos impossível pensar, mesmo que por um bilionésimo de segundo, acerca de certas idéias. Você e eu nos consideramos mais tolerantes que o Sr. Randi ou o Sr. Gardner até que somos confrontados, o que nos é estritamente intolerante.

Mas de volta à Sra. Jones, aquela que viu a primeira das nossas supostas metamorfoses do homem em lobo:

Consulte o jornal *Times* de Londres, no ano de 1905, o *Guardian* de Manchester e o *Advertiser* de Barmouth (Gales) do mesmo ano: dúzias de histórias de luzes misteriosas vistas no céu noturno dentro das cidades ou em suas proximidades, onde a Sra. Jones estava pregando. Essas luzes foram vistas por todas as classes, instruídos e analfabetos, crentes e descrentes. Repórteres (inescrupulosos ou não) afirmaram ter visto as luzes também. Se isso acontecesse hoje, o evento seria chamado de "controvérsia dos óvnis".

Então, assim como Falstaff não foi somente genial mas inspirou a genialidade de outros, a Sra. Jones não estava somente alucinando, como também inspirou a alucinação em outros?

É aceito por todas as escolas de filosofia que o mundo somente nos fornece *aparências*. Os fatos são deduzidos das aparências, de acordo com as várias facções, pela razão pura, ou por uma combinação de razão pura e dados dos sentidos, ou pela combinação de razão pura e dados do sentido, auxiliada pela intuição criativa. De qualquer forma, os fatos são *deduzidos* e não determinados. Hume e Nietzsche parecem estar sozinhos ao afirmarem que o que *é chamado* de "fato" é apenas mais um aspecto que alguém *decidiu* acreditar que é um fato.

*News of The World*, Londres, 26 de fevereiro de 1905: enquanto as luzes ou aspectos luminosos, estavam voando, ou pareciam voar, no País de Gales, outras aparições estavam acontecendo em um açougue em Portmadoc. Essas aparições incluíam o que parecia ser telecinese* e levitação. Jornal *Advertiser* de Barmouth, 12 de janeiro de 1905: algo que parecia ser um "fantasma" em uma casa. *Daily News*, Londres, 11 e 12 de fevereiro de 1905: ruídos estranhos, ou o que supostamente pareciam ser batidas em uma porta aconteceram em uma casa em Lampeter, País de Gales. *Echo*, Liverpool, 15 de fevereiro de 1905: o que parecia ser luzes *dentro* de uma casa em Rhymney, País de Gales, juntamente com o que parecia ser sons de batidas misteriosas.

*Daily Echo*, País de Gales, 23 de fevereiro de 1905: mais do que parecia ser luzes, levitações, telecinese e ruídos em uma casa em Crewe, Inglaterra. Aparições particularmente detestáveis. Uma jovem empregada doméstica caiu morta de medo.

Para os religiosos ou supersticiosos, essas aparições pareciam "fantasmas" ou "demônios". Para os hereges parapsicólogos, elas poderiam ter sido "explosões de energia psicocinética", que podem ou não significar alguma coisa. Para a nova Inquisição, elas *são*, sem dúvida, alucinações ou fraudes.

Questiono-me um pouco, como sempre. Questiono-me especialmente a respeito daquela pobre empregada doméstica que morreu de medo.

A Sra. Jones continuou pregando, e os indivíduos continuaram a ver as luzes ou o que se parecia com luzes no céu. Em 18 de janeiro de 1905, o jornal *Echo,* de Liverpool, fornece detalhes dos restos sociológicos dessa histeria em massa, ou essa agitação da mente e da matéria, ou o que quer que tenha sido: garçonetes subitamente interrompiam o atendimento aos clientes e começavam a bater palmas e a cantar; em uma cidade, um homem foi de loja em loja entregando coisas que ele afirmava ter roubado. Os donos das lojas disseram que os itens *não* haviam sido roubados. Grupos de pessoas foram para igrejas ortodoxas, interrompendo a missa com palmas e cantos de forma arrebatadora.

Nietzsche teria dito que o espírito de Dionísio estava na Grã-Bretanha naquele ano. Freud, que leu e gostou de Nietzsche, diria, em sua própria língua, que forças inconscientes estavam em erupção.

---

* N. do T.: Telecinese — ação de mover objetos sem tocá-los.

Jung, influenciado tanto por Freud como por Nietzsche, diria que o arquétipo dionisíaco estava escapando do inconsciente coletivo, acompanhado pela *simultaneidade* (coincidências excepcionais).

*News*, distrito de Blyth, 28 de fevereiro de 1905: o corpo de Bárbara Bell, 77 anos, encontrado "queimado" por "chamas intensas" em um quarto que não estava danificado pelo fogo e não mostrava sinais de incêndio.

Enquanto isso, as luzes, ou óvnis, ou anjos, ou demônios, ou, pelo menos, as *aparições* continuavam se espalhando do País de Gales para a Inglaterra durante todo o ano de 1905. As luzes foram positivamente identificadas como gás do pântano por um perito e, depois, como insetos luminescentes por outro. Os demais peritos, que não presenciaram o evento, continuaram a identificá-las como "alucinação coletiva".

Charles Fort, *The Books of Charles Fort*, Dover, Nova Iorque, 1974, página 660: ao mesmo tempo em que as luzes e a histeria religiosa estavam acontecendo em 1905, em Northumbria algo estava matando ovelhas de forma misteriosa. Supostamente seria um lobo.

Um homem foi visto transformando-se em lobo, no País de Gales, outro homem (ou teria sido o mesmo homem?) "visto" por duas testemunhas transformando-se em lobo, também no País de Gales. A alguns quilômetros de distância, um lobo estava matando ovelhas. Sinto que alguns leitores, não intimidados pelo dogma materialista ou hipnotizados por outros dogmas estão imaginando a conexão aqui presente.

Um lobo finalmente foi morto em Northumbria.
Ele não se transformou em um homem depois de ter morrido.
Sinto muito.

Sei que alguns de vocês gostariam que ele tivesse se transformado em um humano, porque alguns ídolos antigos são preferidos em lugar dos novos ídolos. E alguns materialistas gostariam que eu citasse uma história do *East Jesus Holler*, dizendo que ele *realmente* se transformou em um humano, porque isso demonstraria que eu estou disposto a reverenciar *qualquer coisa*.

Não: ele não se transformou em um humano. Minha intenção neste livro é somente refletir acerca daquela parte da psicologia humana na qual a ansiedade aumenta a percepção (ou é substituída pela ira), quando nós apenas nos *aproximamos* da linha na qual o tabu possa ser quebrado. Estou tentando mostrar que toda *realidade êmi-*

*ca* ou construção mental é um caminho para segregar aparências, de forma que aqueles que se encaixam em nosso túnel de realidade pessoal possam ser aceitos como fatos "reais", e aqueles que não se encaixam são, rapidamente, descartados como "apenas" aparições.

Entre as aparições no País de Gales e na Inglaterra, naquele ano de 1905, estava a empregada que morreu de medo e a senhora que queimou em um quarto intacto.

Acredito que parte do que estava acontecendo na Grã-Bretanha, em 1905, pode ser seguramente classificado como uma "alucinação coletiva" e "histeria".

Parte dos acontecimentos exige uma explicação mais detalhada, explicação que os materialistas fundamentalistas não podem fornecer, mas que, talvez, um materialista liberal seja capaz de propor algum dia.

Tente este teste de múltipla escolha:

|  | Verdadeiro | Falso | Intermediário | Regra do Jogo | Auto-Referencial | Labirinto Bizarro |
|---|---|---|---|---|---|---|
| O País de Gales existe | ☐ | ☐ | ☐ | ☐ | ☐ | ☐ |
| Luzes estranhas existem | ☐ | ☐ | ☐ | ☐ | ☐ | ☐ |
| A dívida nacional existe | ☐ | ☐ | ☐ | ☐ | ☐ | ☐ |
| Quarks existem | ☐ | ☐ | ☐ | ☐ | ☐ | ☐ |
| A beleza existe | ☐ | ☐ | ☐ | ☐ | ☐ | ☐ |
| Dimensões existem | ☐ | ☐ | ☐ | ☐ | ☐ | ☐ |

Todas as aparições parecem ser fatos, a princípio, para aqueles que as presenciam.

Se elas são bizarras, se não se encaixam em nossos túneis de realidade e se elas se afastam rapidamente ficamos felizes em rejeitá-las "somente" como aparências ou como percepções equivocadas.

Se elas continuam voltando, questionamo-nos a respeito de nossa sanidade ou, eventualmente, aceitamo-nas como "fatos". Como Norbert Weiner disse uma vez, nosso cérebro opera de acordo com o princípio de Lewis Carroll: "O que eu lhe digo três vezes é verdade". A redundância é um poderoso elemento de persuasão.

Um fato supostamente *existe*, um não-fato supostamente *não existe*.

Mas a *existência* é algo que jamais podemos conhecer plenamente. A existência é um termo em metafísica, não em ciência operacional.

É estranho pensar que bacilos e outros pequenos organismos não existiam até que inventamos os microscópios para enxergá-los, ou que outras galáxias não existiam até que, nos anos 1920, inventamos telescópios poderosos o suficiente para detectá-los. Da mesma forma, o passado não mais existe para nós, na percepção ordinária, mas existe, assim como o futuro, na geometria do *continuum* de tempo-espaço de Minkowski.

Bucky Fuller tem outra sugestão meticulosa que podemos considerar neste momento. Visto que a "existência" parece ser insignificante (cientificamente indeterminada para sempre) ou algum tipo de regra do jogo disfarçada, não devemos falar disso de forma geral, se desejamos fazer sentido. Tudo aquilo que podemos descrever de forma sensível, diz Fuller, é o *compreensível* e o *incompreensível*.

O mundo microscópico não era *inexistente,* mas sim *incompreensível* antes de termos microscópios.

A beleza vista por um pintor não é exatamente inexistente para um homem orientado para os negócios comerciais, mas ela é incompreendida por ele, porque não é relevante para o seu túnel de realidade.

O que percebo neste momento não é necessariamente real ou existente para outros; minhas percepções são meramente o que eu estou compreendendo naquele momento. Elas podem até mesmo constituir meu devaneio preferido.

Se falarmos sempre e somente a respeito da compreensão e incompreensão, faremos afirmações que são operacional e cientificamente significativas, embora limitadas por nossas coordenadas de tempo e espaço. Quando falamos de existente e não-existente, por outro lado, fazemos afirmações que jamais poderão ser totalmente confirmadas e talvez nunca possam ser totalmente refutadas, o que significa que estamos fazendo afirmações insignificantes operacionalmente.

Naturalmente, como as outras reformas semânticas encorajadas neste livro, isso introduz a relatividade em nosso discurso e é profundamente repugnante para os fundamentalistas.

O que é compreendido pelo Sr. A pode não ser compreendido pelo Sr. B, mas isso não significa que algum deles seja "louco" ou perverso. Isso apenas significa que todo túnel de realidade nos encoraja a notar algumas coisas e ignorar ou esquecer outras.

O que não é compreendido pelos melhores instrumentos científicos de 1986 poderá ser facilmente compreendido em 1987.

É possível que, embora o pensamento possa parecer incompatível com o modo de pensar da Fortaleza, muitos túneis de realidade "não-científicos", explorados pelos pintores e poetas, músicos, romancistas ou "místicos", podem não ser inexistentes, mas simplesmente incompreendidos por aqueles que não *praticaram,* por muitos anos, os circuitos cerebrais característicos pertencentes ao universo da pintura, da poesia, da música, dos romances ou do "misticismo".

Revista *Omni,* volume 4, número 11, setembro de 1982: um novo relatório do Centro de Estudos de óvnis, Evanston, Illinois. O Centro é dirigido pelo Dr. J. Allen Hynek, astrônomo, antigo consultor de assuntos relacionados aos óvnis da Força Aérea. O relatório, nessa instância, é redigido por Mark Rodeghier, astrofísico. 440 acidentes automobilísticos relacionados com óvnis são estudados. Havia duas características em comum entre todos esses casos:

Luzes estranhas foram vistas no céu, e os motores dos carros apresentavam mau funcionamento.

Aceitarei as luzes como aparências, e como um crente na filosofia neo-Hume, aceitarei até mesmo as falhas nos motores como aparências no sentido de Hume. Entretanto, sugiro que muitos "materialistas científicos", aceitando tanto as falhas nos motores como os acidentes de carro como aparências, percorreram um longo caminho em direção à doutrina budista do *maya,* que considera todos os dados como aparências. Neste momento, não consigo distinguir entre tal materialismo e as variedades mais esotéricas do misticismo oriental.

É geralmente aceito que os Estados Unidos tinham mais de 500 mil tropas no Vietnã, em 1960, e que estas e seus aliados bombardearam, atiraram e lançaram *napalm* em mais de um milhão de vietnamitas. Ainda há alguma discussão questionando se a invasão foi moral ou, até mesmo, necessária, mas todos aceitam que ela aconteceu. Suspeito que esse fato seja aceito somente porque não há uma fé organizada com interesse em declarar que a guerra nunca aconteceu. Se tal fé existisse, e se ela fosse tão devotada e tão fervorosa quanto os novos fundamentalistas, veríamos infindáveis livros e artigos proclamando que os supostos movimentos das tropas foram provocados por causas naturais, que farsantes pilotaram helicópteros com o logotipo do exército dos Estados Unidos, que redemoinhos de vento lançaram *napalm* e que (não estudamos o CSICOP em vão) as declarações de

testemunhas oculares são "meramente anedotas", enquanto a evidência estatística foi "falsificada".
Essa não é uma fantasia extravagante. Os revisionistas do Holocausto usam argumentos similares para contestar a existência dos campos de concentração de Hitler. A mente humana é engenhosa o suficiente para provar ou contestar qualquer proposição, *para sua própria satisfação*, se não para a convicção daqueles que não possuem a fé para acreditar.
Então, em 440 casos, luzes foram vistas no céu e os motores dos carros falharam misteriosamente. Deduzo que nos 440 casos em que os motores dos carros falharam, luzes estranhas foram vistas no céu. Até mesmo deduzo que, ao mesmo tempo em que isso *pode* ser uma "coincidência", também *pode* refletir uma conexão de alguma espécie entre luzes estranhas e falhas nos motores. Não deduzo que naves extraterrestres estejam envolvidas. Não sei o que eram as luzes estranhas, mas prefiro o rótulo imparcial "Objetos Voadores Não-Identificados", que admite nossa ignorância, em lugar do mais popular "espaçonaves extraterrestres", que se precipita para a certeza de maneira muito rápida para o meu agnosticismo.
Mas me questiono: por que tal assunto está sob um tabu tão forte e por que tantos adeptos do novo fundamentalismo não apenas rejeitam a idéia da espaçonave, mas também os dados, e julgam ridículo qualquer um que relate tais eventos?
Conheci pessoalmente 17 testemunhas de óvnis. Não as procurei; eu apenas viajo muito e apresento muitas palestras. Dessa maneira, conheço muitas pessoas. Todos os 17 indivíduos afirmaram que nunca divulgaram suas visões para governo ou para a imprensa. Quando questionados a respeito do motivo para tal silêncio, todos eles afirmaram recear o rótulo de "loucos".
Então, pergunto-me: se o Centro de Estudos de óvnis encontrou 440 casos de acidentes automobilísticos relacionados à aparição de óvnis, quantos casos mais existem nos quais as testemunhas foram simplesmente muito prudentes para falar a respeito do que elas viram?
E se os indivíduos temem divulgar suas experiências, seria realmente uma sátira perversa afirmar que há um espírito inquisitório no mundo atualmente?
O provérbio irlandês citado no início ("Se você vir um porco de duas cabeças, mantenha sua boca fechada") contém uma sabedoria pragmática profunda. Talvez grande parte das pessoas seja perspicaz o suficiente para entender isso. Talvez os relatórios que fazem

parte deste livro representem uma amostragem muito pequena do caos que está acontecendo à nossa volta.
Talvez.
*Comptes Rendus*, 1887-182: relatos a respeito de um objeto que caiu do céu no dia 20 de junho, naquele ano, em Tarbes, França. Ele era moldado como que por inteligência de outro planeta e estava coberto de gelo.
Alguns de vocês *sabem* que essa coisa apenas *parecia* moldada por uma inteligência de outro planeta, porque sabemos que não há inteligência além deste planeta, certo? Quanto a mim, mantenho a posição questionadora, como de costume.
Em 10 de setembro de 1910, *Scientific American*: uma pedra trabalhada caiu do céu em Yaqui Valley, no México. O autor, Charles Holder, e o Major Burnham examinaram-na e concordaram que ela possuía dois círculos concêntricos inscritos e alguns caracteres que Holder considerou serem de origem maia. A pedra tinha, aproximadamente, 2,5 metros de comprimento.
Talvez Holder e o Major Burnham tivessem algo contra a *Scientific American*.
Ou talvez um redemoinho de vento tenha pegado a pedra na área maia de Yucatan e então deixou-a em Yaqui Valley.
Você percebe? Eu disse que poderia ser útil inventar tais redemoinhos seletivos, no caso de ser absolutamente necessário manter a fé a qualquer custo.
*Times*, Londres, 27 de abril de 1972: durante sete horas, duas casas em Barmondsley foram atacadas por pedras misteriosas vindas de uma força invisível. Duas crianças foram feridas, ou supostamente feridas, e todas as janelas foram quebradas, ou as testemunhas alucinaram que elas foram quebradas. A polícia foi chamada, porém não conseguiu prender nenhum vândalo escondido que estivesse jogando as pedras.
Não consigo entender como um redemoinho poderia fazer tal peripécia. O vândalo oculto deve ter sido muito esperto ou o Repórter Inescrupuloso Onipresente estava bastante sóbrio para conseguir um emprego no *Times* de Londres?
Flammarion,[*] *The Atmosphere*, página 34: um bloco de gelo pesando dois quilos caiu na Espanha, em junho de 1829; outro bloco de gelo pesando quase cinco quilos caiu na França, em outubro de

---

[*] N. do T.: Flammarion — editora francesa que integra três atividades: publicação, distribuição e venda de livros de assuntos variados.

1844; outro bloco de gelo de um metro por um metro caiu na Hungria, em maio de 1802.

Atualmente, quando esses estranhos blocos de gelo caem, conforme veremos mais adiante, a explicação é que eles caíram das asas de um avião, mas não havia aviões em 1802 e 1844.

Deve ter sido um redemoinho *seletivo* em todos esses casos. Ele ignorou todo o restante em seu caminho e somente levantou gelo.

*Science*, 31 de julho de 1896: W. R. Brooks, do Observatório Smith, relata um objeto passando vagarosamente na frente da Lua. Ele descreve o objeto como "circular", assim como muitas testemunhas de óvnis relatam enigmas que se movem vagarosamente no céu.

E, ainda assim, os céticos, ou seja, os crentes verdadeiros nos modelos que declaram que os óvnis são um evento impossível, insistem que nenhum astrônomo relatou ter visto um óvni.

Acho que esqueceram de Brooks.

*L'Astronomie*, 1886-70: *diversos* objetos movendo-se na frente do Sol. Moviam-se de forma *alinhada*, assim como os óvnis modernos fazem freqüentemente. Foram vistos no dia 15 de abril e novamente no dia 25 do mesmo mês.

Os "céticos" também se esqueceram desse fato.

Esses dois últimos casos soam como se eles fossem espaçonaves (embora eu não me apressaria para pronunciar esse veredicto), mas se as pedras que caíram em Barmondsley foram atiradas pela tripulação de uma nave espacial, então os extraterrestres devem ter um senso de humor bastante peculiar. De qualquer forma, não vejo necessidade para a idéia da nave espacial, mas identifico a necessidade de pensar acerca de tais questões em vez de afixar mecanicamente qualquer rótulo que seja mais consistente para o nosso túnel de realidade.

Obra *Messengers of Deception*, de Jacques Vallee, *op. cit.*: Dr. Vallee, agora um cientista de computadores, começou sua carreira na França, como astrônomo. Conta uma história surpreendente no primeiro capítulo de seu livro, quase tão traumática quanto a história de Rawlins, de Harvard, a respeito de como ele percebeu que o CSICOP, conselho que está sempre acusando os outros de "falsificação" de dados, "falsificou" seus próprios dados...

O Dr. Vallee conta que, enquanto trabalhava em um observatório na França, ele avistou dois óvnis. O diretor do observatório não somente o proibiu de escrever ou falar a respeito do assunto enquanto estivesse empregado lá, como, mais tarde, destruiu os registros referentes à visão de Vallee.

Mal posso acreditar. Continuo dizendo que os fundamentalistas são homens de honra. Quero ser benevolente em meu julgamento, mas... Parece que quando qualquer modelo torna-se um ídolo, seus defensores começam a agir como sacerdotes e inquisidores.

Os óvnis foram compreendidos pelo Dr. Vallee. Destruindo os registros, o administrador certificou-se de que eles permanecessem incompreendidos para futuras pesquisas naquele observatório. Isso os transformou em inexistentes?

Neste ponto, recordo-me de uma coluna que apareceu certa vez em um jornal de São Francisco. Seis pessoas, escolhidas aleatoriamente na rua, foram questionadas: "Você acredita em óvnis? Quatro disseram que sim, e duas responderam que não. Mas se lêssemos a resposta com cuidado, conforme disse, era óbvio que nenhuma delas estava respondendo à pergunta. Elas estavam respondendo a uma pergunta diferente, a saber: "Você acredita em espaçonaves extraterrestres?"

Mas um óvni não é uma espaçonave extraterrestre. É um evento ético no *continuum* tempo-espaço, evento que alguns humanos registram em seus túneis de realidade como uma "espaçonave" e outros como uma "alucinação coletiva".

O Dr. Vallee considera os objetos voadores não-identificados (óvnis) como *não-identificados*. Ele simplesmente sugere que pensemos neles com uma mente aberta, assim como estou tentando fazer. Essa também é a opinião do Dr. Hynek, do Centro para Estudos dos óvnis, já mencionado anteriormente.

Tal agnosticismo pode fazer sentido para alguns de nós, mas isso é profundamente insatisfatório para aqueles idólatras de todas as crenças que já *sabem* o que são óvnis.

*Monthly Weather Review*, 32-365: nos dias 12, 13 e 14 de novembro de 1902, "choveu" lama na Austrália. Havia um nevoeiro que ia das Filipinas chegando até Hong Kong.

Isso não é tão "difícil" quanto os lobisomens ou as espaçonaves, mas tente pensar em uma explicação convencional. Tente, mesmo que seja apenas como um experimento, pensar acerca desse evento sem evocar uma "alucinação coletiva" de 3.200 quilômetros ou sem declarar que o Repórter Inescrupuloso Onipresente infiltrou-se em um jornal de ciência.

*Monthly Weather Review*, 29-121: uma chuva de lama e sujeira ainda mais pesada cai na Europa, em fevereiro de 1903. Identificada como água e poeira. Seria um redemoinho bastante excêntrico? *Journal of the Royal Meteorological Society*, 30-56: o mesmo caso. Eles realizaram sua própria análise e disseram que uma parte da sujeira era matéria orgânica.

Matéria *orgânica*?

A *Symond's Meteorogical Magazine* estima que, o que quer que tenha sido (sujeira, lama ou matéria orgânica), a chuva atingiu uma extensão que foi da Irlanda até a União Soviética; mais de 10 milhões de toneladas são estimadas.

*Victorian Naturalist*, junho de 1903: a chuva estava de volta à Austrália e agora era descrita como "lama vermelha"; 50 toneladas por 2,6 quilômetros quadrados.

*Space-Time Transients and Unusual Events*, de Persinger e Lafreniere, *op.cit.*, página 35: em Lebanon, Tennessee, em julho de 1841, uma chuva de "matéria parecida com carne"; agosto de 1841, em Spring Creek, Tennessee, chuva de "carne"; março de 1849, Xangai, China, chuva de cabelos e carne; 1850, Virginia, chuva de "vários quilos de carne".

*Ibidem*, página 34: julho de 1841, chuva de peixes, sapos e gelo, em Derby, Inglaterra; dezembro de 1857, chuva de lagartos, em Montreal, Quebec; agosto de 1870: outra chuva de lagartos, desta vez em Sacramento, Califórnia.

Como Charles Chaplin disse certa vez em um contexto mórbido, "os números santificam". Quanto mais empilho monstruosidades, mais provável é que alguns leitores comecem a acreditar nelas.

Ainda assim, os fundamentalistas estão certos do seu próprio jeito. Se já conhecemos todas as leis do Universo, cem supostas exceções, assim como uma suposta exceção, podem e devem ser rejeitadas como farsa, alucinação, ou interpretações errôneas, ou alguma maldição que também significa "isso jamais aconteceu".

Mas *somente* se já conhecemos todas as leis do Universo. Se tendermos à prepotência e à arrogância como uma espécie e se facilmente nos convencermos de que sabemos mais do que sabemos na verdade, então, talvez, devêssemos *tentar* manter uma mente aberta.

*Talvez* isso *seja* tudo uma questão de redemoinhos que escolhem suas vítimas. Alguns redemoinhos selecionam gelo, alguns selecionam peixe, outros, lagartos, e se não quisermos acreditar na Guerra do Vietnã, alguns escolhem *napalm*.

*American*, Nova Iorque, 19 de setembro de 1929: um crocodilo encontrado e morto, em Hackensac, Nova Jersey, por Carl Weiss. Desculpem-me: estou violando meus próprios princípios. Deveria ter dito que foi uma aparição de algo no *continuum* tempo-espaço que o Sr. Weiss categorizou como um crocodilo.

*Sun*, Nova Iorque, 23 de setembro de 1929: outra aparição de algo identificado como um crocodilo foi reconhecido nas proximidades de Wolcott, Nova Iorque. Uma testemunha chamada Ralph Miles é mencionada.

E quando conto a história dessa forma, lembro-me que os eventos no espaço-tempo não aparecem em nossa frente exibindo rótulos como "FATO" ou "APARÊNCIA": nós fazemos esse julgamento a todo segundo, e assim criamos nossa realidade êmica ou existencial e isso não é apenas verdade em relação aos meros mortais como eu e você, mas em relação aos sacerdotes superiores, até mesmo incluindo os novos sacerdotes da nova inquisição.

*Revista Gentleman*, agosto de 1866: um crocodilo encontrado em Over-Norton, Oxfordshire, Inglaterra. E as curiosas "coincidências" que assombravam muitas dessas aparições — outro crocodilo havia sido morto dez anos antes. Assim como jacarés não são normalmente encontrados em Nova Iorque e Nova Jersey, além desses dois casos acima, ambos de setembro de 1929.

*Post*, Nova Iorque, 15 de outubro de 1982: Hoboken, de Nova Jersey, é perseguido por uma criatura apelidada de "homem-macaco". Descrita como peluda e com características primatas, parecendo-se com o pé-grande dos estados ocidentais, embora menor. Estranhamente, essa aparição é mais freqüentemente contada por estudantes nos colégios.

Oh! Então, são apenas rumores de alunos.

Mas o próprio pé-grande, relatado por centenas de testemunhas por décadas?

Rumores de caçadores tolos, talvez.

O primeiro pé-grande relatado encontrado por mim está em *La Scienza Nuova*, de Vico, 1735, atribuído aos índios Chipeway.

Então, esse deve ser o humor dos índios Chipeway.

*Fortean Times*, número 38 (1983): dois ciclos de "monstros" relatados, ou aparições estranhas, em St. Louis. Primeiro, diversos jovens reportaram uma criatura "metade homem, metade mulher, sem cabelos". O oficial Bill Conreux diz ter pensado que os estudantes estavam sendo sinceros, mas e daí? Qualquer fundamentalista, longe da cena, está certo de que é notavelmente fácil para jovens enganar policiais atualmente, embora eu não saiba se algum deles já experimentou essa idéia tentando, pessoalmente, enganar um policial durão da cidade. De qualquer forma, o Oficial Conreux diz que um *adulto* (nome não revelado) lutou com essa criatura, ou sua aparição, em dado momento. Logo depois, relatos de um *centauro* (metade cavalo, metade homem) chegaram vindos de outras cinqüenta testemunhas.

O povo de St. Louis deve estar fumando uma erva brava. Eles estão realmente ligados.

*Times*, Nova Iorque, 3 de maio de 1979: um pequeno elefante relatado diversas vezes na seção de Bay Ridge do Brooklyn. Bay Ridge é um distrito rico, então as testemunhas não foram descartadas como loucas; o Departamento de Assuntos Animais, o Departamento de Saúde da Cidade e a Sociedade Protetoras dos Animais dos Estados Unidos (ASPCA[*]) foram envolvidos na busca por esta suposta aparição.

O jornal *Times* (até mesmo os Fundamentalistas devem admitir), que cultiva uma elevada reputação devido aos seus princípios, não oferece nenhuma explicação convencional em termos de um elefante ausente de um zoológico local ou um circo.

*Space-Time Transients and Unusual Events* (Tempo-Espaço Transitório e Eventos Incomuns), de Persinger e Lafreniere, página 131: uma aparição tipo "lobisomem" relatada em Greegton, Texas, em julho de 1958; "Pé-Grande" em Fort Bragg, Califórnia. Em fevereiro de 1966; criatura parecida com um gorila em Lawton, Oklahoma. Fevereiro de 1971, outra aparição, e desta vez, ela estava usando calças, de acordo com uma testemunha.

*Ibidem*. Página 139-140: outro crocodilo (ou uma aparição com suas características), encontrado congelado em um rio em Janesville, Wisconsin, em fevereiro de 1892. Outra aparição em forma de crocodilo foi encontrada no porão de uma casa, em Newton, Kansas, em agosto de 1970. Outra aparição com as mesmas características foi vista andando pelas ruas de Windsor, Ontário, em setembro de 1970.

Não vejo como o mais ágil de todos os redemoinhos seletivos poderia ter depositado aquele animal no porão de uma casa em

---

[*] N do T.: ASPCA — American Society for Protection of Cruelty to Animals (Associação Americana de Proteção contra Crueldade dos Animais)

Newton, Kansas. Poderia ter sido o Repórter Inescrupuloso Onipresente mais uma vez? *Ibidem*. página 140: 12 cobras e uma jibóia encontradas na mesma parte de Springfield, Missouri, em 1953.

Charles Fort, o primeiro grande colecionador desse tipo de dados estranhos, sugeriu, caprichosamente, que talvez algum tipo de *força telecinética* escolhe ocasionalmente criaturas e outras coisas e, então, arremessa-as. Tenho uma forte suspeita de que Fort não era somente caprichoso como também satírico, e que essa "força telecinética" era somente uma paródia para os redemoinhos seletivos. Outras mentes tentarão convencer-se de que podem acreditar nessa força quando confrontados com tais relatórios.

Mas se isso não é telecinese ou o trabalho de um redemoinho seletivo, o que é então?

E quantos de nós somos tão devotados à nossa fé em paradigmas atuais ao ponto de realmente acreditarmos que uma sucessão interminável de atos realizados pelo Repórter Inescrupuloso Onipresente pode realmente explicar *todos* esses eventos, incluindo a coisa que caiu em Yaqui Valley de acordo com a revista *Scientific American*? Isso sem mencionar as toneladas de lama, sujeira e matéria orgânica registradas pela *Monthly Weather Review* e o *Journal of the Royal Meteorological Society*.

Tais dados são tão raros, alguns dirão, que não merecem qualquer análise intelectual.

Mas Charles Fort argumentou, de forma detalhada, que esses dados não são raros; são, simplesmente *reprimidos* pelos mesmos mecanismos de anulação que Freud analisou, aqueles que permitem que os católicos romanos e os marxistas "esqueçam" coisas inconvenientes a *suas* realidades êmicas.

Certamente estamos lidando com a clássica repressão de Freud, chegando aos limites da histeria, em alguns de nossos casos. A queima dos livros do Dr. Reich. A distorção de estatísticas astrológicas pelo CSICOP. A conspiração para evitar a publicação dos trabalhos de Velikovsky. A destruição dos registros do Dr. Vallee, nos quais relatava as aparições de óvnis, esta ordenada por seu superior no observatório. Homens e mulheres racionais não agem dessa forma; somente a repressão, no sentido clínico, ou ansiedade aguda faz com que as pessoas se comportem assim.

Tente um experimento que tenho realizado com freqüência. Vá a uma festa, diga às pessoas que você é um escritor e diga que está escrevendo um livro acerca de eventos "paranormais" ou anomalísticos. Perguntes às pessoas presentes se elas já tiveram alguma experiência dessa natureza. A menos que haja um materialista fundamentalista presente (que forçosamente reprimirá o humor conversacional relaxado com sua intimidação hostil e seu sarcasmo), as pessoas mais comuns contarão as histórias mais espantosas.

Assim, deduzo que talvez esses eventos sejam bastante comuns, como Fort afirmou, e os fundamentalistas deduzirão, contrariamente, que as pessoas comuns não têm idéia do que está acontecendo à sua volta, a menos que os sacerdotes — perdoem-me, os *peritos* — digam-lhes o que está acontecendo.

Mesmo assim, tente o experimento e observe que histórias você conseguirá. Depois disso, tire suas próprias conclusões.

Analisemos qualquer ano alcatoriamente, digamos 1922, e examine quanta estranheza e blasfêmia evidente contra a Lei Revelada pode ser encontrada em um breve período de 12 meses.

*L'Astronomie*, 36-201: em 15 de fevereiro, Orsay, França, uma explosão inexplicável no céu, seguida por outra nove horas mais tarde. A última foi acompanhada por uma "iluminação".

Essas explosões foram consideradas "inexplicáveis" porque nenhum avião estava perdido naquele momento e também não foram encontrados destroços de nenhum acidente aéreo.

Alguns, novamente, pensarão de forma herege em espaçonaves extraterrestres. Penso somente que algo inexplicável aconteceu e que nenhum sustentáculo dos modelos atuais tentou, nos 62 anos intervenientes, explicar esse evento. Eles o ignoraram ou o esqueceram. Podemos pensar em Freud, neste momento, e supor que eles reprimiram esse evento.

*Nature*, 23 de fevereiro de 1922: outra explosão inexplicável "de intensidade assustadora" sobre Londres. Novamente, nenhuma explicação convencional em termos de acidentes aéreos.

Observe que *L'Astronomie* e *Nature* são jornais científicos de prestígio e não o tipo de estabelecimento em que o Repórter Inescrupuloso Onipresente facilmente conseguiria um emprego. Note também que, similarmente às reportagens referentes a óvnis do século XIX, citadas anteriormente, essas foram simplesmente esquecidas pela ortodoxia. O termo *repressão* seria muito imaginário para uma amnésia de grupo seletiva? *Chronicle*, São Francisco, 12 de março de 1922: pedras misteriosas caindo *vagarosamente* em Chico, Califórnia. Meteoritos não caem vagarosamente, e não há sugestão de que eles eram meteoritos. *Call*, São Francisco, 16 de março: um "dilúvio" de pedras caindo em uma multidão de curiosos. *Examiner*, São Francisco, 15 de março: professor Stanley, da Universidade de Professores de Chico, é citado: "algumas das pedras são tão grandes que elas não poderiam ter sido jogadas de forma alguma".

Então, o Repórter Inescrupuloso Onipresente estava mudando de emprego constantemente naquele ano, passando de um jornal de São Francisco para outro, ou havia três repórteres dessa natureza fazendo parte da grande conspiração internacional? E, então, o professor Stanley, naturalmente, era ou um cientista ingênuo, ou um cientista maluco?

Obviamente, de acordo com as leis de Galileu, corpos em queda, tais como rochas, não podem cair "vagarosamente", mas sim de forma acelerada; caem cada vez mais rápido, a menos que sofram alguma interferência de uma outra força. Então, se considerarmos essa história de Chico, se não a varrermos para debaixo do tapete colocando a culpa no Repórter Inescrupuloso Onipresente, teremos de pensar a respeito do tipo de força de interferência que poderia ter causado tal estranheza. E então, que Deus nos ajude, poderemos nos precipitar para conceitos convenientes, porém mal-definidos, como "psicocinese" ou "telecinese", e seremos denunciados como hereges; ou, ainda mais difícil, podemos pensar de forma criativa e original e, ainda assim, seremos denunciados como hereges.

Melhor esquecer, certo?

*Transcript*, Boston, 21 de março de 1922: uma nevasca nos Alpes (nada estranho nisso) foi acompanhada por uma chuva, ou aparente chuva, de lagartas e imensas formigas.

Imprensa Associada, 18 de maio de 1922: partículas de matéria fuliginosa caindo por vários dias nas Ilhas Virgens. Evento considerado estranho, pois todos os vulcões locais estavam inativos naquele momento.

*Daily Express*, Londres, 29 de maio de 1922: um objeto, considerado uma máquina de alguma espécie, caiu no oceano de Barmouth, País de Gales. Muitas testemunhas. Evento sem explicação, já que nenhum avião estava perdido nessa data.

Algumas das testemunhas também afirmaram que essa coisa caiu vagarosamente, violando as leis de Galileu, como as rochas em Chico.

*Daily News*, Londres, 5 de setembro: pequenos sapos caindo por dois dias em Chalon-sur-Saone, França.

E durante todo o ano de 1922 (consulte o índice da obra *Os Livros de Charles Fort*, sob a data de 1922), uma série contínua de histórias, em jornais ingleses, referentes a um tipo de perturbação *poltergeist,* ou "psicocinese", ou, pelo menos, uma série de ocorrências misteriosas que estavam acontecendo em toda a Inglaterra. Pedaços de carvão estavam explodindo em lareiras. Algumas dessas explosões eram tão violentas que houve acusações contra os mineiros — agravadas pela redução dos salários — que, supostamente, estariam colocando dinamite no carvão. Em alguns casos, os eventos ou aparições eram estranhos demais para se adequar a essa teoria. Alguns afirmavam que o carvão pulava da lareira e "corria" ao longo da sala. Um inspetor de polícia teve a impressão de que um pedaço de carvão desapareceu de sua mão, ou se desmaterializou, enquanto ele o segurava. Um físico, o Dr. Herbert Lamerle, disse ter visto um *relógio* desaparecer.

Algumas dessas aparições foram realmente horríveis. Uma criança morreu de medo, como a empregada no País de Gales em 1905, e outra teve de ser removida para um hospital mental.

Todas essas aparições no *continuum* tempo-espaço ocorreram em um período de 12 meses. Não é curioso que, mesmo depois de todo o Relativismo e o Agnosticismo no qual temos desavergonhadamente nos sujado, todos nós (incluindo o autor) ainda retemos uma certa desconfiança (ou preconceito) acerca de quais desses fatos foram *somente* "aparições" e quais foram "fatos reais"?

Já indicamos, no capítulo um, que a "matéria" era um conceito sinérgico ou holístico, *incluindo o observador*, e não uma substância concreta e coisificada *fora* de nós; ela significava, originalmente, o que experienciávamos ao realizar uma avaliação. E, em toda essa conexão, o que você imagina que a expressão "fato" significava originalmente?

A raiz latina, *facere*, é o que tem sido feito. Ainda pode-se observar esta idéia holística/interativa em derivados como *fact*ory e manu*fac*ture.*

---

*N do T.: Em inglês, as duas palavras significam respectivamente *fábrica* e *fabricação*.

O Dr. David Bohm nota nesta conexão (*Wholeness and the Implicate Order*, Ark Paperbacks, Londres, 1983, página 142):

Assim, de certa forma, nós "fazemos" o fato. Ou seja, começando com a percepção imediata de uma situação real, desenvolvemos o fato atribuindo-lhe posterior ordem, forma e estrutura (nós o codificamos em nossa realidade êmica). [...] Na física clássica, o fato foi "criado" em termos da ordem das órbitas planetárias... Na relatividade geral, o fato foi "criado" em termos da ordem da geometria reimanniana... Na teoria quântica, o fato foi "criado" em termos da ordem dos níveis de energia, números quânticos, grupos de simetria, etc.

É muito estranho que a história lingüística nos traga para o mesmo ponto de vista da *matéria* e do *fato,* conforme são conhecidos na mecânica quântica, sendo, que eles não são "coisas" separadas de nós, mas são elementos holísticos/transações nos *envolvendo* (é ainda mais estranho que essa também seja a visão do Budismo).

De qualquer forma, estamos de volta ao segundo estágio do cepticismo de Hume e Nietzsche. Fatos não nos são apresentados, acenando com sinais e dizendo: "Nós somos os fatos." *Criamos* os fatos organizando as aparições em túneis de realidade que se adequam às nossas necessidades atuais, aos nossos problemas a serem resolvidos, ou aos nossos medos e fantasias, e aos nossos preconceitos.

E assim como os materialistas fundamentalistas classificam como "fato" tudo aquilo que se adequa ao modelo e rejeitam como "mera aparência" tudo aquilo que não se adequa, também os tomistas fundamentalistas aceitam mecanicamente o que se encaixa no modelo tomista e rejeitam mecanicamente o que não se encaixa. Mecanismos similares perpetuam o túnel de realidade de adoração dos samoanos fundamentalistas, o túnel de realidade racista fundamentalista, o túnel de realidade machista fundamentalista, o túnel de realidade islâmico iraniano fundamentalista...

Repito que todos nós nos tornaremos espantosamente sãos ou, pelo menos, menos estúpidos se tentarmos, mesmo que ocasionalmente, um olhar desapaixonado e sem preconceito em direção àqueles eventos que não parecem se encaixar em nosso túnel de realidade favorito.

Mas o problema com os fundamentalistas de todos os grupos, incluindo aqueles que estão mais irritados comigo neste momento, é também o que nos parece mais atrativo em relação a eles. Quero dizer, sua modéstia, sua humildade quase santa. Nietzsche disse certa vez que somos mais artistas do que pensamos, mas os fundamentalistas são muito tímidos para pensarem que são grandes artistas. Eles não se dão crédito pelo que pretendem; admitem que não têm parte na criação e na manutenção dos ídolos que adoram. Como os paranóicos (na verdade, muito parecidos com os paranóicos), inventam sistemas engenhosos e os definem como "determinado". Então, cuidadosamente, eles editam todas as impressões para que se adequem ao sistema. Não há vaidade nos indivíduos que são intensamente criativos e que não estão dispostos a reconhecer sua própria esperteza.

Devemos amar tal modéstia sagrada.

Não sou tão modesto, como o leitor deve ter notado. Assumo total responsabilidade pelos labirintos de realidade apresentados em meus romances, e em trabalhos supostamente não-ficcionais, como este catálogo de blasfêmias e heresias. Meu negócio é a comédia intelectual ou o surrealismo, que é oferecido como divertimento para aqueles indivíduos audaciosos que não têm medo da guerra ontológica. Visto que sou o artista que inventou a realidade êmica, não posso considerar isso como nada mais que uma extensão do meu bom-humor hilário ou de minha loucura, se assim preferir.

Os indivíduos que acreditam nas coisas que estão presentes em meus livros parecem-me tão divertidos quanto os indivíduos que ficam aterrorizados ou furiosos com eles. Não estou pedindo que ninguém *acredite* em nada. Estou pedindo, apenas, que você entre em um jogo neurossemântico comigo, observando que tipos de informação você pode considerar com humor ou de forma desapaixonada e que tipo de informação desencadeiam terror ou ira. Se isso é subversão, então também são Irmãos Marx e o Monty Python.

*Nature*, 24 de setembro de 1981: sob a manchete "Um Livro para a Fogueira":

"Este tratado irritante... O autor, um bioquímico treinado e um homem do conhecimento, está, no entanto, enganado. Seu livro é o melhor candidato para a fogueira que já apareceu em muitos anos... não pode ser considerado de forma alguma um argumento científico... Pseudocientista... Absurdo... Aberração intelectual..."

Você pensou que isso só acontecia em nações retrógradas como os Estados Unidos, onde eles até mesmo elegem atores para presidente. Mas a revista *Nature* é um dos periódicos científicos mais prestigiados da Inglaterra. O livro que a revista deseja que fosse queimado é *A New Science of Life*, do Dr. Rupert Sheldrake. A heresia do Dr. Sheldrake é uma teoria da evolução diferente do darwinismo fundamentalista.

Naturalmente, *há* outras teorias evolucionarias além da ortodoxia darwiniana. A nova Inquisição insiste que todas elas têm sido absolutamente refutadas, mas...

Peter Kroptokin, que era um naturalista treinado e um geógrafo antes de embarcar em sua carreira celebrada como um anarquista filosófico, escreveu todo um livro propondo uma teoria não-darwiniana de evolução, chamado *Mutual Aid as a Factor in Evolution*. Ele enfatiza as vantagens da cooperação no processo evolucionário e argumenta que Darwin, influenciado pela ideologia capitalista, escandalosamente atribuiu demasiada importância ao papel da competição. O modelo de Kroptokin ainda é defendido por muitos que não souberam de sua refutação. O antropólogo americano M. Asheley Montagu defendeu o modelo de Kropotkin contra o modelo de Darwin em diversos livros, mais notavelmente em sua obra *The Direction of Human Development*.

A teoria da evolução de Tielhard de Chardin também está longe da ortodoxia darwiniana, e até mesmo sugere uma inteligência criativa de alguma espécie. O Dr. Julian Huxley, certamente um grande biólogo, insistiu que o modelo de Chardin era, pelo menos, tão consistente com os fatos conhecidos ou aparências quanto o modelo de Darwin.

A "hipótese Gaia" do Dr. James Lovelock, que lida com a Terra como um ser inteligente ou um computador que se auto-regula, contradiz a simplicidade mecanicista de Darwin. Dizer que Lovelock foi "refutado" seria tão polêmico e injusto quanto dizer que ele foi examinado. Sua teoria ainda é uma questão controversa.

Até mesmo Lamarck, o evolucionista não-darwiniano mais "refutado" (ele propôs a herança de características adquiridas e assim permitiu uma espécie de inteligência emergente), não foi propriamente "refutado" para que a discussão cessasse de uma vez por todas. Darwin pensou que Lamarck poderia estar parcialmente certo; Smuts e Driesch reformularam as teorias de Lamarck em modelos mais atuais; e Arthur Koestler estava defendendo uma posição neolamarckiana até a sua morte, alguns anos atrás.

O Dr. Gregory Bateson, geralmente considerado um dos maiores antropólogos americanos, apresenta um tipo de teoria da evolução neolamarckiana em sua obra *Mind and Nature*, usando metáforas cibernéticas, para explicar comportamentos teleológicos que são extremamente difíceis de serem explicados em termos darwinianos, e conduzindo a uma consideração da Terra como um organismo que busca um objetivo.

A teoria da evolução de Henry Bergson, propondo uma "força vital", jamais foi propriamente refutada; biólogos apenas rejeitaram a "força vital" baseados na teoria de Occam[*] como uma "hipótese desnecessária". Mas aquilo que parece ser desnecessário em um dado momento e em outro contexto pode parecer necessário, em um contexto mais amplo de conhecimento mais avançado;[3] e muito de Bateson, Chardin e Lovelock corresponde ao reinício das reivindicações filosóficas de Bergson em uma linguagem mais específica.

Entretanto, o Departamento de Filosofia não sabe que Bergson é desnecessário, e ele ainda é estudado lá, juntamente com Nietzsche, que rejeitou o mecanismo darwiniano como um "princípio da menor quantidade de esforço possível e maior possibilidade de engano", enfatizando a fecundidade *desnecessária* e "exuberante" da mesma maneira que Bergson.

É uma curiosidade sociológica o fato de a teoria darwiniana ser o modelo que melhor se adequa ao túnel de realidade visceral do império militar-industrial que emprega a fortaleza.

Isso é outra coincidência, sem dúvida.

Em suma, afirmar que todas essas teorias foram provadas falsas parece mais uma asserção propagandista do que uma observa-

---

[*] N. do T.: William de Occam — Filósofo, teólogo e escritor político, criador da Navalha de Occam, teoria que afirmava que uma coisa não deveria ser multiplicada além da sua necessidade.

3. As idéias neolamarckianas infestam a psicologia. Por exemplo, a "memória racial" de Freud, o "inconsciente coletivo" de Jung, "o inconsciente filogenético" de Grof, "o circuito neurogenético do cérebro" de Leary. Isso não se deve ao fato de que os psicólogos são menos científicos que os biólogos, mas sim ao fato de que eles encontram uma classe diferente de dados. Mais especificamente, todos esses modelos neolamarckianos são baseados em casos de pacientes ou objetos experimentais que *parecem* "se lembrar" de eventos na história passada ou dos primeiros estados da evolução. Conforme veremos, o modelo de Sheldrake explica tais dados sem afirmar a noção de Lamarck de que a "memória" é carregada pelos genes.

ção factual neutra. A questão permanece aberta, exceto na mente daqueles que desejam que ela já tivesse sido encerrada.

Pergunto-me quantos leitores deste livro, convencidos de que somente Darwin observou a biologia simples, poderiam oferecer uma crítica detalhada de Kroptokin, de Chardin, Bergson, Bateson, Nietzsche, Smuts e Driesch, provando, de forma específica, que todos estavam factualmente errados, com exceção de Darwin? Ou a maioria de nós tende a acreditar somente porque assim nos disseram, com tanta freqüência e autoridade, que o caso está encerrado?

*Fortean Times*, edição 37, entrevista com Dr. Sheldrake: Ele conta que foi educado em um rígido darwinismo fundamentalista. Quando as dúvidas começaram a surgir (ou o que podemos chamar de agitações criativas e hereges, uma atividade mental independente), ele decidiu ler Bergson e Driesch. Encontrou esses livros na biblioteca da universidade "cobertos de pó". Ninguém os havia consultado por muito, muito tempo.

Ortodoxias de todos os tipos são mantidas, em parte, pela intolerância que tenho documentado e, em parte, pela simples falta de curiosidade. A heresia não é compreensível se um indivíduo já possui toda a certeza.

Pessoalmente, não li Driesch ou Smuts; mas li Bergson, Nietzsche, de Chardin e Kroptokin. Não penso que nenhum deles provou que Darwin estava errado, mas também não acredito que o caso de Darwin tenha sido provado. Os darwinistas simplesmente têm mais entusiasmo missionário e têm feito tanto barulho que a maioria das pessoas nem mesmo sabe que existem tantas teorias evolucionistas alternativas, quanto explicações alternativas "da mente" na psicologia e na neurologia.

A heresia do Dr. Sheldrake é que há campos não-locais na natureza — algo como a *proibida* energia "orgone" do Dr. Reich, mas ainda mais parecida com os campos não-locais da física moderna, que discutiremos no próximo capítulo. O Dr. Sheldrake denomina esses campos com o termo "morfogenético" e afirma que eles possibilitam certos tipos de transmissão de informação entre organismos que são similares, de forma que, digamos, um rato na Austrália pode "saber", não por transmissão material, mas por "ressonância mórfica", algo aprendido anteriormente por um rato em Massachusetts.

Na verdade, essa teoria foi sugerida para Sheldrake, em parte, por um celebrado conjunto de experimentos anômalos na psicologia dos animais, nos quais tais efeitos *parecem* ter acontecido. Os detalhes podem ser consultados na obra de Sheldrake *New Science of Life*, Bond & Briggs, Londres, 1981, páginas 186-191. De forma sucinta, na década de 1920, o Dr. William McDougall da Universidade de Harvard, deu início a testes de grande diversidade, de acordo com os quais a inteligência em ratos era hereditária. Ele mediu a inteligência, nesse caso, por meio da habilidade de ultrapassar labirintos de água. Os ratos "espertos", definidos como aqueles que conseguiam ultrapassar o labirinto de forma rápida, eram cruzados com outros ratos inteligentes, e aqueles que aprendiam mais vagarosamente também eram cruzados com outros da mesma classe. 22 gerações mais tarde, em vez de os ratos inteligentes ficarem mais espertos, todos os ratos eram proporcionalmente espertos em relação à solução para o labirinto. Mesmo aqueles ratos que provinham do cruzamento com ratos mais vagarosos no aprendizado estavam resolvendo o labirinto dez vezes mais rápido que seus ancestrais. Não há explicação para esse fato na genética ortodoxa.

O experimento de McDougall foi repetido tanto na Escócia como na Austrália, com resultados ainda mais desconcertantes. Naquele momento, até mesmo a *primeira geração* de ratos estava resolvendo o labirinto mais rápido do que a última geração de ratos inteligentes de McDougall.

Considerando esse fato, se não classificarmos o Dr. McDougall e outros como cientistas malucos ou notadamente incompetentes, isso parece consistente com uma teoria de campo não-local, como a teoria do Dr. Sheldrake. É difícil entender como, com a crítica mais brutal, ela pode ser forçada a adequar-se em uma forma consistente com uma ortodoxia materialista.

Revista *New Age*, Boston, fevereiro de 1984: entrevista com o Dr. Sheldrake. Ele cita duas tentativas, desde que seu livro foi publicado, de verificar ou refutar sua teoria. Uma foi patrocinada pela revista *New Scientist* (Londres) e a outra pela *Brain/Mind Bulletin* (Los Angeles). Ambas *parecem* confirmar sua teoria. Ele não afirma estar inocentado, simplesmente diz que os resultados são encorajadores e devem inspirar futuras pesquisas.

No experimento da *New Scientist*, indivíduos de várias partes do mundo tinham um minuto para encontrar os rostos ocultos em um desenho. As médias foram estipuladas. Posteriormente, a solução foi transmitida na rede de televisão BBC, quando se esperava que um milhão de telespectadores estivessem assistindo. Então, em lugares onde o sinal da BBC *não* era recebido, imediatamente depois da transmissão, os testes foram aplicados novamente. Aqueles que encontraram os rostos ocultos no desenho em um minuto atingiram uma porcentagem mais elevada (76%) que a anterior. O Dr. Sheldrake estimou (e a revista *New Scientist* aceitou sua estimativa) que as chances eram de cem contra uma de esse resultado ser atingido por acaso.

*Parece* que os campos não-locais *podem* ter carregado a informação para os indivíduos que não haviam recebido o resultado do teste pela televisão.

No teste da revista *Brain/Mind Bulletin*, pediu-se que vários grupos memorizassem três rimas. Uma era uma rima infantil tradicional japonesa, a segunda era de um poeta japonês moderno, e a terceira era apenas palavras sem sentido. Conforme a teoria do campo não-local prevê, a rima tradicional, aprendida por milhões de crianças japonesas por séculos, foi memorizada mais rapidamente que as outras duas alternativas.

Não foi provado que Sheldrake estava certo em todos os aspectos. Mas, neste ponto, a questão certamente está aberta, mesmo que a mente dos materialistas esteja fechada.

E se a suposta evidência para a "percepção extra-sensorial" não for totalmente falsificada, e se ela não for totalmente planejada por elementos que deliberadamente "falsificam" seus dados apenas para irritar os materialistas? Se houver "um homem justo no meio de cem", entre os parapsicólogos hereges, e se eles não forem totalmente mentirosos, a chamada "percepção extra-sensorial" é apenas um aspecto do campo de informação não-lógico que Sheldrake propõe.

Por exemplo:

*Sincronicidade*, de Carl Jung, Routledge e Kegan Paul, Londres, 1977, páginas 38-39: o engenheiro J. W. Dunne teve um pesadelo nítido, em 1902, referente a uma erupção vulcânica. Na lógica do sonho, isso não tinha acontecido, mas Dunne sabia que aconteceria, e o pesadelo consistia nos elementos costumeiros de correria e pressa na tentativa de chegar a tempo de avisar as pessoas. A ilha ameaçada no sonho era de língua francesa, e Dunne "sabia" que 4 mil pessoas seriam mortas no desastre.

Dois dias depois do pesadelo, um vulcão na Martinica explodiu, uma cidade foi varrida pela lava e 40 mil pessoas morreram.

Os materialistas dizem, naturalmente, que foi uma "coincidência", embora alguns de nós possamos ser perseguidos pela consistência inconsistente da coincidência, na qual o número 40 mil é interpretado erroneamente como 4 mil, à maneira dos erros em muitos canais de comunicação.

Pode-se chamar isso de "percepção extra-sensorial" se supusermos que os indivíduos que moravam nas proximidades do vulcão estivessem notando, mesmo que de forma tênue, sintomas anormais e estivessem se preocupando ou reprimindo a preocupação.

Jung prefere considerar esse evento como sincronicidade, seu próprio rótulo para uma suposta ressonância na natureza ou entre ela e várias partes, incluindo a nós. Essa ressonância cria aparentes "coincidências" tão assombrosas que a maioria de nós, exceto os fundamentalistas, sente que elas exigem uma explicação.

Dunne, que teve o sonho, preferiu o rótulo de "predição". Ele não havia lido o pontifical anúncio do professor Munge declarando que a predição é proibida pelas "leis básicas da física" ou melhor, pelos preconceitos pessoais que Munge freqüentemente acredita serem leis — e, então, criou sua própria teoria matemática, por meio da qual a predição *é* consistente com as leis da física. A teoria de Dunne está presente em seus livros *An Experiment With Time* e *The Serial Universe*, e ela é elegante o suficiente para ter impressionado favoravelmente o astrônomo Sir Arthur Eddington, que diz que a teoria não contradiz a lei básica da física que ele conhecia e que a teoria merecia ser considerada.

Mas esse sonho também poderia ser o caso do campo não-local de Sheldrake, caso todos os animais nas proximidades da cratera estivessem sentindo a crescente turbulência e estivessem começando a afastar-se daquele lugar.

Ou a conexão aparente entre o sonho de Dunne e a subseqüente tragédia poderia ser somente uma coincidência no fim das contas.

O sonho de Dunne, assim como uma parte de todos os outros contos estranhos aqui presentes, pode ser explicado na próxima semana ou daqui a cinqüenta anos pela Prova de Kerflooey, na geometria topológica, ou pela Lei de von Hanfkopf, na teoria de sistemas gerais.

Não sei. Mas suspeito que o dogmatismo seja um pouco prematuro.

Também sinto fortemente, como um filósofo libertário, que o ato de queimar os livros de Sheldrake não é a melhor forma de procurar uma resposta para tais questões; e como um psicólogo, penso detectar o odor familiar do comportamento de pânico primata na sugestão de que eles deveriam ser queimados.

Algumas das mais interessantes evidências para um modelo neolamarckiano ou quase sheldrakeano vieram de uma pesquisa acerca de uma droga psicodélica nos anos de 1960, conforme mencionado em uma nota de rodapé. É extremamente curioso que *"memórias" de vidas humanas passadas e até mesmo de estados pré-humanos* eram freqüentemente relatadas pelos usuários de LSD. Isso acontecia com tanta freqüência que o fato levou o Dr. Leary, em Boston, a propor um "circuito neurogenético". O Dr. Grof, independentemente na Tchecoslováquia, também propôs um "inconsciente filogenético". Ambos os pesquisadores reconheceram que essa teoria contradizia Darwin, mas relataram suas conclusões mesmo assim.

Visto que os biólogos parecem ter uma boa evidência de que tal "memória" não pode ser carregada pelos genes, então esses casos são "alucinações" e "resultados de pesquisa incompetente", ou se adequam perfeitamente na teoria do campo não-local de Sheldrake.

Alguns hereges gostariam de observar mais pesquisas para esclarecer a questão.

Tais pesquisas são *ilegais*. Desde 1965 e 1966, em diversos países, há leis proibindo os psicólogos de realizarem experimentos nessa área. Isso porque tal pesquisa é considerada "perigosa" por governos que, estranhamente, não consideram testes nucleares perigosos.

O modelo do Dr. Leary afirma que a droga psicodélica cria *choque* e *tensão mental*, sensações que decompõem antigas impressões e condicionamentos. Ele afirma que, em um estado "normal" de consciência, somos impressionados e condicionados a compreender somente: (1) necessidades de sobrevivência biológica; (2) jogos emocionais que nos atribuem *status*; (3) regras do jogo condicionadas de nossa cultura; e (4) gratificação sexual; além de *não compreendermos* outros sinais potencialmente disponíveis. Assim, permanecemos em um único túnel de realidade durante toda a nossa vida. Ao serem quebradas nossas impressões, ele sugere, a droga permite que compreendamos outros túneis de realidade, incluindo o campo ou circuito "neurogenético", "filogenético" ou "morfogenético", nos quais as "memórias" pré-nascimento são armazenadas.

O Dr. Leary, como o Dr. Reich, foi para a prisão[4]. E agora outros pesquisadores são proibidos por lei de verificar ou testar seus modelos.

Entretanto, a meditação ainda é legal, mesmo que os fundamentalistas o ridicularizem por tentar. Na meditação intensa, sob rígidas regras do ioga, um indivíduo experiencia uma *tensão* criada pela deficiência social e sensorial. Essa tensão também pode quebrar as impressões e condicionamentos.

A maioria dos indivíduos que medita intensamente eventualmente "lembra-se" de vidas passadas e, guiados pelas metáforas da Índia, decidem que tais memórias são melhores descritas no modelo da *reencarnação*.

Esse é um efeito estranho da nova Inquisição:

Onde os cientistas são legalmente ou ilegalmente coagidos e afastados de certas áreas de investigação, os indivíduos não param de ter experiências que poderiam ser explicadas por tais investigações; as pessoas simplesmente recorrem, espontaneamente, a modelos pré-científicos para explicar as experiências.

*Archetypes*, de Anthony Stevens, Quill, Nova Iorque, 1983, página 48:

Tem-se demonstrado em muitos testes que pintinhos, antes de terem a chance de aprender com outras aves, ficam amedrontados quando uma figura recortada na forma de um falcão voa próxima a eles. O recorte, geralmente de papelão, não *cheira* como um falcão; os pintinhos estão reagindo à *imagem* dele.

Em 1939, o ornitologista David Lack tentou um experimento parecido com pintassilgos capturados nas Ilhas Galápagos, onde não existem predadores de pássaros há centenas de milhares de anos (Darwin utilizou uma grande variedade de espécies de pintassilgos das Ilhas de Galápagos como um exemplo da seleção natural). Lack

---

4. O Dr. Leary foi condenado por portar um cigarro de maconha. Ele afirmou que o cigarro havia sido forjado pelo oficial que o prendeu. Seja como for, ele foi sentenciado a 37 anos de prisão, embora a sentença normal para esse crime, naquela época e naquele estado, fosse de seis meses. O juiz também descreveu as idéias de Leary como "perigosas" e, por esse motivo, o governo suíço aceitou posteriormente Leary como um refugiado político. Depois de ter sido capturado novamente, Leary serviu cinco anos e seis meses, e agora se dedica prudentemente a projetar *softwares* para computador.

capturou mais de 30 pintassilgos de quatro espécies diferentes e os enviou para um amigo na Califórnia.

Os pássaros demonstraram o reflexo de medo, tentando agachar-se e esconder-se, quando um falcão ou um abutre voou sobre eles.

Essa "imagem" e o medo associado haviam continuado por centenas de milhares de anos em um ambiente onde eram desnecessários.

O "inconsciente coletivo" de Jung, que supostamente contém tais *imagens* armazenadas por um período imensamente longo, é geralmente rejeitado como não-científico, mas os pintassilgos não sabiam disso. De alguma forma, eles tinham a informação "imagem de falcão significa perigo".

Isso me parece mais lamarckiano que darwiniano e soa, possivelmente, como a atividade do campo não-local de Sheldrake. Se tais informações adquiridas não podem ser transmitidas geneticamente, e se Lamarck está errado, então a informação foi transmitida por algum outro meio, e Sheldrake oferece um modelo que pode explicar tal transmissão.

Duas de nossas histórias neste capítulo envolveram pessoas que ficaram *"mortalmente assustadas"*. Visto que pessoas podem morrer de depressão, suponho que elas possam morrer de medo, embora eu não tenha visto um caso parecido.

O fundamentalismo, invocando a Deus ou às Leis, é um meio de reafirmar a apreensão, de *tranqüilizar* e *pacificar*. Esse era o papel dos sacerdotes na era teológica. Já que a ciência não pode fornecer a certeza, para a tensão de nossa era, os novos fundamentalistas inventaram certezas e as atribuem à ciência.

Os fundamentalistas podem ser hostis com Freud e Jung não porque os modelos dos dois "não são científicos" ou "pré-científicos" — todos sabem que devemos nos "contentar" com tais modelos até que uma psicologia científica (ou neurológica) seja desenvolvida —, mas porque Freud e Jung chamam a atenção de forma ousada para tais medos e repressões.

Capítulo 4

# A Dança de Shiva
*(incluindo comentários a respeito do Teorema de Bell, o conceito Po e incêndios misteriosos)*

*A crença é uma categoria aristotélica obsoleta.*
Dr. Jack Sarfatti, físico, *durante conversação*

*Além do "sim" e do "não", o Universo contém o "talvez".*
Dr. David Finkelstein, físico
*Palestra, UC — Monterey, 31 de março de 1979*

Um antropólogo físico, depois de ter conduzido várias análises dos cidadãos canadenses, concluiu que a média deles tem um único testículo. Não houve erro nas técnicas estatísticas usadas. Como isso é possível?

Os leitores que ficaram embaraçados por esse mistério devem observar que o mesmo problema pode surgir com americanos ou australianos, mas não com os habitantes das Ilhas Inglesas. Se falarmos do inglês ou do galês, o fato de evitar a terminologia sexismo torna óbvio que a "média" não é, conforme os homens tendem a pensar, uma abstração masculina, mas uma abstração andrógina.

*As estruturas lingüísticas demarcam nossos túneis de realidade.* Já mencionei essa noção anteriormente; porém, sua repetição se faz necessária.

Uma ursa deixa sua caverna e sai em busca de comida. Ela caminha cerca de 1,5 quilômetro em direção ao sul beliscando uma coisa e outra e, então, caminha 1,5 quilômetro para o leste, ainda beliscando. Finalmente, caminha a mesma distância em direção ao norte e volta para a caverna. De que cor é a ursa?

Esse enigma confunde mais pessoas a muito mais tempo do que o primeiro enigma apresentado. Se *você* está curioso, tente descobrir o que há em seu túnel de realidade que define a questão como impossível.

Tendemos a separar assuntos ou "áreas de conhecimento" em nossas cabeças, ao passo que no Universo tudo é sinergicamente (holisticamente) relacionado. Nesse caso, separamos a *geometria* da *evolução*, razão pela qual não conseguimos enxergar uma resposta um tanto quanto óbvia.

Todavia, se pensarmos na geometria e na evolução, uma resposta surge rapidamente. Podemos pensar: o único lugar de onde pode partir um urso em uma esfera como a Terra e ainda assim chegar no mesmo ponto onde ele começou depois de fazer duas curvas em ângulos retos é o Pólo Norte. Por razões evolucionárias óbvias, todos os ursos dessa área desenvolveram pêlo branco, então, nossa ursa é branca.

(Outra possibilidade: enquanto a maioria de nós aceita o *modelo* científico que afirma que a Terra é esférica, retemos reflexos neurossemânticos do túnel de realidade que admitia que a Terra era plana. Nesse caso, pensamos que a ursa *não pode* chegar no mesmo ponto de onde partiu depois de duas curvas em ângulos retos e ficamos tão confusos que nem mesmo podemos considerar a cor da ursa....)

Ou assim nos parece, quando chegamos a uma primeira descoberta acerca desse problema. A maioria das pessoas não ultrapassa esse ponto. Na verdade, há muitos outros lugares onde um urso pode começar sua jornada e voltar para o mesmo ponto nas condições acima; mas resolver essa charada ainda resulta que o urso é branco.

Deixo que a perspicácia do leitor deduza os outros lugares no globo que se encaixem nessa peculiaridade geométrica.[5]

Um objeto jamais visto anteriormente é mostrado para um homem e, imediatamente, ele suscita mais de uma dúzia de fatos a respeito do lugar de onde o objeto veio e das pessoas que viveram lá. Nenhuma "percepção extra-sensorial" está envolvida, e o homem nunca esteve no lugar de onde o objeto veio. Como isso é feito?

---

5. É necessário avisar ao leitor que nenhum urso realmente vive nos lugares sugeridos aqui, mas eles seriam brancos por razões evolucionárias, se vivessem lá. Na verdade, devo essa charada a Martin Gardner, cujos jogos matemáticos têm me deliciado na mesma medida em que seu dogmatismo tem me assustado.

Bem, isso é comparativamente mais fácil de explicar abstratamente, embora a maioria de nós ache difícil reproduzir a façanha descrita.

O homem, naturalmente, era um antropólogo que havia realizado décadas de trabalho de campo. Seu nome era Leo Frobenius. Embora nunca tivesse estado no lugar onde o objeto (uma vasilha para carregar água) havia sido encontrado, Frobenius havia desenvolvido um sentimento altamente "intuitivo" pelas leis que governam os túneis de realidade, "configurações culturais", e reconheceu sinergicamente o ambiente da vasilha da mesma forma que um musicologista identifica uma composição como sendo italiana do início do século XVIII e não como uma composição da Rússia central do século XIX.

Certa vez, o presidente Franklin Delano Roosevelt pronunciou a mesma frase para todos os convidados que apertaram sua mão em uma festa na Casa Branca, a título de experimento. Nenhum dos convidados realmente "ouviu" a sentença, embora Roosevelt fosse uma das vozes mais importantes na política americana. Você pode explicar isso?

Alguns podem ficar preocupados com a expressão "sentimento altamente *intuitivo*", termo que usei para discutir o sentimento de Frobenius. Ele chamou essa percepção de *Kulturmorphologie* (morfologia da cultura). Outros denominam a mesma percepção de "configuração cultural" ou realidade êmica. Todavia, todo túnel de realidade contém suas próprias consistências, que são mais visíveis externamente que internamente (é difícil, por exemplo, para os materialistas fundamentalistas reconhecerem que seu túnel de realidade é uma idéia que contém as características do homem branco que detém o poder de governar). Falsificações de arte que escapam da detecção por mais de meio século freqüentemente tornam-se óbvias porque o forjador, enquanto conscientemente, imita o estilo de, digamos, 1450, incluiu inconscientemente, alguns pontos estilísticos de sua própria época (digamos, 1930). Esse estilo inconsciente era "invisível" em 1930, porém, em 1980, ele torna-se cada vez mais "visível" para os profissionais, porque não estamos mais incorporados nos anos 30.

Considere o seguinte: Brown é um cirurgião-chefe no hospital X. O Dr. Jones diz que Brown é, por vezes, irritadiço. Dr. Smith diz que Brown faz exigências razoáveis para a equipe. E o Dr. Black diz que, no dia do seu divórcio, Brown cometeu um erro grave durante uma cirurgia. Agora, duas semanas depois do divórcio, uma enfermeira afirmou ter visto Brown com uma blusa rosa, uma saia vermelha e saltos altos, tentando entrar em um banheiro feminino em um parque das proximidades.

Se você pensa que Brown está se tornando um tanto estranho, você impôs seu próprio túnel de realidade nessa história sem notar o que estava fazendo. Todos os empregados reclamam que o chefe é irritadiço ou que faz exigências excessivas. Todos os cirurgiões cometem erros graves. Em uma sentença ambígua, você supôs quem é indicado pela expressão "seu divórcio" e, então, esqueceu-se que isso era somente uma suposição. Você também se esqueceu de que geralmente as portas dos banheiros públicos parecem estar emperradas e precisam ser forçadas para serem abertas. Acima de tudo, você não suspeitou que Brown também poderia ser o sobrenome de uma doutora,* que fica bem de rosa e vermelho. Se você não considerou isso, você está no que acabo de chamar de túnel de realidade que contém as características do homem branco que detém o poder de governar.

A propósito, as palavras que o presidente Roosevelt proferiu foram: "Eu estrangulei minha esposa esta manhã."

O princípio ilustrado pelo experimento de Roosevelt, no caso de essa brincadeira amplamente disseminada ter realmente acontecido, não surpreenderá nenhum psicólogo. O processo de percepção sempre inclui tanto a adição como a subtração.

A razão para esse fato parece ser concretamente neurológica e não apenas abstratamente "psicológica", conforme tentamos demonstrar no capítulo um. Para citar mais um exemplo desse processo *neurológico*, mencionarei um experimento bem conhecido, citado na obra de Colin Wilson, *Criminal History of Manking*, Putnam, Nova Iorque, 1984, página 93. O Dr. Jerome Bruner analisou o caminho percorrido pelo som viajando do tímpano de um gato até o seu cérebro. Um ruído seco foi usado como estímulo a ser investigado através dos caminhos nervosos. Dois ratos foram colocados em um lugar onde o gato pudesse vê-los, sem que pudesse alcançá-los. Quando o ruído soou novamente, não houve *nenhum impulso elétrico registrado no tímpano.*

---

*N. do T.: Em inglês, há espaço para a confusão porque o artigo "the" e a abreviação de doutor, "Dr.", não trazem em si a determinação de gênero e são usados tanto para o feminino como para o masculino. Por essa razão, Brown também poderia ser o sobrenome de uma doutora, no texto original.

O gato não estava apenas se "concentrando" nos ratos e "ignorando" o som; ele estava literalmente *interrompendo o impulso nervoso no ouvido*. Não há nada "obscuro" nesse evento. A função da sinapse é atuar como um interruptor que liga e desliga: quando está *desligado*, ele não transmite o sinal, e quando está *ligado*, transmite. Os sentidos reúnem cerca de 10 mil bits de informação *por segundo*, e a sinapse liga e desliga automaticamente, passando a informação para o cérebro ou suprimindo-a, de acordo com programas habituais de impressão e condicionamento. Estimativas diferem quanto à quantidade de informação que chega ao cérebro, mas é seguro generalizar que pelo menos 90% é desconectado e incompreendido. Quando alguém diz de forma exasperada: "Era como se ele não estivesse me ouvindo!", esse indivíduo pode estar sendo neurologicamente preciso. Se o ouvinte já estivesse ensaiando sua brilhante e esmagadora refutação, então ele realmente não estaria ouvindo grande parte do que estava sendo dito. A razão "psicológica" entre os dois casos seria diferente, mas os mesmos processos *neurológicos* pelos quais os convidados da Casa Branca não *ouviram* a confissão de Roosevelt acerca do assassinato estariam sendo praticados.

Uma pedra, de quase dois metros e meio de comprimento, marcada por desenhos, caiu do céu em Yaqui Valley, México, em 1910. Não extraí essa história do *Brighton Yodel* ou do *West Buggery Express*; ela consta na revista *Scientific American*, e já a mencionei anteriormente. Pergunto-me quanto de nossa visão de mundo, nossa realidade êmica, teria de mudar se levássemos essa reportagem a sério. Mas pergunto-me quantos leitores já a "esqueceram" ou "deixaram de notar" que ela veio da revista *Scientific American*.

E os objetos *se movendo em alinhamento* nas proximidades do Sol em 1886? Isso veio de algum tablóide ou de uma fonte mais respeitável? Se você não se lembra, porque você editou essa parte da informação em seu túnel de realidade? (A resposta pode ser encontrada algumas páginas atrás.)

Você já começou a classificar suas histórias como "verdadeira", "falsa" ou "indeterminada", ou você ainda faz um julgamento rápido de "verdadeiro" ou "falso" de todas elas?

Da obra de Ronald Duncan, *Critics' Gaffes*, Macdonald & Company, Londres, 1983, páginas 112-116:

As descobertas de Galileu não foram somente rejeitadas pela antiga Inquisição, mas também pelo astrônomo inglês Martin Horsley, que decidiu que o telescópio era exato na Terra "mas representava de maneira falsa os corpos celestes".

O professor Ludwig Gilbert rejeitou as descobertas de Sertermeur acerca da morfina, em 1810, afirmando que tal droga "não era científica nem química".

O cirurgião Alfred Velpeau denunciou a pesquisa referente à anestesia como *quimérica* em 1832, baseado na idéia de que a cirurgia *deve* causar dor (não ria tão rapidamente. A cirurgia sempre causou dor na época em que Velpeau viveu. Seria preciso ter uma imaginação agnóstica, quase surrealista, para separar a idéia de "cirurgia" da idéia de "dor" naquele período).

O professor John Henry Pepper declarou que a luz elétrica de Edison não tinha nenhum futuro, e Edison recusou-se a acreditar que os geradores de corrente alternativa de Tesla eram seguros. Lorde Kelvin, um dos grandes físicos daquele tempo, concordou com Edison e enviou um telegrama para a Companhia de Energia das Cataratas do Niágara dizendo: "ACREDITEM, EVITARÃO ENORME ERRO NÃO ADOTANDO A CORRENTE ALTERNATIVA." Frank Sprague, um pioneiro nas vias férreas elétricas, calculou que os sistemas de corrente alternativa não poderiam carregar a eletricidade por mais de 32 quilômetros (atualmente, elas se estendem por mais de 2.400 mil quilômetros em alguns casos).

O periódico *Quarterly Review* zombou da idéia de que as locomotivas poderiam viajar *"duas vezes mais rápido que as carruagens!"*, e isso aconteceu em março de 1825 (o itálico e o ponto de exclamação são do jornal).

Simon Newcomb, descobridor do planeta Netuno e diretor do Observatório Naval dos Estados Unidos, calculou, em 1894, que o vôo artificial seria impossível. Em 1901, ele afirmou que um avião não seria capaz de carregar nada mais pesado que *um inseto*.

Em retrospectiva, tudo isso é divertido, mas...

*Critical Path*, de R. Buckminster Fuller, Editora St. Martin, 1981, página 20-30:

Fuller, um gênio reconhecido com realizações documentadas em diversos campos na engenharia e na matemática, propõe que os golfinhos são descendentes dos seres humanos.

Não sei se esse é outro caso de uma mente maravilhosa cometendo um erro gigantesco ou se, como aconteceu em muitas disputas relativas à engenharia em sua carreira, esse é outro caso em que Bucky está certo, e os outros peritos, errados.

Suspeito que aqui Bucky foi por demais imaginativo. Ando no mesmo passo da ortodoxia; meu agnosticismo hesita. Bucky Fuller, concluo, não era mais infalível que o Papa, ou o Aiatolá, ou o professor Munge, ou mesmo eu. Não posso imaginar que os golfinhos sejam descendentes dos humanos.

Em cinqüenta anos, esta página será citada como um exemplo de bom-senso avançando em um livro deliberadamente escandaloso ou como mais um caso da história, demonstrando que mesmo um herege é hipnotizado por algumas ortodoxias de seu tempo?

Quando um pára-quedista atinge uma velocidade constante na queda em direção à Terra:

(a) a força descendente que o afeta é maior que a força ascendente;
(b) a força no sentido ascendente é maior que a força no sentido descendente;
(c) ambas as forças são iguais.

Qual resposta está correta?

A resposta aparece mais tarde, mas, por enquanto, considerarei um problema diferente ou que parece diferente.

A suposta "percepção extra-sensorial" é absurda no túnel de realidade comum porque esse tipo de percepção atua como se o "espaço" fosse irreal. A predição (também suposta) é igualmente, ou mais absurda, visto que atua como se o "tempo" fosse irreal. A sincronicidade de Jung (ressonância significativa) é ainda mais absurda que a "percepção extra-sensorial" ou a predição, pois atua como se as noções tanto do tempo como do espaço fossem irreais.

O que acontece com nosso túnel de realidade se considerarmos que as palavras "tempo" e "espaço" podem ser, conforme sugerido no capítulo um, metáforas inventadas pelos humanos?

O Dr. John S. Bell, do Centro para Pesquisa Nuclear na Suíça, publicou uma demonstração matemática em sua obra *Physics* 1-195 (1964). Essa demonstração é tão conhecida quanto o Teorema de Bell. Ele argumenta que, enquanto a separação no espaço e no tempo são "reais" em alguns contextos, tal separação é "irreal" ou insignificante na mecânica quântica.

Michael Talbot, em seu livro *Mysticism and the New Physics* é perspicaz em relação ao Teorema de Bell quando considera que ele é uma justificativa científica para o monismo daqueles místicos que nos têm repetido a noção de que "tudo faz parte de um todo" durante os últimos mil anos. O Dr. Fritjof Capra, um físico igualmente satisfeito com Bell, convida-nos a converter o Taoísmo na base da matemática de Bell, em sua obra *The Tao of Physics*. Gary Zarov, em *The Dancing Wu Li Masters,* junta-se ao coro de afirmação e celebração. Outro físico, entretanto, Dr. Heinz Paigels, em *The Cosmic Code,* insiste que, mesmo que soe como matemática, o Teorema de Bell é fisicamente insignificante.

Em termos simples, isto é o que Bell argumentou:

**Instrumento**     **Fonte**     **Instrumento**

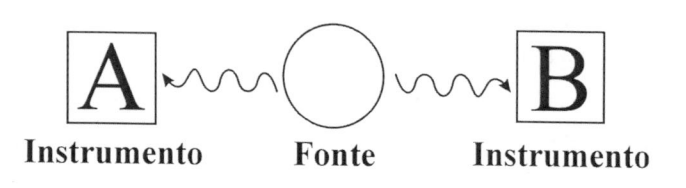

Imagine uma fonte que emita dois feixes de fótons (dois "raios de luz" em linguagem leiga), que são interceptados por dois instrumentos, A e B. Esses instrumentos podem estar muito distanciados, *até mesmo em lados opostos do universo*. Por uma dedução simples de leis aceitas na mecânica quântica, Bell demonstra que qualquer propriedade que você avaliar no instrumento A, uma avaliação simultânea no instrumento B será matematicamente complementar. Ou seja, a leitura no instrumento B não será apenas correlacionada com a leitura em A, mas com o *tipo* de leitura, as "propriedades" dos fótons que foram avaliadas.

Esse fato só se torna evidente quando refletimos que o resultado é "como se" cada fóton *soubesse* qual medida está sendo realizada pelo outro fóton, instantaneamente.

Bell também demonstrou que esse tipo de correlação não-local, como é chamada, deve acontecer com *separação no tempo,* assim como com *separação no espaço*; mas chegaremos a isso mais tarde.

O Teorema de Bell tem atraído muito a atenção entre os físicos porque ele é matematicamente refinado, mas isso não foi inteiramente uma surpresa. Aquela mecânica quântica parece sugerir uma concatenação não-local (ou não-casual) observada por vários físicos anteriormente. Curiosamente, o primeiro a observar essa concatenação foi Einstein, em 1935, afirmando que tal conexão não-local era "assustadora" (o que talvez seja) e que "sugere telepatia" (o que talvez sugira). Einstein acrescentou que, se a mecânica quântica conduzia a tais conclusões, certamente havia algo radicalmente errado com ela. O Dr. Erwin Schrodinger (o pai da teoria do gato morto-vivo) notou uma implicação "monista" similar na mecânica quântica e chegou a dizer (em sua obra *What is Life?* — Capítulo 23) que a filosofia monista ou holística dos *Upanishads** pode ser mais consistente com a matemática quântica do que qualquer túnel de realidade ocidental. O Dr. David Bohm observou o mesmo ponto em um trabalho celebrado de 1952, que foi amplamente discutido. A matemática de Bell, então, somente trouxe para a superfície o que alguns já suspeitavam anteriormente.

Deve ser enfatizado que os fótons são "partículas" ou "ondas" de luz (ambos os modelos são utilizados), mas, de qualquer forma, são as coisas pelas quais a luz viaja. Não há, contudo, nenhuma forma por meio da qual um sinal possa chegar instantaneamente de um fóton no instrumento A ao fóton no instrumento B, ou vice-versa, visto que os sinais são definidos como pacotes de energia e os pacotes de energia se movimentam na velocidade da luz ou em uma velocidade menor que a da luz, de acordo com as melhores generalizações ou "leis" conhecidas atualmente.

Essa é a razão pela qual a conexão não-local parece "assustadora" para Einstein e porque ela parece sugerir o monismo. Os fótons comportam-se *como se* alguma energia estivesse fazendo com que eles se correlacionassem, mas não há energia na física que se mova rápido o suficiente para realizar tal tarefa.

Mas há uma forma de contornar tais monstruosidades matemáticas; é conhecida como doutrina dos "acidentes do formalismo".

Um "acidente do formalismo" é algo matematicamente útil, até mesmo necessário para a qualidade refinada das equações, mas não tem conseqüência mensurável no mundo experimental. Assim, o modo

---

*N. do T.: *Upanishads* — tratados de ensinamentos profundos que, juntamente com os Vedas, são conhecidos como Corpo Védico; ensinamentos que se referem a tradições ortodoxas de antes do surgimento do Budismo.

mais popular de apresentar o gato de Schrodinger é dizer que esse felino notável está vivo e morto *no formalismo*, mas não existem gatos no mundo *experimental* que poderão ser encontrados nesse estado intermediário. Um fóton, um elétron ou qualquer outra coisa quântica "é" uma onda, algumas vezes, e "é" uma partícula, em outras, porque algumas vezes usamos equações de ondas em determinadas situações e equações de partículas em outras (no celebrado experimento dos dois buracos, os fótons atuam como ondas e como partículas experimentalmente, mas em momentos diferentes. Esse é um problema diferente). Da mesma forma, as várias interpretações das equações de onda de Schrodinger são um "acidente do formalismo", e tomá-las literalmente, como alguns físicos fazem, é o equivalente matemático a uma ilusão óptica, de acordo com essa linha de pensamento.

Assim, aqueles que consideram a demonstração matemática de Bell simplesmente inacreditável decidiram que ela deveria ser um "acidente do formalismo" sem qualquer significado experimental.

Berkeley, Califórnia, 1974: o Dr. John Clauser testou o Teorema de Bell de forma experimental. Consulte Capra, citado anteriormente, para maiores detalhes.

Os fótons comportaram-se como a matemática de Bell havia predito.

Toda a objeção possível foi sugerida, naturalmente. Clauser repetiu o experimento com controles mais rigorosos e conseguiu o mesmo resultado. Aspect, na França, repetiu o experimento. Outros o repetiram. Depois de alguns anos, existiam seis experimentos, quatro dos quais sustentavam Bell e dois o refutavam, e todos eles estavam sendo criticados com base em diversos fundamentos técnicos.

Revelação de patente dos Estados Unidos 771165 (12 de maio de 1978), do Dr. Jack Sarfatti, físico, Grupo de Pesquisa Científica: protótipo de um proposto sistema de comunicação mais rápido do que a luz, baseado no modelo do Dr. Sarfatti. Ele afirma: mesmo que a *energia* não possa viajar mais rápido do que a luz, a matemática de Bell indica que a *informação* está, de alguma forma, viajando mais rápido que ela.

O Dr. Carl Sagan, do CSICOP, informado a respeito deste evento, observou que o protótipo do Dr. Sarfatti era, "na melhor das hipóteses, uma noção divertida".

Entretanto, cartas foram trocadas entre o Dr. Sarfatti e o Dr. Nick Herbert. Tive o privilégio de lê-las. Dr. Herbert, outro físico, argumenta: mesmo que a matemática de Bell esteja correta e mesmo que seja significativa, o sistema do Dr. Sarfatti não funcionará. Ele apresenta bons argumentos, até onde posso julgar. O Dr. Sarfatti responde. Ele também apresenta bons argumentos, até onde posso julgar.

*Foundations of Physics*, volume 12, número 12 (1982): um segundo sistema de comunicação mais rápido que a luz é proposto, desta vez, pelo Dr. Herbert.

Em 14 de dezembro de 1982, recebi uma carta do Dr. Herbert: seu sistema mais rápido que a luz havia sido inspirado pelo debate com Sarfatti. Ele pensa que seu sistema é mais plausível que o sistema do Dr. Sarfatti, mas é convenientemente agnóstico: declara que o objetivo principal de seu trabalho é provocar debate que "esclarecerá questões fundamentais".

O Dr. Herbert também afirma ter conhecimento "cerca de uma dúzia" de sistemas mais rápidos que a luz que estavam sendo discutidos em Departamentos de Físicas ou buscando publicação em jornais.

*New Scientist*, Londres, 6 de janeiro de 1983: dois novos conjuntos de experimentos do Dr. Alain Aspect, do Institut d'Optique Theorique et Aliquee, em Orsay, próximo a Paris, são considerados conclusivos, provando o Teorema de Bell.

O conjunto experimental de Aspect era o seguinte:

| A | | | | | | | B |
|---|---|---|---|---|---|---|---|
| Contador de Fóton | Polarizador | Interruptor | Fonte | Interruptor | Polarizador | | Contador de Fóton |

A fonte é ou um átomo de mercúrio, ou de cálcio, elementos que facilmente emitem fótons. As linhas irregulares em cada lado da fonte indicam que o diagrama é condensado para caber na página (os fótons viajam longa distância — três metros — antes de encontrarem o restante do dispositivo). Primeiramente, eles passam por interruptores especialmente desenhados (que atuam em 10 bilionésimos de segundos) e, então, são polarizados e chegam aos contadores de fótons ativados pelos interruptores. Os interruptores são importantes porque os contadores de fótons registram somente o que acontece *depois* que os fótons passaram por eles, ou seja, no último bilionésimo de segundo. Visto que os instrumentos estão a seis metros de distância, nenhum sinal de energia pode viajar, durante esse tempo de um fóton para outro "fazendo com que" um se ajuste ao outro (isso exigiria, exatamente, 20 bilionésimos de segundo). Contudo, os fótons permanecem correlacionados da maneira que Bell previu. É como duas dançarinas de balé, em lados opostos de um palco, que assumem a mesma posição no final, sem olhar uma para a outra (sem qualquer sinal passando entre elas).

Sabemos como as dançarinas de balé criam tais "sincronicidades". A informação já "está contida nelas". Ela foi transferida por um coreógrafo. Mas que tipo de coreógrafo passou a informação para esses fótons? A questão está longe de ser trivial.

*New Scientist*, (ou o Sr. Basil Riley) resume:

"Devo enfatizar que esse resultado persiste, embora não haja nenhuma interação entre as duas partículas separadas... Em outras palavras, parece haver alguma forma de "efeito não-local" [...] Devemos estar preparados para considerar, radicalmente, novos pontos de vista da realidade sem fixar a localidade na posição central."

O Dr. John Gribbin aponta, em sua obra *In Search of Schrodinger's Cat*, op.cit. página 226, que esse experimento é, no contexto, ainda mais poderoso do que parece à primeira vista. De sete experimentos, cinco comprovaram a teoria de Bell. Os experimentos em si, sob críticas, têm sido cada vez mais sutis. Um defeito no dispositivo *destruiria* a evidência da correlação; é bastante difícil imaginar que conjunto de defeitos incríveis seria necessário para produzir, cumulativamente, uma correlação falsa onde não havia nenhuma.

O Dr. Herbert transmitiu-me o exemplo popular do que significa esse tipo de efeito não-local, exemplo apropriado durante uma palestra do próprio Dr. Bell:

Imagine um homem na Cidade do México que sempre usa meias vermelhas, e imagine um homem em Belgrado que sempre usa meias azuis. Imagine que, de alguma forma, podemos "fazer com que" o homem no México tire suas meias vermelhas e coloque meias azuis. Se esses homens realmente atuassem como os fótons de Aspect, o homem em Belgrado instantaneamente (antes que qualquer notícia acerca do que aconteceu na Cidade do México pudesse alcançá-lo), tiraria suas meias azuis e colocaria meias vermelhas. Além disso, se eles fossem exatamente como os fótons de Aspect, toda a vez que fizéssemos com que um deles trocasse de meias, o outro também trocaria imediatamente de forma gratuita.

Pode-se ver porque Einstein considerou tal efeito não-local como assustador. Visto que nenhuma energia se move rápido o bastante para causar a mudança, elas *não têm causa*.

Um ponto técnico deve ser levantado neste momento. De acordo com a Interpretação de Copenhague (assim chamada porque foi criada pelo Dr. Niels Bohr e seus colegas na Universidade de Copenhague, entre os anos de 1926 e 1928), há uma diferença entre ciência e "realidade". Infelizmente, a Interpretação de Copenhague é tão sutil em suas ramificações, que dois físicos não a entendem da mesma forma. O Dr. Bohr certa vez declarou: "Geralmente, pensa-se que a física se refere ao Universo, mas agora sabemos que ela se refere *ao que podemos dizer* a respeito dele" (seu itálico). Ou seja, se entendo de forma correta, "*o* Universo" é um conceito filosófico que, geralmente, sugere "o universo *real*", com todos os problemas filosóficos da "realidade" assim evocados. *O que podemos dizer acerca do Universo*, todavia, refere-se à nossa matemática e aos nossos experimentos, o túnel de realidade atual que nos parece útil para possibilitar uma explicação para aquilo que somos capazes de compreender, de acordo com minha terminologia. Devemos nos lembrar que estamos nos referindo aos nossos sistemas semânticos. O cardápio não é a refeição.

O Dr. Eugiene Wigner, por outro lado, afirma (ou supõe-se que ele afirma), que a Interpretação de Copenhague significa que o Universo está sendo criado por nossos pensamentos e experimentos. Suspeito que sua intenção seja afirmar que *universo experienciado por nós* está sendo criado dessa forma, e que "*o* Universo" é algo que não podemos conhecer.

Gribbin, em sua obra *In Search of Schrodinger's Cat*, *op.cit.*, declara de maneira ousada (pagina 1) que o ponto de vista de Copenhague significa que "nada é real". Todavia, ele rapidamente recobra a consciência e diz com mais moderação (página 4) que a "'Realidade' em todos os sentidos não é uma forma adequada para pensar a respeito de física."

O Dr. Nick Herbert, durante várias conversas, insistiu que a Interpretação de Copenhague corresponde à "ciência cristã", visto que ele a toma como uma negação de que *há* um Universo real. Mas ele não gosta da Interpretação de Copenhague.

O Dr. David Bohm, em conversa recente, descreveu o ponto de vista de Copenhague como uma interpretação que "nega o fato de podermos fazer afirmações acerca da realidade". Penso que ele estava conscientemente evitando, ou tentando evitar, os problemas filosóficos da "realidade".

Você pode suspeitar que sou benevolente em relação às idéias de Copenhague, na medida em que as entendo; na realidade, esse é o motivo que me tem feito escrever a respeito da correlação do Teorema de Bell com "*o mundo experimental*", o "universo real", ou a "realidade última".

Entendo que a "realidade experimental", ou "o mundo experimental", ou "o túnel de realidade experimental" é parte da "realidade existencial", ou seja, o que os indivíduos *experienciam*; e isso é uma grande parte da experiência para aqueles que passam sua vida como experimentalistas; mas uma parte relativamente pequena para aqueles que passam seu tempo escrevendo música ou poesia.

Conseqüentemente, entendo que quaisquer categorias que usamos para organizar nossas experiências relativas ao discurso ou pensamento conterão elementos metafóricos. Descrever esse processo de criar metáforas, necessariamente, criará mais metáforas — na verdade, metáforas sobre metáforas. Entretanto, penso que seja razoável admitir que as versões conflitantes da Interpretação de Copenhague estejam "realmente" tentando dizer a mesma coisa, mas os vários físicos criam diferentes metáforas ao tentar explicá-la.

Assim, quando Bohr faz a distinção tão perfeita entre "o universo" e "o que podemos dizer a respeito do Universo", ele fundamentalmente quer dizer a mesma coisa que Gribbin ao afirmar que "nada é real". Ambos podem ser colocados em uma posição de contemporização, a saber: nada que podemos dizer do Universo *é* o universo "real". Felizmente, Wigner também quer dizer que nós estamos criando *o que podemos dizer do Universo, o que não é o Universo "real". Quando Herbert diz que os defensores da Interpretação de Copenhague não acreditam no Universo "real", talvez isso também seja o que Bohm pretendeu dizer ao afirmar que eles negam que possamos falar acerca da "realidade". A física matemática oferece as realidades êmicas mais úteis* disponíveis para nós, mas nenhuma realidade êmica *é* a realidade ética (não-verbal).

Espero que, coletivamente, isso signifique que a ciência deva ser considerada como um conjunto de modelos *usados para falar a respeito de experimentos*, como a arte é um conjunto de modelos *para as avaliações comunicativas*. Nenhum desses modelos deve ser confundido com a "realidade" fundamental, o que quer que ela signifique. Podemos falar, significativamente, da compreensão, mas não do que ainda não foi compreendido.

Se, por meio de algum milagre, eu consegui apresentar alguma lógica relativa a essa questão, na qual os próprios físicos parecem ter problemas em entender uns aos outros, o ponto básico de Copenhague parece ser similar à minha própria visão existencialista nietzcheana de que o mundo não-verbal ou pré-verbal jamais conteve medidas como "metros", "quilos", "ergs de energia", "fótons", "bem", "mal", "beleza" ou "significado" até que o sistema nervoso primata ("as mentes humanas") estabeleceu-os como sistemas de classificação.

Visto que o Teorema de Bell (ou a conexão não-local como uma generalização experimental-matemática) parece "sugerir telepatia" para Einstein, em 1935, podemos estar certos de que os hereges parapsicológicos notaram esse fato. Essa *implicação* é discutida profundamente nos trabalhos de Capra, Zarov e Talbot, previamente citados, deliberadamente evitados por Gribbin. A mesma implicação é evocada pelos Drs. Puthoff e Targ, ambos físicos, na obra *Mind-Reach*, Editora Delacorte, Nova Iorque, 1977. Nesse livro, estão relatados, entre outras coisas, aqueles experimentos com Uri Geller, quando eles *pensaram* ter observado o que o dogma materialista fundamentalista declara impossível.

Os fundamentalistas contra-atacam: por exemplo, o artigo de Steven N. Shore, "Quantum Teory and the Paranormal: The Misuse of Science", publicado na *Skeptical Inquirer*, IX, 10, Outono de 1984, corresponde à reformulação do ponto de vista de Copenhague em sua forma mais simplificada. Em suma, eles nos dizem que as conexões não-locais, conforme descritas na matemática e nos experimentos, é uma afirmação acerca do *que podemos dizer* e não da "realidade" absoluta. Penso que isso é verdadeiro o bastante, mas os fundamentalistas se esquecem de que a Interpretação de Copenhague aplica esse "modelo de agnosticismo" (como ele é, por vezes, chamado) para todo tipo de modelo na ciência (ou fora da ciência), incluindo as "leis" supostamente absolutas nas quais seus próprios dogmas são baseados.

Isso não é *legítimo*. Você não pode evocar, consistentemente, absolutos para provar que certas coisas são, *a priori*, impossíveis por um lado e, então, evocar a Interpretação de Copenhague para desacreditar a matemática de Bell e sete experimentos. A única aplicação lógica da visão de Copenhague para toda a questão "paranormal" é ser agnóstico no abstrato e fazer julgamentos temporários (admitindo sua característica experimental) baseados em experimentos e na matemática atual.

Parece-me que os fundamentalistas estão falando em termos teológicos (absolutos) quase todo o tempo e recorrem à epistemologia científica moderna (Agnosticismo de Copenhague) somente quando um novo modelo afronta seus preconceitos. Eles estão, de fato, dizendo: "Os modelos que queremos acreditar são 'leis físicas básicas' e, conseqüentemente, absolutas, mas os modelos nos quais não queremos acreditar são somente modelos" (consulte professor Munge).

Não gostaria de reclamar desse fato em demasia. Mesmo tal agnosticismo *seletivo* é, no fim, um avanço em relação ao dogmatismo medieval que os fundamentalistas têm sustentado até agora.

Um meio muito mais honesto de rejeitar a não-localidade tem sido sustentado pelo físico de Columbia, Dr. N. David Mermin.

A posição do Dr. Mernin pode ser encontrada em dois artigos, "Quantum Mysteries for Everyone", *Journal of Philosophy*, vol. 78 (1981) e "Is the Moon There When Nobody Looks?", *Physics Today*, abril de 1985.

Dr. Mermin conclui que a concatenação não-local é tão absurda que devemos escolher a variedade mais agnóstica da visão de Copenhague em vez de aceitar a não-localidade. Ele não suaviza palavras ou afasta-se com assombro das implicações daquilo que está dizendo. Afirma, categoricamente, no artigo do *Journal of Philosophy*: "Comprovadamente, a Lua não está lá quando ninguém está olhando." A mesma declaração aparece de forma menos direta no artigo do *Physics Today*.

Se isso não merece ser chamado de solipsismo*, não entendo o significado desse termo.

Contudo, saúdo o Dr. Mermin por ser claro e inflexível, especialmente se comparado ao artigo de Steven Shore no *Skeptical Inquirer*, que também conduz ao solipsismo, embora Shore não admita.

---

*N. do T.: Solipsismo — teoria filosófica que posiciona toda a realidade na mente do contemplador.

E o para-quedista que atinge uma velocidade constante, lembram-se dele? Neste ponto, a força descendente que atua sobre ele e a força ascendente do pára-quedas são iguais. Mas suponho que todos já tenham descoberto isso.

Pelo menos, é o que eu espero.

Se a conexão não-local pode ser considerada um modelo na ciência com base na noção de que ela contém correlações entre experimentos e matemática (correlações que os modelos científicos devem conter), então ela sugere algo a respeito do Universo que experienciamos ou do compreensível, mesmo que não resolva problemas filosóficos acerca do que é incompreensível, questões fora do campo da ciência. Penso que este seja o significado da Interpretação de Copenhague.

Se as conexões não-locais dizem algo a respeito do Universo *experienciado* (compreendido), então podemos fazer inferências referentes a ele e encontrar implicações. Essas inferências e implicações podem e devem ser discutidas.

Capra, Zarov e Talbot consideram que a conexão não-local implica algum tipo de monismo, ou holismo, ou o que Bucky Fuller chamou de sinergia. Anteriormente, Schrodinger também a considerou dessa forma.

De acordo com meu entendimento, Paigels interpreta que a visão de Copenhague significa que a conexão não-local sugere que somos o tipo de criatura que, depois desses experimentos e deduções matemáticas, construirá, necessariamente, o modelo, a metáfora ou a não-localidade como um modo de organizar as experiências e deduções. Imagino que essa noção seja verdadeira, mas alguns deverão pensar que ela contém em si a parcimônia científica ao ponto da retenção retal.

Novamente, os materialistas fundamentalistas parecem estar afirmando que a conexão não-local nada sugere (o que pode estar levando a retenção ao ponto da constipação mental).

John Gribbin, na obra *In Search of Schrodinger's Cat*, op. cit., página 254, decide, depois de muito meditar, que a conexão não-local sugere que "tudo é real ou nada é real". Ou seja, a própria análise de Gribbin leva à conclusão de que *ou* aceitamos o modelo do multiuniverso, no qual tudo que *pode* acontecer *acontece* ("tudo é real") — o modelo que muitos outros físicos consideram como surrealismo matemático —, ou devemos aceitar a Interpretação de

Copenhague, defendida pelos materialistas fundamentalistas. Gribbin, de forma mais honesta, admite que essa interpretação é equivalente ao solipsismo ("nada é real").

O Dr. Jack Sarfatti, em diversas ocasiões, declara que a conexão não-local significa que seu sistema de comunicação mais rápido do que a luz pode funcionar, uma vez que estiver mais definido.

O Dr. Fred Wolfe, na obra *Making the Quantum Leap*, parece aceitar a versão mais solipsista da segunda opção de Gribbin: "nada é real".

O Dr. Nick Herbert, em um trabalho em processo de produção, concorda com Capra, Schrodinger e outros, afirmando que a conexão sugere algum tipo de monismo ou sinergia e pode também sugerir conseqüências paranormais.

Mais uma vez: não estou afirmando um dogma em contradição ao materialismo fundamentalista. Estou simplesmente indicando que, quando os peritos não chegam a um acordo e parecem até mesmo entender uns aos outros de forma errônea vez por outra, o agnosticismo não é apenas cientificamente mais apropriado e mais sintonizado com aquela virtude de humildade que a maioria dos sábios e filósofos parece ter incentivado, mas constitui também uma questão de simples honestidade consigo mesmo.

*Sunday Times*, Londres, 20 de fevereiro de 1983: entrevista com o Dr. David Bohm, depois dos últimos experimentos de Aspect. Visto que Bohm é considerado o físico mais notável em Londres atualmente, o jornal perguntou o que a conexão não-local sugeria, em *sua* opinião.

"Ela significa que tudo no Universo está em uma espécie de afinidade completa, de forma que tudo o que acontece está relacionado com todo o restante; ou pode significar que há algum tipo de informação que pode viajar mais rápido que a velocidade da luz; ou pode significar que nossos conceitos de espaço e tempo devem ser modificados de uma maneira que não entendemos agora."

Por conveniência, chamaremos essas três escolhas de alternativa filosófica monista, alternativa de ficção científica e alternativa neokantiana. Devemos nos lembrar que elas não são as *únicas* alternativas.

A primeira alternativa ("qualquer coisa que aconteça está relacionada com todo o restante") parece sugerir o tipo de cosmologia geralmente associada com o misticismo oriental. Schrodinger observou o mesmo fato em 1944, quando escreveu que a mecânica quântica parece mais consistente com o monismo oriental do que com os hábitos do dualismo ocidental ou aristotélico.

A obra de Capra, *Tao of Physics*, o que quer que ela prove ou deixe de provar, documenta detalhadamente o fato de muitos textos budistas e taoístas soarem como alguns livros modernos acerca de mecânica quântica. Isso já parece bastante ameaçador para os materialistas fundamentalistas, mas é ainda mais assustador notar que o modelo monista também contém a semelhança extraordinária e dificilmente acidental em relação à *sincronicidade* de Jung (ressonância universal) e ao *campo morfogenético* de Sheldrake, discutido no capítulo anterior — duas idéias denunciadas repetidamente pelos fundamentalistas como "absurdas" e "absolutamente proibidas" pelas leis platônicas eternas.

De fato, Bohm reconheceu explicitamente que esse significado da mecânica quântica o faz suspeitar de que Sheldrake pode estar certo, apesar das condenações dos fundamentalistas. Consulte "Conversações entre David Bohm e Rupert Sheldrake", *Revision*, outono de 1982.[6]

Temo que piores eventos nos esperem.

Qualquer tipo de monismo não-local ou interconexão fortalece, *de certa forma,* o caso do "paranormal" na medida em que torna pensável ou possível aqueles vínculos através do tempo e do espaço, vínculos declarados impensáveis e impossíveis pelos fundamentalistas.

Isso pode ser observado mais claramente, e de forma mais alarmante para alguns, se ignorarmos noções como a "percepção extra-sensorial" e a "predição", prosseguindo diretamente para a mais amaldiçoada de todas as noções: *magia*. O que significa magia? De acordo com a obra clássica de Frazer, *Golden Bough*, a magia é uma "ciência primitiva" ou uma falsa ciência que supõe erroneamente uma "lei de contágio", pela qual "as coisas, uma vez em contato, continuam a influenciar umas as outras". *Mas isso é precisamente o que a conexão não-local afirma*, se é que ela afirma alguma coisa e não é somente poesia matemática.

---

6. Na mesma conversa, o Dr. Bohm também sugere a possibilidade de que as "leis" do Universo não são *absolutas*, mas, como todo o resto, *estão se desenvolvendo* no tempo. Quando sugeri isso pela primeira vez, pensei estar sendo extravagante, mas o Dr. Bohm fala sério, e ele é considerado um dos físicos mais brilhantes de nosso tempo.

Espere um minuto. Não estou afirmando que a conexão não-local prova a validade da magia. A magia não somente afirma uma conexão não-local, como *também* afirma que existem meios pelos quais alguns humanos (xamãs e mágicos) podem explorar tais conexões para transformar o mundo das formas que desejarem. Essa segunda afirmação ainda pode ser questionada e negada, mesmo que a primeira soe como uma formação quântica moderna a respeito da não-localidade. O Teorema de Bell *nada* nos diz acerca do que acontece a um homem quando um doutor-bruxo realiza rituais malignos sobre uma mecha de cabelo.

Similarmente, a sincronicidade de Jung não é *provada* por esses experimentos quânticos, mas é colocada em um contexto no qual, pelo menos, parece possível e, se aceitarmos a interpretação monista discutida aqui, não somente possível, mas um tanto quanto plausível.

Antes de abandonar a interpretação monista, é interessante notar (para alguns, é aterrador notar) que, se aceitarmos como significantes tanto o Teorema de Bell como a cosmologia do *Big Bang*, o monismo que resulta é de uma "dureza" budista ou hegeliana. Se todas as partículas estivessem juntas em um lugar no primeiro bilionésimo de segundo do *Big Bang*, então, de acordo com o Teorema de Bell, elas ainda estão conectadas de forma não-local. O Dr. John Clauser, o primeiro a testar Bell, denomina essa característica da interpretação monista do modelo não-local como "superdeterminista". Penso que essa noção cancela o "livre-arbítrio" e eleva a *sincronicidade*, ou algo semelhante a ela, para uma posição na qual todas as outras supostas leis são apenas subcasos da lei geral da ressonância.

Também o superdeterminismo reduz as discussões entre o materialismo e o idealismo (ou mentalismo) à insignificância. Conforme alguns budistas notaram há muito tempo, ambas as proposições, "tudo é matéria" e "tudo é mente", tornam-se inúteis se tudo foi conectado monisticamente. Pode-se dizer somente que "tudo é inefável", que é a tendência dominante na filosofia budista Mahayana. Como o semanticista Korzybsky dizia freqüentemente, nesse estágio, não se pode falar, mas somente *apontar*; ação que os budistas fazem com freqüência.

O Dr. Clauser não endossou o superdeterminismo; apenas incluiu nele um diagrama de interpretações possíveis da não-localidade. O diagrama pode ser encontrado no livro *Dancing Wu Li Masters,* de Zarov.

Avançando para a segunda alternativa de Bohm ("Informação que pode viajar mais rápido que a luz"), a alternativa a qual chamei ficção científica:

Bem, se a informação pode viajar mais rápido do que a luz, e nenhuma energia pode viajar mais rápido do que a luz, então temos de pensar acerca de algum tipo fantasmagórico de informação que viaja sem uma energia para carregá-la (e a parapsicologia aparece novamente) ou considerar que a informação não está exatamente viajando, mas, de alguma forma, *já está em todos os lugares*.

A segunda opção é, de fato, aquela que o Dr. Bohm escolheu para defender como seu modelo favorito. Ele a defende de forma hábil em *Wholeness and the Implicate Order*. Esse modelo é baseado na afirmação de que a energia pode ser delimitada (implicada) ou expandida (desenvolvida). A energia expandida do Universo contém a informação na qual o sistema opera; a energia delimitada é programada, por assim dizer, pela energia implicada.

Se essa explicação é muito abstrata, tente a metáfora a seguir, que me foi passada pelo Dr. Sarfatti, o homem com o protótipo mais rápido do que a luz:

Imagine que o Universo por nós conhecido é um imenso computador. Imagine que cada sistema inferior é um computador menor dentro do Grande Computador. Pense no menor sistema atualmente aceito, o *quark*, e imagine que ele é um computador minúsculo. O *hardware* de cada computador (o equivalente à ordem expandida, desenvolvida, de Bohm) está localizado no espaço-tempo (*aqui* em vez do lá, e *agora* em vez de depois). Mas o *software* (a ordem implicada, delimitada, de Bohm) está em toda parte, em todo o momento, aqui *e* lá, agora *e* depois. Agora você entende a não-localidade, de acordo com o Dr. Sarfatti.

Temo que essa explicação atribua uma característica de Sarfatti ao modelo de Bohm, mas pelo menos você pode visualizá-lo. Isso também explica por que Sarfatti espera que seu sistema de comunicação não-local ou mais rápido que a luz funcione algum dia, depois que mais alguns detalhes forem resolvidos.

Aqui está outra metáfora, usada pelo próprio Dr. Bohm, para explicar a ordem implicada:

Eu pego o telefone e ligo para você. Meu discurso é expandido e desenvolvido na forma das ondas de som, conforme ele sai de meus lábios. O transmissor do telefone delimita a forma da ordem implicada dos impulsos elétricos e eles viajam naquela forma até o receptor do seu telefone. O receptor, então, expande a ordem implicada dos impulsos elétricos para a ordem desenvolvida das ondas de som, e você me ouve falar.

Essa metáfora pode tornar as expressões "implicada" e "desenvolvida" mais claras do que a metáfora de Sarfatti mas, conforme Bohm admite, ela ainda envolve movimento no espaço, e o seu conceito de ordem implicada não envolve movimento no espaço, afirmando que ela já está em todos os lugares.

Se você pode pensar no entrelaçado, no implicado e no desenvolvido sendo delimitado e expandido como um discurso no telefone, e também no implicado como o *software* não-local de todo o *hardware* local e expandido, você está perto do significado do modelo de Bohm.

Neste ponto, é obvio que a comunicação mais rápida que a luz é impensável, mesmo que a maioria dos físicos ainda a considere improvável (de fato, recentemente, participei de um seminário no Instituto Esalen com vários físicos — eu era, entre eles, o escritor de ficção científica —, durante o qual esta questão foi discutida por quase uma semana. Todos os físicos consideraram a comunicação mais rápida do que a luz improvável, embora ela também seja consideram pensável. Todos eles estavam ansiosos para pensar e falar a respeito do assunto).

Se a comunicação mais rápida do que a luz realmente funcionar, estaremos na posição da jovem no celebrado poema humorístico:

> Havia uma jovem chamada Brilho
> Cuja velocidade era muito maior que a luz
> Ela partiu um dia
> Em um caminho relativo
> E retornou na noite anterior[*]

Ou seja, se o Dr. Sarfatti, o Dr. Herbert ou qualquer outra pessoa enviar uma mensagem realmente mais rápida do que a luz, ou se um dos "12 ou mais" sistemas mais rápidos do que a luz que o Dr. Herbert mencionou realmente funcionar, estaremos vivendo o paradoxo do avô da ficção científica.

O paradoxo consiste no seguinte: se eu viajo de volta no tempo e assassino meu avô antes que ele se case (não importa porque eu quereria fazer tal coisa), então meu pai jamais existiria, e eu também não, e então... E então?

---

[*] N. do E.: Em inglês, este poema possui rimas mais sonoras que a tradução em português.

Então, podemos ver por esse exemplo que a viagem no tempo é uma contradição lógica, ou teremos de retornar aos universos múltiplos do modelo de Gribbin, no qual "tudo é real". Há um universo no qual eu estou aqui, e um universo no qual eu não estou aqui, e viajando de volta no tempo e assassinando meu avô, eu passei do universo um para o universo dois. Meu avô, como o gato de Schrodinger, está vivo e morto. Mas eu também estou. E você também está.

Não vejo como os novos fundamentalistas podem sobreviver a essa alternativa. Em última análise, isso leva à possibilidade de viajarmos longe o bastante para interferir no *Big Bang* e criar universos com leis diferentes, incluindo todas as leis caóticas e absurdas que não podem existir no universo fundamentalista.

Talvez façamos isso e, conseqüentemente, em certo sentido, *já o tenhamos feito*. Talvez o presente "universo" da experiência esteja entre o universo platônico ideal das leis eternas que os fundamentalistas postulam e um dos universos caóticos criados pelo nosso futuro interferindo no passado. Isso pode explicar algumas das histórias mais estranhas deste livro, se você pensar a esse respeito...

O mesmo acontece com a alternativa da ficção científica.

Mas antes de deixarmos a informação mais rápida que a luz e ela, então, voltar no tempo:

Se isso é possível, então a "predição" também é possível.

O professor Munge, que nos afirmou que a predição é impossível porque contradiz "as leis básicas da física", também nos afirma no mesmo artigo (*Skeptical Inquiere, op.cit.* página 42) que a predição é especialmente impossível porque "viola o princípio da antecedência ("causalidade"), de acordo com o qual o efeito não acontece antes da causa". Mas acabamos de ver, em uma linha de interpretação da mecânica quântica, que o efeito pode acontecer antes da causa.

Então, repito: as leis eternas dos fundamentalistas podem existir em outro universo, porém não temos como nos assegurar de que elas existem eternamente neste Universo.

Qualquer mensagem que pode voltar para o avô teria o mesmo efeito como se o "eu" voltasse fisicamente e o assassinasse, isso *poderia* fazer com que ele agisse como se eu não estivesse lá. Outro "eu" teria enviado a mensagem, do universo paralelo ao nosso.

E esse comportamento eventualmente retornaria ao *Big Bang* e criaria um universo ou muitos universos com leis que não podemos pressupor.

A terceira alternativa do Dr. Bohm (a que chamamos neokantiana), "nosso conceito de tempo e espaço terá de ser modificado":
Isso parece nos levar de volta para a alternativa monista, na qual o "espaço" e "tempo" não são tão reais ou são *apenas* "aparências".
Ou essa noção leva a alternativas ainda mais amplas, jamais formuladas anteriormente.

Nossas idéias de "tempo" e "espaço" são interconectadas com nossas idéias de "massa" e "matéria", ambas conectadas por definições e equações matemáticas, como Kant observou e como Einstein demonstrou de maneira ainda mais reveladora.

Se nossas idéias de "tempo" e "espaço" sofrerem uma transformação, nossas idéias relativas à "matéria" também terão de se transformar, e os materialistas fundamentalistas terão de se tornar fundamentalistas de outra coisa.

Em certo sentido, as três alternativas de Bohm são transformáveis. Ou seja, se todas as coisas estão em harmonia ou ressonância, então o Universo se comportará *como se* a informação estivesse viajando mais rápido que a luz ou como se ela já estivesse em todos os lugares. E se o "espaço" e o "tempo" são um tanto quanto irreais, ou somente reais em alguns contextos, então, novamente, será *como se* a informação estivesse em todos os lugares simultaneamente. Se a informação é tão onipresente, será *como se* o tempo-espaço fosse irreal ou fosse um aspecto de uma ordem implicada maior. E se há uma ordem implicada, será *como se* o tempo-espaço fosse irreal e/ou *como se* a informação estivesse viajando para todos os lugares no tempo instantaneamente.

Novamente, isso parece uma questão acerca da qual preferimos as metáforas.

Se tentarmos aplicar o princípio de Occam e assim escolhermos o modelo mais simples, ficaremos ainda mais confusos, porque cada grupo de físicos declara e acredita que seu modelo favorito é o mais simples. Isso parece quase uma escolha artística.

*Po?*

Mencionei esse termo no subtítulo deste capítulo e alguns de vocês podem estar se perguntando quando irei discuti-lo. *Po* não é outro jargão inventado por mim como *sombunall*.

*Po* é um jargão abominável que foi inventado pelo psicólogo Edward de Bono. Ele pretende denotar um tipo de pensamento que vai além do jogo aristotélico de verdadeiro e falso presente no capítulo um e nas alternativas sugeridas em nosso jogo de múltipla escolha no capítulo dois. *Po* é mais simples e mais radical que nosso jogo de múltipla escolha: ele nos leva para o caminho que o Dr. Finkelstein sugeriu quando disse que o Universo contém um "talvez".

O Dr. Finkelstein estava parafraseando outro físico, Dr. John von Neumann, que, na década de 1930, propôs um sistema não-aristotélico chamado Lógica Quântica. Em lugar de nossas múltiplas escolhas, von Neumann estende a lógica aristotélica de dois valores para somente três valores — verdadeiro, falso e talvez.

Na lógica aristotélica, o gato de Schrodinger está *ou* morto ou vivo (isso é o mesmo que dizer que a afirmação "O gato está vivo." é *ou* verdadeira *ou* falsa). Visto que as equações quânticas não obedecem ao jogo aristotélico, von Neumann propõe uma matemática na qual o gato está nos três estados possíveis, ou seja, "o gato está vivo" pode ser uma afirmação verdadeira, falsa ou pode estar no estado "talvez".

Alguns físicos consideram esse formalismo mais proveitoso do que dizer que o gato está morto e vivo em diferentes universos ou que as equações de Schrodinger, que originaram esse problema, são somente formalismos que produzem resultados precisos no laboratório por razões que não podemos compreender. Outros físicos consideram que von Neumann explicou o obscuro com noções ainda mais obscuras e consideram a lógica quântica um "truque" em vez de considerá-la um modelo significativo.

Seja como for, *Po* tem algumas das funções do "talvez" de von Neumann ao nos levar para além dos jogos aristotélicos de verdadeiro ou falso ou nenhum dos dois. Por exemplo, onde a lógica linear aristotélica funciona com associações familiares ou generalizações (chamadas "leis do pensamento" por aqueles que fizeram de Aristóteles seu ídolo), o pensamento *po* move-se *lateralmente* com associações estranhas.

O Dr. Bono afirma que o pensamento *Po* libera criatividade e aprimora, de forma mensurável, a habilidade dos estudantes de resolver problemas *não-familiares*.

No caso da charada do urso, no início deste capítulo, um aristotélico rígido e sem imaginação começaria pela geometria e mover-se-ia de forma linear entre associações matemáticas familiares. A menos que fosse interrompido por uma explosão de "intuição", isso continuaria indefinidamente em um regresso infinito de pensamento mais ou menos geométrico. No modo *Po*, reconhecendo que o problema pretende ser ardiloso, um indivíduo procede lateralmente em meio ao que não lhe é familiar e deliberadamente estranho, quase da mesma forma que a livre-associação de Freud. Qualquer conceito pode ser vinculado à "geometria" apenas inserindo o símbolo *Po*. Assim, podemos considerar as proposições: "geometria *Po* Charles Chaplin"; "geometria *Po* desejo sexual"; "geometria *Po* pintura chinesa", e assim por diante. Se nos voltarmos para o problema em busca de pistas, podemos pensar na proposição "geometria *Po* cor". Isso não acontece muito antes de nos depararmos com a proposição "geometria *Po* evolução", e as soluções começam a aparecer.

De Bono declara que esse processo fundamenta descobertas criativas na ciência. Ele pode estar certo. Parece que, em algum ponto do caminho que conduz à relatividade restrita, Einstein deve ter pensado algo como "fótons *Po* humanos". Na lógica aristotélica, essa é uma conexão muito improvável. A noção *fótons*, na lógica aristotélica, conduz à física e assim, à matemática e à cosmologia, enquanto que a noção *humano* conduz à psicologia e, conseqüentemente, à sociologia e à evolução. Einstein, provavelmente, pensou em algo como "fótons *Po* humanos", porque ele nos diz que David Hume o impressionou mais do que qualquer outro filósofo, e que seu método era sempre relacionar conceitos filosóficos aos seres humanos, ou seja, como os humanos inventaram os conceitos e porque eles continuam a pensar que os mesmos são úteis (se é que realmente o são). Porém, uma vez que você pensa "fótons *Po* humanos", você atinge a metade do caminho em direção à relatividade, e talvez a caminho da Interpretação de Copenhague. A proposição "fótons *Po* humanos" conduz-nos ao pensamento de como os humanos vieram a pensar nos fótons, o que leva a questões referentes a quantificação, a noções como "comprimento" e "tempo" como sendo redes humanas: pronto, a relatividade aparece!

Da mesma maneira, a fórmula para as descobertas de Darwin foi "espécies *Po* mudança". Todos nós vemos mudança à nossa volta constantemente, mas não *vemos* espécies se transformando, porque o ritmo de mudança é vagaroso. Portanto, ninguém colocou espécies e mudança juntas anteriormente (ou melhor, os poucos que o fizeram eram muito tímidos ou muito prudentes para seguir o pensamento). Mas uma vez que você segue a cadeia "espécies *Po* mudança", o "impensável" conceito de evolução torna-se pensável.

Parte da criação da psicanálise provavelmente incluiu a consideração "sexualidade *Po* esquecimento", ou "sexualidade *Po* sonhos", ou ainda algo igualmente "desconectado" antes de ter sido conectado por ele.

Naturalmente, alguns pensamentos relacionados à noção *Po* podem levar à poesia e a grandes pinturas surrealistas em vez da ciência. Não há garantia em relação ao lugar para onde *Po* pode levá-lo, o que é parte da justificativa para o pensamento que se relaciona com o mistério que chamamos de "criatividade".

Tente algumas das proposições a seguir e veja onde você chega:

Óvnis *Po* Dívida Nacional
Mãe *Po* História
Morte *Po* Ecologia
Casas *Po* Relatividade
Astrologia *Po* Genética
Vingança *Po* Cigarros
Fótons *Po* Correios
Pornografia *Po* Teorema de Bell
Evolução *Po* Lobisomens
Óvnis *Po* Coelhos

Esses grupos foram reunidos aleatoriamente, selecionados nas capas de revistas em minha casa, mas algumas possibilidades interessantes surgem. "Casas *Po* Relatividade", por exemplo, é, provavelmente, algo como o que estava acontecendo no cérebro de Buckminster Fuller antes da criação da cúpula geodésica. Fuller estava interessado na geometria de Einstein (Reimanniana), bem como no barateamento das casas; algo como "casas *Po* relatividade" levou ao pensamento "geodésicas", e agora temos 300 mil construções geodésicas bastante funcionais que pareciam "peculiares" a princípio, mas que, agora, parecem cada vez mais bonitas conforme os indivíduos se acostumam com elas.

"Evolução *Po* lobisomens" levou-me a uma trama para uma possível história de ficção científica. A engenharia genética dos lobisomens é adotada para colonizar um novo planeta. Posteriormente, algumas das feras voltam para a Terra e confrontam o preconceito e a discriminação. Comício de Liberação de Licantropia. Casos da Corte Judicial: até que ponto você precisa ser humano para possuir "direitos humanos"? "Talvez o governo possa dizer que eles podem se mudar para minha vizinhança, mas manterei minhas balas de prata à mão."

A heresia de Freud, pois ela *era* uma heresia, e ainda é para alguns (como para o professor Munge), pode ter derivado da proposição "sexualidade *Po* sonho". A heresia de Reich começou com a associação "sexualidade *Po* política", o que levou a teorias referentes à função política da repressão sexual, o que ofendeu tanto aos ortodoxos freudianos como aos ortodoxos marxistas.

Reich passou para a "pior" das heresias, "sexualidade Po física", o que levou a pensamentos de uma força erótica em todas as coisas, a "orgone".

A Fortaleza queimou seus livros naquela época.

Naturalmente, se o processo *Po* é parte da criatividade e se também provoca ansiedade na mente bloqueada ou reprimida, então podemos ver facilmente porque tantos indivíduos criativos têm sido tão cruelmente perseguidos durante suas vidas.

Talvez comecemos a entender os fundamentalistas de todos os tipos.

E, a propósito, se você ficou surpreso ao saber que a força ascendente é igual à força descendente quando um paraquedista tem uma velocidade constante, você não deveria rejeitar os modelos dos materialistas tão rapidamente nem mesmo rir deles de forma presunçosa. Qualquer materialista diria que o túnel de realidade de Newton é o túnel de realidade que melhor combina com este tipo de problema de um corpo caindo:

$$F = m \times a$$
F é igual a massa vezes aceleração

Essa equação já foi lembrada no capítulo um, no caso de os leitores terem se esquecido da Física Elementar dos tempos escolares.

Se a aceleração é igual a zero, conforme acontece quando a velocidade é constante, então a massa vezes a aceleração é igual a zero, já que qualquer coisa multiplicada por zero é igual a zero. Conseqüentemente, a força é igual a zero. A força ascendente e a força descendente estão em equilíbrio nesse caso.

Se você pensou que a força descendente deveria ser maior do que a força ascendente, então ninguém jamais lhe explicou o significado newtoniano da *metáfora da força*, e você, provavelmente, estava pensando em um tipo de força teológica ou demoníaca. A imagem ou conceito mental era algo como: os demônios descendentes puxam para baixo, os demônios ascendentes puxam para cima; ele está indo para baixo, assim, os demônios descendentes estão puxando mais forte que os demônios ascendentes.

Não se sinta mal com isso. Todos nós temos uma recaída ocasionalmente. Pense nos técnicos brilhantes de Houston perguntando: "Como estão as coisas aí *em cima*", como se eles nunca tivessem ouvido falar de Copérnico.

A superioridade do túnel de realidade materialista nesse caso, e em outros casos, explica o porquê de ele substituir os túneis de realidade teológicos e demoníacos em círculos cultos, fora da Irlanda e do Irã.

Em nenhum momento este livro pretende negar as virtudes superiores de muitos modelos materialistas em muitas áreas da experiência. Estou simplesmente sugerindo, algumas vezes, de forma divertida, e seriamente em outras, que o Universo é um pouco mais complicado do que os modelos, e que o uso de diversos túneis de realidade (como em *Po* ou na mecânica quântica), *pode*-nos mostrar muitas correlações interessantes, detalhes, aspectos belos e estimulantes que nunca veremos se apenas olharmos através de um túnel de realidade monótono que transformamos em um ídolo.

Você anda por um grande museu de arte cosmopolita. Supondo que você possua algum senso de estética, algumas pinturas o comovem profundamente, enquanto outras o comovem consideravelmente menos. Você olha para a arte chinesa sem a perspectiva ocidental. Você olha para a arte africana, reunida de acordo com jogos no tempo-espaço que nos são ainda mais estranhos que a arte chinesa (estou supondo que não passamos tantos anos nos especializando na arte chinesa de forma que ela tenha se tornado tão familiar para nós como a arte ocidental). Você olha para um quadro de da Vinci, Rembrandt, Van Gogh, Mondrian, Hopper, e assim por diante. Cada quadro é uma janela para um outro túnel de realidade. A crítica de arte, usando diversos jargões especializados (há tantas escolas de crítica de arte quanto escolas de física), tenta explicar por que cada túnel de realidade é *importante* em algum sentido.

Em termos de teoria da informação matemática, cada grande pintura é importante porque contém informação. Nessa teoria, a informação é, em termos gerais, o que você não encontrou previamente. Um quadro que você já observou várias vezes oferece novas informações se você repentinamente *enxergá-lo* de uma nova maneira. Norbert Weiner, um dos inventores da teoria da informação, expressou esse pensamento dizendo que a grande poesia contém mais informação do que os discursos políticos. Em um grande poema, como em uma grande pintura, você encontra uma realidade êmica diferente e nova, uma nova maneira de perceber ou experienciar a humanidade no Universo. Um discurso político meramente regurgita túneis de realidade antigos. A grande arte, em termos de sua metáfora, é simplesmente o oposto do clichê: ela nos transporta para uma nova janela, em vez de observar através de uma janela habitual. Esse é o motivo pelo qual a maior das artes é sempre denunciada como "estranha" e "bárbara" quando aparece pela primeira vez. Os melhores livros são chamados de "ilegíveis" porque os indivíduos não sabem como lê-los.

A perspectiva da antropologia e da etnometodologia (a mesma perspectiva presente neste livro), é como a perspectiva de um crítico de arte cosmopolita. Ela nos pede que experimentemos muitos túneis de realidade em vez de permanecermos hipnotizados em nossa janela costumeira por toda a vida.

*Sun Times*, Chicago, 6 de agosto de 1982 (consulte também o jornal *Tribune* de Chicago, mesma data): um homem chamado Winfield Gattlin, 45 anos, de Marrillville, Indiana, pensou ter visto uma mulher pegar fogo na rua, na sua frente. De acordo com as percepções surrealistas do Sr. Gattlin, a mulher estava andando na Rua South Wells, número 4052, e não estava queimando até que, de repente, estava envolvida em chamas. Ela caiu na rua e Gattlin correu para socorrê-la, mas a encontrou queimada e desintegrando. Ele chamou a polícia.

O detetive Dan Fitzgerald, da Unidade de Crimes Violentos, contou à imprensa que "a mulher estava completamente queimada. Obviamente, não foi somente um caso em que suas roupas pegassem fogo".

No dia seguinte (consulte *Sun Times* e *Tribune* do dia 7 de agosto), o médico-legista apresentou seu relatório. A mulher estava morta há pelo menos 12 horas antes de ser queimada.

Então, como ela estava andando pela rua?

O médico-legista, o Dr. Robert Stein, diz que a testemunha, Gattlin, simplesmente não percebeu o fato corretamente. Alguém deve ser carregado o corpo da mulher e então o jogou na estrada.

O legista não explica como os indivíduos que carregaram o corpo eram invisíveis para Gattlin ou como eles escaparam depois de abandonar o cadáver em chamas.

*Daily Mirror*, Londres, 6 de agosto de 1982 (consulte também *Daily Mail*, Londres, 11 de setembro de 1979): 90 incêndios misteriosos em uma casa de fazenda na França. Tudo começou em 6 de agosto de 1979 e ainda continuava em 1982. Vinte policiais e vários psicólogos, bem como aqueles amaldiçoados parapsicólogos que estão sempre alucinando, estavam entre as testemunhas. Talvez os policiais e os psicólogos tenham começado a alucinar *por contaminação* devido à presença dos parapsicólogos?

A casa pertencia à família Lahore e estava localizada no vilarejo de Seron. Todos os incêndios começaram da mesma forma: primeiro, o cheiro de fumaça; depois, um objeto era visto com uma mancha carbonizada em volta e, então, o objeto pegava fogo e era levado para fora da casa para ser submerso em um balde de água. Em um dia aconteceram 32 incêndios misteriosos, enquanto 20 policiais estavam investigando o local. Toalhas, lençóis, roupas e móveis eram todos igualmente suscetíveis. Em certa ocasião, as roupas de um membro da família pegaram fogo enquanto ele as estava usando.

Pelo menos, esse foi o testemunho de algumas pessoas que estavam presentes. Ou seja, isso era o que eles foram capazes de compreender frente ao que estava acontecendo.

Não sei mais o que dizer referente a essa questão. Como de costume, sempre me questiono. O problema com o fato de ser um agnóstico é que você está sempre se questionando. Isso é o que *agnosis* significa: você não tem a certeza interior daqueles seres completamente iluminados como o Papa, o Aiatolá ou um marxista que sempre encontramos.

Mas se analiso o pensamento *Po*, se eu ousar procurar uma conexão como, por exemplo:

Fogo *Po* Teorema de Bell

Não, essa é a forma que os parapsicólogos pensam. Isso é *proibido*. O CSICOP me enforcaria, se já não estiverem planejando fazer isso.

Ou suponha que eu pense:

Fogo Po Roosevelt

Se a percepção de Gattlin, na história de Chicago, foi inexata (se alguém carregou o corpo da mulher para a rua e a abandonou lá), se qualquer percepção enganosa é ordinária e rotineira, como nossos dados neurológicos sugerem — se todas as percepções envolvem adição *e subtração* — editar coisas da mesma forma que o gato no experimento do som desligou-se do ruído quando fascinado pela imagem do rato; da mesma forma em que os indivíduos editaram a confissão de Roosevelt acerca do assassinato de sua esposa, então os "piores" eventos (coisas verdadeiramente "monstruosas" e "inacreditáveis") poderiam estar acontecendo à nossa volta todo o tempo, e nós, simplesmente, não notaríamos. "Olharíamos para o outro lado", por assim dizer. Ou sairíamos da experiência com a memória confusa e repleta de lacunas. Talvez o "paranormal" seja percebido, não porque todos fora do CSICOP tenham a tendência para a alucinação, mas porque o "paranormal" é um túnel de realidade mais conveniente que as coisas realmente *impensáveis* que nosso cérebro edita.

*Daily Record*, Londres, 9 de setembro de 1982 (consulte também os dias 10 e 11 de setembro para maiores detalhes): Carole Compton, 20 anos, moradora de Aberdeen, Escócia, foi presa em Livorno, Itália. Foi acusada de ter iniciado dois incêndios na casa da família Cecchine, para quem ela estava trabalhando como babá.

Evidências indicam que, em pelo menos um dos casos, a Sra. Compton não poderia ter fisicamente iniciado o incêndio, visto que ela estava tomando café da manhã em outro cômodo da casa no momento em que o incêndio começou. A família Cecchine não se importou com isso. Eles tinham uma explicação não-local para os eventos, em termos de crença popular italiana. Disseram que ela iniciou os incêndios com o "Olho Mau", ou seja, bruxaria.

Apesar do absurdo dessa história, a polícia prendeu a jovem escocesa. Talvez a polícia dessa localidade fosse tão supersticiosa quando o restante da população.

A Sra. Compton nega possuir ou fazer uso do "Olho Mau", mas afirma que "algo estranho" estava acontecendo na casa onde os incêndios ocorreram. Ela diz que uma tigela voou da mesa e um copo caiu sem motivo, antes dos incêndios.

Talvez "algo estranho" estivesse acontecendo ou talvez os italianos supersticiosos fizeram com que a escocesa compartilhasse de suas alucinações?

Mas se ponderarmos sem preconceito, supondo que tal ato fosse possível entre os primatas domesticados, poderíamos pensar nas histórias que foram relatadas em Chicago, na França e na Itália, deixando resultados tão tangíveis como um corpo em um caso, provas circunstanciais suficientes para envolver 20 policiais em outro e a prisão de uma pessoa no terceiro caso, devem merecer uma resposta mais ponderada do que o rótulo apressado de "alucinação coletiva" ou "superstição".

*Express and Star*, de Wolverhampton, Inglaterra, 23 de março de 1981: incêndio misterioso em um armário de equipamentos para limpeza no Centro Esportivo Leasowes. Um esfregão pegou fogo inexplicavelmente.

O zelador, Victor Webber, é mencionado: "Parece com um daqueles casos de combustão espontânea". O chefe da brigada de incêndio diz: "É um mistério. Não havia nada elétrico por perto que pudesse ter causado o incêndio."

*Chronicle*, Reading, Inglaterra, 14 de novembro de 1978, e seguimento em 17 de novembro do mesmo ano e jornal: a Sra. Lucy Gmiterek é encontrada carbonizada no subsolo da sua casa. "A polícia e os peritos em incêndio estão confusos acerca do fato de a Sra. Gmiterek ter sido queimada até a morte enquanto o restante do cômodo não havia sido danificado."

Penso na mulher que foi queimada em Blyth, em 1905, e seu quarto estava completamente inalterado. E pergunto-me, novamente, se essas monstruosidades podem ser comuns, mas são sempre *editadas*, esquecidas...

Em Chicago, uma mulher que pareceu incendiar-se na frente de uma testemunha, mas que, para um médico legista, estava morta por 12 horas, apesar de a testemunha "ter visto" o corpo andando em chamas; na França, 90 incêndios misteriosos que assombraram a polícia e outros investigadores; na Itália, mobília que se movia e outros incêndios inexplicáveis; em Wolverhampton, um esfregão pega fogo sem causa conhecida; em Reading, uma mulher é encontrada queimada, mas o cômodo onde ela se encontrava não havia sido danificado. A aparência, para o meu entendimento, não é de "violação da lei natural" oculta, mas de violação das nossas metáforas de "espaço", "separação" e *causalidade* linear, metáforas estas formuladas anteriormente às teorias de Bell e de Aspect.

*Chronicle,* de Dartford, Kent, Inglaterra, 6 de abril de 1919: J. Temple Thurston, encontrado morto em sua casa em Hawley Manor, próximo de Dartford. Ele havia sido queimado, porém suas roupas não estavam queimadas.

*Space-Time Transients and Unusual Events*, de Persinger e Lafreniere, página 106: 1856, Bedford, Inglaterra: 40 incêndios inexplicáveis em um curto período; 1878, Bridgewater, Inglaterra: incêndios misteriosos acompanhados por sons de *poltergeist*; 1929, Antiqua, Índias Ocidentais: as roupas de uma jovem queimadas, mas nenhuma queimadura encontrada em seu corpo; 1939, Borely Rectory, Inglaterra: incêndios misteriosos que culminam em um incêndio de grandes proporções, destruindo um prédio; 1957, Silver Springs; um acordeão incendeia enquanto estava sendo tocado; 1957, Stephenville, Newfoundland: incêndios misteriosos em armários e gavetas.

*Ibidem*, página 107; 1773, Coventry, Inglaterra: uma mulher sofre combustão "espontânea", causa desconhecida; 1890, Ayer: mulher queima até a morte, roupas intactas; 1904, Londres: mulher queimada até a morte, roupas intactas; 1952, Nova Orleans, Louisiana: um homem pega fogo espontaneamente; 1964, Dallas: mulher queimada em um carro, carro em perfeito estado.

Penso em Eddington, o astrônomo, que escreveu em sua obra *Space, Time and Gravitation*, 1932: "Temos certas noções préconcebidas acerca da localização no tempo e no espaço que nos foram passadas pelos nossos ancestrais mais primatas." Noções que podem ser somente o resultado de nossos órgãos primatas da percepção?

O Dr. Reich tenta fabricar uma tempestade de chuva com sua energia "orgone" não-existente, e a tempestade acontece. Talvez devêssemos considerar que a energia "orgone" *proibida* realmente exista, ou talvez, como Carl Jung insistiu por tanto tempo, precisemos reexaminar todo o conceito de "coincidência".

Um garoto na Malásia irradia calor anormal, assim como uma garota em Singapura. Talvez o Repórter Inescrupuloso Onipresente tenha inventado esses casos ou, talvez, eles sejam casos fatais relacionados ao que estamos analisando aqui.

Um paciente de asma, de origem italiana, irradia luminosidade como os santos católicos. Um ferreiro, que precisa trabalhar com o fogo todo o tempo, desenvolve uma imunidade à dor causada pelo fogo, mas não contra todos os tipos de dor. Talvez o mesmo repórter tenha inventado todos esses casos ou, talvez, precisemos pensar mais sobre a *totalidade* "psicossomática" (neurossomática).

Imunidade controlada ao fogo (eventos de indivíduos que caminham sobre o fogo) é relatada mais e mais, e em um caso é observado por médicos da Universidade de Londres. Outros incêndios alcançam pessoas e as incineram sem danificar suas roupas (em alguns casos) ou os cômodos em que elas são encontradas (em outros casos). As "leis de ferro" da biologia são bastante flexíveis para produzir gêmeos siameses de vez em quando e, se nossas histórias não forem todas um ardil, talvez uma garota de duas cabeças, uma cabra de duas cabeças, um homem com sangue negro. Talvez possamos dar crédito à mula fértil, mas podemos acreditar no gato alado?

Realmente *pensamos* a respeito de todas essas suposições ou de qualquer outra coisa, ou apenas respondemos mecanicamente com preconceitos condicionados, como os behavioristas nos asseguram? Se rirmos do preconceito grosseiro do século XIII, o que pensaremos a respeito dos dados que são categoricamente impossíveis *para nós*?

*Daily Mail*, Londres, 12 de maio de 1906: em Fornace Mill, Lambhurst, Kent, Inglaterra, um homem chamado J. C. Playfair foi até seu estábulo para alimentar seus cavalos. Encontrou uma cena surrealista. Todos os cavalos estavam virados ao contrário, e um deles havia desaparecido. O Sr. Playfair procurou o cavalo por toda a parte. Procurou no depósito de feno, apesar de a porta ser muito pequena para permitir a passagem do cavalo.

O cavalo estava no depósito. Imagino que eles se olharam com grande surpresa.

A história conta que o Sr. Playfair teve de derrubar a parede para tirar o cavalo do depósito de feno.

Eu sei, eu sei... Isso está indo longe demais, até para um livro como este. Parece que o cavalo ou passou através de uma parede sólida, ou encolheu para poder passar pela porta e, então, cresceu novamente.

Como, se algumas das propriedades estranhas dos objetos na Relatividade e na mecânica quântica ocasionalmente se manifestassem em nosso cotidiano?

*Critics Gaffes*, de Ronald Duncan, *op. cit.*, página 118-126:

Em janeiro de 1906, a revista *Scientific American* rejeitou relatórios acerca do primeiro vôo dos Irmãos Wright como sendo uma farsa.

Em 1860, o professor Poggendorf anunciou que era impossível transmitir eletricamente um discurso e chamou o telefone de invenção "tão imaginária quanto o unicórnio".

O milionário J. P. Morgan, depois de ver uma demonstração do funcionamento do telefone, escreveu para Bell, o inventor, que o dispositivo "não tinha aplicações comerciais".

Lorde Rutherford, um físico brilhante, anunciou em 1933 que o lançamento da força nuclear era uma "tolice".

O almirante Leahy declarou, em junho de 1945, que o Projeto Manhattan era "a maior das tolices que já fizemos. A bomba jamais explodirá, e falo como um perito em explosivos". A primeira bomba nuclear foi detonada pelo Projeto Manhattan um mês depois.

O Dr. Vannevar Bush declarou, em 1945, que nenhum foguete poderia atingir uma distância maior do que 4.800 quilômetros, e o Dr. Richard Woolsey, o então Astrônomo Real, assegurou-nos, em 1960, que a viagem espacial era uma "bobagem". Em 1957, Sir Harold Spencer Jones escreveu na revista *New Scientist* que "ainda seria preciso muito tempo antes que o homem pudesse aterrissar na Lua". Neil Armstrong aterrissou na Lua 12 anos depois.

Certa vez, Pablo Picasso estava presente em um jantar, em que um convidado censurava em voz alta a arte moderna. Picasso comeu em silêncio e nada comentou. Mais tarde, o mesmo convidado mostrou uma foto de sua esposa e Picasso pediu permissão para olhá-la mais de perto. Pablo olhou-a fixamente e então perguntou inocentemente: "Meu Deus, ela é mesmo tão pequena?".

O grande diretor de filme soviético, Sergei Eisenstein, escreveu um ensaio afirmando que "a câmera é uma mentirosa". O que ele quis dizer com isso?

Um enigma budista pergunta: "Quem é o Mestre que faz a grama verde?"

Se você ficou curioso com o enigma ou se a piada de Picasso e o paradoxo de Eisenstein parecem um tanto estranhos para você, talvez seja de grande utilidade olhar novamente para o diagrama óptico no capítulo um, mostrando como criamos a parte visual de nosso túnel de realidade.

Ao apresentar aquele diagrama, eu disse que todos *pensam* que o entendem, mas quando verdadeiramente o entendermos, exclamaremos "Eureca!" (ou alguma expressão equivalente).

Toda a vez que fundamentalizamos ou absolutizamos, esquecemos o que pensamos ter entendido ao olhar para o diagrama.

Toda a vez que tratamos o que compreendemos como o *todo* da "realidade", novamente estamos esquecidos do diagrama.

Todas as vezes que rimos dos indivíduos e das culturas que estão conectadas aos diferentes túneis de realidade, novamente esquecemos o que pensamos ter aprendido na física elementar.

Mas, se o evento espaço-tempo no diagrama óptico é o que chamamos de "grama", o *verde* estará no sistema sinérgico olho-cerebro ou "no" holismo de ordem maior presente no olho-cérebro-grama?

*Comptes Rendus*, 5-549: uma chuva estranha em Genebra no dia 9 de agosto de 1837; as gotas eram muito distanciadas e *mornas*.

*Comptes Rendus*, 1839-262: outra chuva morna em Genebra, no dia 11 de maio de 1842.

O *Yearbook of Facts* 1839-262 lista outra chuva morna entre essas datas, no dia 31 de maio de 1838. Essas chuvas mornas peculiares parecem ter voltado para Genebra três vezes, em 1837, 1838 e 1842.

*Report of the British Association*, 1854-112: chuva *quente* caiu em Inverness, Escócia, no dia 30 de junho de 1817.

*Space-Time Transients and Unusual Events* Persinger e Lafreniere, *op. cit.*, página 81, ano de 1790: repentina escuridão ao meio-dia nos arredores de New England; relatórios de luzes verdes associadas (óvnis); pânico do fim do mundo. Ano de 1819, Massachussets: outra escuridão repentina durante o dia, acompanhada por chuva normal e partículas de matéria. Em 1839, Bruxelas: outra escuridão repentina, acompanhada pela queda de gelo. Em 1904, Memphis, Tennessee: repentina escuridão durante o dia dura, aproximadamente, 15 minutos.

Os ocultistas "explicariam" alguns desses eventos falando sabiamente a respeito de "elementos da água" e "elementos do fogo". Não credito nisso, em parte porque soa como o médico de Moliere que explicou as drogas que provocavam sono dizendo que elas tinham propriedades que provocavam sono, e em parte porque concordo com o Dr. Sarfatti quando ele afirma que a *crença* é um hábito obsoleto.

Os discípulos de Charles Fort diriam que o Universo se comporta, parte do tempo, de acordo com os nossos modelo, e a outra parte faz o que quer.

Os materialistas fundamentalistas repetem em coro que isso jamais aconteceu ou que, se aconteceu, foi uma farsa.

Os hereges parapsicólogos falam (de maneira *demasiadamente obscura* para o meu gosto) "forças psicocinéticas" ou das "energias emocionais" que, como a energia "orgone" de Reich, não são superficialmente contidas ou paradas — ou, mais tarde, eles especularam que a conexão não-local existe não somente na mecânica quântica, mas em outros aspectos do Universo.

E eu penso: de acordo com o materialismo fundamentalista, não posso ter um pensamento que não utiliza energia em meu cérebro; a energia móvel no cérebro *é* o pensamento, insiste o Dr. Carl Sagan. Então, se a conexão não-local significa *algo* e não é apenas uma mistura de poesia matemática e alucinações "coincidentes" que acontece em laboratórios de física, o Universo responderá de forma não-local aos meus pensamentos. Talvez isso resultará em uma resposta microscópica ou invisível, na maior parte do tempo, mas, ocasionalmente, as coisas podem hesitar e se tornarem visíveis.

E os indivíduos que parecem ser muito espertos, ou pessoas que, contra a ordem autoritária, experimentam por contra própria, tentando projetar energias, tentando curar e, em alguns casos, tentando machucar.

O Universo cria uma média na maioria do tempo, mas, ocasionalmente, apresenta incêndios e mutações, flutuações e, um caso em um bilhão, a energia é disparada precisamente como uma arma.

*Times*, Nova Yorque, 8 de dezembro de 1931: no navio a vapor *Brechsee*, um marinheiro visto pelo capitão e outros membros da tripulação repentinamente apareceu com um ferimento de dez centímetros em sua testa. Parecia que ele havia sido atingido por uma arma invisível ou um agressor invisível, e ele desmaiou inconsciente. Nenhum projétil foi encontrado no ferimento.

Não, não. Não podemos acreditar nisso. É proibido.

Além disso, conforme diz Nietzsche, na verdade, nós não queremos pensamentos atemorizantes. Desejamos explicações confortáveis, *tranqüilizadoras*.

Então é melhor dizer que o Repórter Inescrupuloso Onipresente conseguiu se infiltrar no jornal *The New York Times*, um jornal geralmente escrupuloso.

E, então, podemos convenientemente esquecer a questão.

Mas e a piada de Picasso? Sabemos que a esposa do convidado não era "realmente" tão pequena quanto a foto; ela era do tamanho da foto *para nossos olhos*.

_A Dança de Shiva_

Bispo Berkeley argumenta que as pernas de um ácaro, invisível para nós, são tão "grandes" em relação ao ácaro quanto as nossas pernas são grandes em relação a nós, e o mesmo pensamento aparece na relatividade geral.

E voltamos ao pensamento que afirma que o "espaço" é somente uma metáfora.

Um estudante zen, que meditou a respeito da proposição "o Mestre que faz a grama verde", correu para o seu mestre e anunciou com excitamento: "Eu entendi, eu entendi! Aquela pedra ali está dentro da minha cabeça."

O Mestre respondeu: "Você deve ter uma cabeça grande para comportar uma pedra daquele tamanho."

Tente o seguinte teste de múltipla escolha:

|  | Verdadeiro | Falso | Regra do Jogo | Labirinto Bizarro | Auto-Referencial |
|---|---|---|---|---|---|
| A. O espaço é real | ☐ | ☐ | ☐ | ☐ | ☐ |
| B. O espaço é uma metáfora | ☐ | ☐ | ☐ | ☐ | ☐ |

## Capítulo 5

# Caos e o Abismo

(incluindo comentários a respeito de
cangurus-fantasmas e blasfêmias contra a Razão)

*Eu não acredito em nada.*

John Gribbin, *In Search of Schrodinger's Cat*

O antigo agnosticismo definia-se, principalmente, pela sua oposição aos dogmas religiosos dos Fundamentalistas.

O novo agnosticismo deste livro parece definir-se pela sua oposição aos dogmas do fundamentalismo materialista/racionalista.

A atitude agnóstica, continuamente sugerida por mim, também é a atitude criativa, a atitude *Po*, que permanece similar. O agnóstico não quer ser coagido para se juntar a nenhuma fuga de qualquer tipo, nem mesmo se curvar a um ídolo.

Mesmo que o leitor tenha alguma afinidade por alguma espécie de fundamentalismo, ele poderá, se ponderar a respeito, concordar com o seguinte: se você fosse julgado por uma série de crimes, ficaria feliz em ter, pelo menos, alguns agnósticos no júri; alguns que possuem o que Nietzsche chama de *hábito da cautela*.

Por exemplo, Robert Sheaffer, do CSICOP, escreveu recentemente um livro chamado *The UFO Veredict*. Ainda não o li e, portanto, não pretendo criticá-lo, mas não posso deixar de notar o fundamentalismo clássico do título. Uma mente confusa como a minha não pode nem mesmo reunir uma *teoria* plausível acerca dos óvnis (nem mesmo para minha própria satisfação), mas o Sr. Sheaffer possui *um veredito*.

Não. Ele é mais brilhante que isso. Ele não encontrou *um* veredito; ele tem *o* veredito.

Como o leitor sabe, sou um homem simples e ignorante (com um vocabulário ornamentado). Acredito que você desejaria minha presença em um júri se fosse acusado de um crime capital grave. Não creio que também desejaria a presença do Sr. Scheaffer em um júri nem mesmo se você tivesse sido acusado de uma contravenção de tráfego. Seu veredito seria rápido e certeiro.

Neste momento, por alguma razão, penso no que é chamado de síndrome do homem certo.

Esse não é um conceito da psicologia clínica ou experimental, é uma generalização meramente empírica feita pelo escritor A.E. Van Vogt, em um panfleto chamado *Report in the Violent Male*, citado por Wilson em *Criminal History, op. cit.*, páginas 64-71. Van Vogt foi inspirado a investigar esse tipo de personalidade quando estava escrevendo um romance a respeito dos campos de concentração. Investigando criminosos de guerra, passou a pesquisar outros tipos de criminosos, e pensou ter identificado um padrão. O macho violento (e quase todos os tipos de violência são cometidos pelos homens) parece ser um homem que literalmente não pode, *nunca*, admitir que pode estar errado. Ele *sabe* que está certo; é o total oposto do agnóstico, reivindicando *gnose* absoluta, total certeza, acerca de todas as coisas. Van Vogt descobriu que uma assustadora quantidade de violência é cometida por esses machos, e ele denomina o tipo como *o homem certo*, porque esse homem sempre insiste que está certo. Em toda a sua obra *Criminal History*, Colin Wilson observa diversas vezes quantos atos de violência na história foram cometidos por esses homens certos, identificados como "criminosos". Por vezes, esses homens estão em uma posição tão elevada que seu comportamento é somente identificado como "criminoso" muito tempo depois de suas mortes como, por exemplo, os assassinos políticos e teólogos.

Todavia, nem todos os homens certos se tornam criminosos. Van Vogt encontrou registros consideráveis de todos eles em casos de divórcios também. Ele afirma que em todos os casos, foi a esposa quem pediu o divórcio. O homem certo não apenas sabia que ele estava certo, mas também sabia que a esposa tinha o dever de permanecer com ele. O escritor notou que, em certas ocasiões, a transição do estado de estar certo o tempo todo para a violência ocorria enquanto a esposa estava buscando o divórcio.

Em alguns aspectos, o homem certo parece-me um caso crônico do que os psicólogos clínicos chamam de personalidade autoritária e os freudianos chamam de ânus retentivo. Nessas versões mais moderadas da síndrome, o mesmo dogmatismo aparece, mas não a vinculação ao comportamento violento. Ainda assim, a personalidade autoritária está sempre certa e tende a buscar posições de poder. Freqüentemente, eles são obcecados por fatos e números e são um tanto quanto "frios" com os seres humanos (devido ao treinamento traumático para o uso do banheiro, segundo a especulação freudiana não-científica). Eles também apresentam uma inclinação estatística de resistência à experimentação de comidas "estrangeiras" ou "exóticas" e consideram a especulação filosófica com extrema hostilidade. Penso que foram homens dessa espécie que mataram Sócrates e suspeito que eles preenchiam os postos mais altos na antiga Inquisição.

Graças a Deus não há mais nenhum deles atualmente.

Certa vez, muitos anos atrás, eu era um engenheiro-assistente em um departamento de engenharia elétrica de uma grande empresa de consultoria. Realizei muitos testes na área relevante à Lei de Ohm, que afirma que:

$$E \text{ é igual } I \times R$$
*Voltagem é igual à corrente vezes a resistência*

De acordo com a Lei, se o valor da corrente é de 5 *amperes*, e o valor da resistência é de 2 ohms, então a voltagem seria de 5 x 2 ou 10 volts.

Raramente esse era o resultado em minhas experiências. Geralmente, o resultado era algo parecido com 10,1 volts, ou 9,9 volts, ou até mesmo 10,2 ou 9,8 volts. Em certas ocasiões, o resultado chegou a 8,9 volts.

Havia uma explicação para isso, naturalmente. A Lei de Ohm, como outras leis científicas, é somente "obedecida" exatamente se não houver fatores externos que interfiram no instrumento de leitura. Na prática, muitas influências externas sempre interferem no sistema.

Mas "sob as condições de laboratório", na Universidade, as mesmas alterações por vezes apareciam. Ohm era confirmado diversas vezes, mas o medidor mostrava 9,8 ou 9,7 quando ele *deveria* mostrar exatamente 10 volts.

Isso não aconteceu somente com a Lei de Ohm. Aconteceu com todas as leis que investiguei pessoalmente na prática ou no laboratório.

A explicação, naturalmente, é um erro do instrumento. "Nenhum instrumento é perfeito" e assim por diante.

Mas, então as eternas leis invocadas pelos fundamentalistas não se aplicam ao mundo sensorial — o mundo existencial das experiências comuns —, mas sim em algum tipo de mundo ideal platônico que *fundamenta* esse mundo desordenado que é efetivamente experimentado?

Bem, não exatamente. Se tanto nós como nossos instrumentos fôssemos perfeitos, então poderíamos observar as leis sendo "obedecidas" com precisão.

Verdade? E como alguém poderia provar tal proposição quando tudo o que temos para trabalhar são nossos sentidos imperfeitos e nossos instrumentos imperfeitos, e o que eles compreendem?

Parece que acreditar no mundo ideal exige outro "salto de fé" e eu, como um agnóstico, não saltarei. Apenas ficarei aqui e questionarei. Talvez realmente *exista* tal mundo, mas visto que não podemos compreendê-lo ou experienciá-lo e não podemos falar significativamente a respeito dele, conforme os adeptos da Experiência de Copenhague afirmam, penso que esse é o motivo pelo qual eles desistiram da palavra "realidade".

De volta ao mundo subplatônico e desordenado que os indivíduos experienciam ou pensam que experienciam:

*Irish Times*, Dublin, 31 de agosto de 1982: duas criaturas inexplicáveis vistas recentemente. Primeiro, em Lough Stanford, Irlanda, foi encontrado um tipo de ave pertencente a uma espécie vista normalmente na costa do Pacífico do México. Então, dois dias mais tarde, um pingüim foi encontrado nadando perto das ilhas ocidentais da Escócia.

Talvez o Repórter Inescrupuloso Onipresente tinha aterrissado em Dublin, onde o melhor uísque é servido, e podemos esperar esforços ainda mais espetaculares de sua parte no futuro.

Ou talvez a ave tenha sido apanhada por um redemoinho ou perdido seu senso de direção, ou talvez o pingüim tenha sido levado por algum indivíduo perverso para a Escócia, visto que esses animais não voam e geralmente são encontrados no Hemisfério Sul.

Talvez. E talvez esse mundo não seja somente subplatônico, mas instável; talvez alguém, em algum lugar do futuro, esteja brincando com o *Big Bang*, conforme sugerido no último capítulo, de forma que este mundo é apenas um remanescente confuso do mundo real, onde tudo começou, ou esta é apenas a metáfora platônica disfarçada de metáfora quântica?

*Science Digest*, outubro de 1984: "Turning Einstein Upside Down" (Virando Einstein de Cabeça para Baixo), de John Gliedman, um dos homens mais importantes na física quântica. Você se lembra do Dr. Wheeler. Foi um dos criadores do modelo EWG (Everett, Wheeler e Graham), no qual cada vetor de estado jamais entra em colapso, e tudo o que *pode* acontecer realmente *acontece*. Ele repudiou esse modelo mais tarde, mas agora voltou a ele, ou para algo parecido.

O Dr. Wheeler propõe: visto que a conexão não-local no espaço foi verificada experimentalmente pelos doutores Clauser, Aspect e outros, devemos pensar acerca do outro lado do Teorema de Bell, que também propõe conexões não-locais no tempo (um efeito não-local está em todos os lugares, *em todos os momentos*, conforme dissemos). O Dr. Wheeler argumenta que nossos experimentos hoje em dia podem "voltar bilhões de anos atrás" para, literalmente, *criar* o passado, incluindo o *Big Bang*. Ele diz: "Estamos errados em pensar no passado como uma existência definitiva 'irreal'". Também afirma que o *Big Bang* tem sido criado por nossos "atos de quantificação" do presente.

A única maneira em que essa causalidade retroativa no tempo pode ser pensável, de acordo com qualquer físico que conheço (possibilidade impensável para o professor Munge), é se do *Big Bang* estivessem se originando muitos universos, e não apenas um Universo. Caso contrário, esbarramos no Paradoxo do Avô novamente.

Talvez eu estivesse brincando quando sugeri que estamos em um dos mais instáveis dos universos.

*Fortean Times*, fevereiro de 1965: a Sra. Lawrence Loeb de Calumet, Oklahoma, avistou outra coisa estranha. Tinha o corpo de um lobo e a cabeça de um veado.

Foi somente uma aparição, naturalmente, mas começamos a temer que, neste mundo instável e imperfeito, tudo o que temos sejam aparições.

Mesmo artigo na *Fortean Times*: outra coisa estranha. Essa aparição foi vista por dois homens, D. B. Clarke e H. H. Christianson, em Canby, Minnesota. Parecia ser metade veado e metade cavalo. No momento em que Clarke tentou observar se essa blasfêmia ambulante, contra a Lei Eterna, correria como um veado fazendo um ruído para assustá-la, ela não se impressionou. Então atirou para o alto, e ela não se impressionou. Quando Clark e disparou um tiro perto de suas pernas, ela andou *vagarosamente*, diferente da reação esperada de um veado ou um cavalo normal.

Clarke and Christianson assinaram confissões dizendo que eles pensaram ter visto o que viram.

*Evening Standard*, Londres, 21 de março de 1921: milhares de sapos supostamente caem do céu em Gibraltar. Eles supostamente estavam vivos e saltitavam com agitação, como eu e você saltaríamos se chegássemos em Gibraltar da mesma maneira.

O Repórter Inescrupuloso Onipresente ataca novamente.

Ou talvez o redemoinho seletivo. Ele ignorou todo o resto e pegou somente os sapos.

O jornal acrescenta que uma chuva similar de sapos pareceu ter caído em Gibraltar sete anos antes, em 1914.

*Dois* redemoinhos seletivos então e, "apenas por coincidência" atingiram a mesma cidade com um intervalo de sete anos. Assim como as chuvas mornas voltaram para Genebra três vezes "por coincidência". Como os loucos parapsicólogos "coincidentemente" obtêm "séries de coincidências" que parecem sugerir a existência do tipo de conectividade não-local chamada "percepção extra-sensorial".

Talvez.

*Soviet Weekly*, 21 de julho de 1979: na vila de Dargan-Ata, outra chuva de sapos. Todos vivos e saltitantes.

O redemoinho seletivo novamente, com sua delicadeza usual, depositando os sapos sem machucá-los? Ou outra mentira de comunista, como o Sr. Reagan costumava dizer?

*Sunday Express*, Londres, 31 de maio de 1981: outra chuva de sapos em Narplion, Grécia. Milhares deles, todos vivos e saltitantes. Os cientistas (ingênuos, sem dúvida), do Instituto Meteorológico de Atenas, são mencionados. Foi o redemoinho seletivo, dizem, mas um deles acrescenta ser "notável" o fato de os sapos não se machucarem ao serem capturados pelo redemoinho, arremessados de um lado para outro e então depositados no chão novamente.

Realmente notável.

Podemos nos lembrar que Charles Fort reuniu mais de 300 casos dessas "chuvas" de organismos vivos. Motivado pelo mesmo desejo de libertar a humanidade do dogma (ou motivado pelo mesmo desejo blasfemo de subverter e corromper, conforme a fortaleza lhe afirmará), Fort publicou esses casos em quatro imensos livros. Essas publicações irritaram Martin Gardner tão gravemente, que ele decidiu: Fort era "sinistro". Profetizo que o Sr. Gardner dirá o mesmo a meu respeito.

O que quer que tenha motivado Fort, ele tinha um senso de humor perverso. Disse que examinaria seriamente a possibilidade de que "Deus" está arremessando esses sapos e, então, indicou outras estranhezas que sugeririam que "Deus" poderia estar louco.

Os *outros* fundamentalistas também não gostam de Fort.

Pessoalmente, sou mais conservador que Fort; não quero atribuir essa loucura a "Deus". No presente momento, se eu sair do meu relativismo agnóstico, prefiro acreditar que alguém esteja zombando do *Big Bang* e nós estamos em um dos universos imperfeitos.

Aqui estão algumas das chuvas de sapos reunidas por Fort:

*Comptes Rendus,* 3-54: carta do professor Pontus, que afirmou que os sapos caíram do céu perto de Toulouse, em agosto de 1804.

*Notes and Queries,* 8-7-437: uma chuva de sapos de Londres completamente povoada, em 30 de julho de 1838.

*Canadian Naturalist,* 2-1-308: sapos envolvidos por *gelo* caíram em Pontiac, Canadá, em 11 de julho de 1864.

O redemoinho seletivo também é responsável pela refrigeração?

*Scientific American,* 12 de julho de 1873: sapos caem durante uma tempestade de raios em Kansas City, Missouri.

*Monthly Weather Review,* 16 de junho de 1882: uma chuva de sapos e gelo em Dubuque, Iowa.

*L'Astronomie,* 1889-353: uma chuva de sapos em Savoy, no dia 2 de agosto.

*Notes and Queries,* 8-6-190: chuva de sapos em Wigan, Inglaterra, durante o mês de agosto de 1894 e, no mesmo mês, uma chuva de uma misteriosa substância gelatinosa, identificada por um investigador como ovos de sapo, em Bath, Inglaterra.

Naquele mês, um redemoinho selecionou somente os sapos e outro redemoinho, igualmente meticuloso, selecionou somente os ovos?

Volto-me novamente para a simbiose paradoxal do ceticismo e da fé cega. É mais fácil acreditar em redemoinhos seletivos, que escolhem somente sapos para a sua viagem, ou acreditar que o túnel de realidade materialista fundamentalista é, como o túnel de realidade tomista, metodista, lésbico ou vegetariano, uma construção humana, contendo sua própria subjetividade auto-referencial e seu conjunto de regras do jogo?

Isso depende do temperamento. Aqueles que possuem uma necessidade emocional do túnel de realidade materialista apegar-se-ão a essa idéia, apesar de tudo, mesmo que isso exija a aceitação de uma hipótese acerca de um repórter inescrupuloso, cientistas ingênuos e até mesmo redemoinhos seletivos. Grande é a fé de tais "céticos", conforme continuarei a demonstrar à medida que prosseguimos.

*Guardian*, Manchester, 11 de novembro de 1979: um redemoinho mais perverso ainda. Ele não se importou com sapos, pingüins ou aves. Despejou salsicha, ovos, toucinho e tomates em quatro casas em Castleton, Derbyshire.

Os padrões de seleção ou escolha aparentemente consciente continuam. Os ingredientes para um café da manhã típico do Norte da Inglaterra foram selecionados por esse redemoinho antropomórfico.

Mas, o que é ainda pior, ele voltou diversas vezes. Como o redemoinho personalizado que despejou sapos em Gibraltar, em 1914, e então voltou novamente, em 1921.

Talvez não fosse um redemoinho. Talvez fosse uma travessura aérea. A polícia considerou essa possibilidade. Iniciaram uma patrulha noturna. Os alimentos continuaram a cair. Toneladas deles. Ninguém os descarregou.

A polícia investigou roubos e compras muito grandes nas lojas locais. Nada encontraram.

Uma travessura muito inteligente? Talvez ele tenha ido até a França para obter todos os produtos para os bombardeios.

Sim, talvez seja isso. Parece um pouco tedioso invocar o Repórter Inescrupuloso repetidas vezes. Além disso, o *Guardian* tem uma sólida reputação por seus repórteres escrupulosos. Deve ter sido um indivíduo perversamente diabólico. A polícia nem mesmo avistou seu avião.

*Evening Echo*, Essex, 19 de setembro de 1980: um bloco de gelo de 60 $cm^2$ caiu no campo de golfe local e foi visto por muitos jogadores. Ray Wood, um dos jogadores, disse: "Não havia nenhuma explicação. O céu estava azul, sem uma única nuvem, e não havia aviões na redondeza."

Talvez tenha sido a entidade travessa de Derbyshire com seu notável *silêncio* e seu avião *invisível*?

Ou talvez o Universo possua instabilidade e estranhezas? Talvez a crença em qualquer *sistema* seja mantida por intermédio do "esquecimento" de todos os dados que não se adequam ao sistema?

*Express*, Stockport, Inglaterra, 4 de junho de 1981: uma chuva de *moedas,* em Reddish, entre Stockport e Manchester. As moedas variavam de um centavo até 50 centavos.

Os redemoinhos desistiram dos sapos e agora derramam comida em Derbyshire, gelo em Essex e moedas em Reddish. Eles devem ter revirado as gavetas da cômoda de alguém e devem ter selecionado somente moedas para a aventura de Reddish. Redemoinhos realmente muito extravagantes.

Ou o repórter pernicioso, sem qualquer escrúpulo, estará trabalhando agora em Stockport?

*Fortean Times*, inverno de 1982: contataram uma testemunha em Reddish, o reverendo Graham Marshall, que confirmou a chuva de moedas. Também afirmou que não havia prédios nas redondezas que fossem altos o suficiente para servir como esconderijo para um engraçadinho.

Então, deve ter sido o falsário de Castleton novamente, com seu avião *silencioso* e *invisível*?

O reverendo Marshall acrescentou que a parte mais estranha da chuva de moedas é que elas caíam de forma que ficaram presas no chão por suas extremidades. Ele tentou repetir o evento e descobriu que moedas arremessadas não se encaixam nas frestas do chão daquele modo.

Agora um inescrupuloso clérigo entra no elenco dos vilões. Bem, não confio muito nos clérigos. Alguns deles são tão dogmáticos quanto alguns cientistas.

Charles Fort, *O Livro dos Danados*:*

Um bloco de gelo caiu do céu em Seringpatam, na Índia, em 1800. Era do tamanho de um elefante.

Não havia nenhum avião naquela época para fundamentar a hipótese do falsário. Deve ter sido o maravilhoso redemoinho seletivo então?

---

* N. do T.: Este será um dos próximos lançamentos da Madras Editora.

A propósito, a fonte de Fort é o *Relatório do Instituto Smithsoniano,* 1870-479.

*People,* Londres, 30 de dezembro de 1956: uma chuva de moedas em Hanham, Bristol.

*Daily Express,* Londres, 5 de agosto de 1940: uma chuva de moedas na cidade de Mesherera, na Rússia, durante uma tempestade de raios.

*Daily Mirror,* Londres, 10 de dezembro de 1968: chuva de moedas que durou 15 minutos em Gateshead, Município de Durham. Elas estavam todas *dobradas* ao meio, como se estivessem invocando o horror demoníaco do materialismo fundamentalista, o próprio Uri Geller.

Em sua obra *Thunderweapons,* de 1911, C. Blinkenberg fornece uma lista *bastante* longa das "flechas" e "machados" que supostamente caíram do céu na China, em Burma e no Japão, desde os tempos antigos até a modernidade. Muitos deles são preservados em templos e santuários.

Naturalmente, o Dr. Jacob Bronowsky assegura-nos, em *Science and Human Values* (Ciência e Valores Humanos) que os orientais nada sabem a respeito de ciência e, conseqüentemente, não são confiáveis nem podem distinguir os fatos da fantasia. Deixando de lado a curiosa mancha do chauvinismo e do imperialismo mental da visão de Bronowsky (afinal, é um preceito básico do novo fundamentalismo a noção de que nenhuma outra filosofia além do materialismo científico que foi inventado pelos brancos, nos últimos 300 anos, tenha algo a oferecer), há o ponto de vista divergente de Joseph Needham na obra *Science and Civilization in China,* volume II. Ele afirma que os chineses não somente inventaram métodos científicos antes do mundo ocidental, como também estavam à frente do Ocidente em relação às descobertas básicas por toda a história. Ele lista centenas de invenções básicas que apareceram na China antes de virem para o Ocidente e argumenta que os indivíduos capazes de tal talento mecânico eram igualmente aptos à observação cuidadosa e ao pensamento racional.

Ainda assim, se tais idéias se tornarem aceitas, o materialismo fundamentalista começa a desmoronar, e somente o materialismo liberal, disposto a aprender com outras culturas e outros túneis de realidade, pode sobreviver. Isso é a liberalização e a cosmopolitanização que os fundamentalistas mais temem; assim como o homem certo teme o que é "estrangeiro" e o que é "exótico".

O *Relatório da Associação Inglesa,* de 1860, lista uma pedra entalhada que caiu em Constantinopla, em 416 d.C. A obra *Phenomena,* de Michell e Rickard, *op. cit.*, lista diversos objetos trabalhados que, supostamente, caíram do céu, e inclui uma foto de um cilindro de mármore de 30 centímetros, que caiu em Ohio, em agosto de 1910.

*Proc. Instituto Canadense* 3-7-8: um dos membros, J. A. Livingston, exibiu um objeto que afirmava ter caído do céu. Era redondo, de quartzo, e era *oco*.

Tálio, escrevendo em 1649, explicou tais anomalias que caem do céu desde o início dos tempos como o resultado de "exalação brilhante contida em uma nuvem pelo humor circumposto". Já que não aceitamos essa teoria, visto que eu não a entendo, faz mais sentido que os redemoinhos seletivos do fundamentalismo.

*Jornal Americano de Ciência* 2-34-298: um tijolo, ou algo bastante parecido com um tijolo, caiu do céu em Richland, Carolina do Sul.

*Novo Jornal Filosófico de Edinborough*, 2-32-298: outra coisa estranha, descrita como um tijolo, caiu em Pádua, Itália, em agosto de 1834.

*Monthly Weather Review,* maio de 1884-134: no dia 22 de maio daquele ano, uma chuva de pedras não-meteóricas em Bismarck, Dakota do Norte; 15 horas mais tarde, sobre a mesma cidade, outra chuva inexplicável de pedras.

O indivíduo com o avião silencioso e invisível não poderia ter feito isso em 1884, antes dos aviões existirem.

Talvez ele estivesse em um balão.

Claro, deve ser isso. Sempre há uma explicação racional e lúcida para essas coisas, se você pensar a respeito.

*Jornal Ilustrado de Reynold*, Londres, 1º de maio de 1932: o céu tornou-se vermelho-sangue sob Assunción, Paraguai, e assim permaneceu por vários dias.

Não houve erupção vulcânica registrada naquela área, naquele momento.

Então, foi outra exalação brilhante contida em uma nuvem pelo humor circumposto?

Não houve terremotos, mesmo os mais suaves, durante todas as semanas do céu vermelho. Os tremores de terra não tingem o céu, de acordo com a teoria convencional; mas o céu vermelho também não produz terremotos, de acordo com testemunhas. Então, isso foi somente uma "coincidência" como os redemoinhos que visitaram Gibraltar por duas vezes, ou como aquele que arremessou pedras em Bismarck duas vezes, ou como outros acontecimentos.

*Space-Time Transients and Unusual Events*, Persinger e Lafreniere, *op. cit.*, página 90: durante o grande terremoto que ocorreu em Illinois e Missouri, em 1857, óvnis foram vistos, e peixes caíram do céu. Na página 93: há uma área em Devonshire, Inglaterra, onde os motoristas sentiram um impulso de abandonar a estrada; uma outra área perto de Santa Cruz, Califórnia, onde leituras anormais de gravidade e leituras magnéticas anormais são freqüentes. Outra anormalidade gravitacional e magnética em Odd Acres, Missouri. Em 1954 em Barrie, Ontário, Canadá, motoristas experienciaram uma força que os atraía para fora da estrada. Nas proximidades de Filadélfia, Pensilvânia, uma área de pedras "cantantes", onde os indivíduos experienciavam estados alterados de consciência. Em Trenton, Nova Jersey, 1958: ruídos provenientes de uma pia e, então, chamas azuis surgiram.

Talvez haja um maravilhoso mundo eterno onde esses eventos jamais aconteçam, um mundo conhecido somente por platonistas e outros fundamentalistas; e talvez o mundo da experiência seja apenas uma cópia imperfeita deste mundo. Talvez os voltímetros apresentem uma leitura correta lá, não *às vezes*, mas *sempre*, e peixes e sapos não caiam do céu, onde um animal é um veado *ou* um cavalo, mas não ambos.

Se você acredita, você pode quase ver. Ou, pelo menos, você pode se convencer de que qualquer outra coisa é mera aparência ou alucinação.

Mas talvez Nietzsche estivesse certo. Talvez tenhamos criado aquele mundo por meio do processo discutido anteriormente, transformando $folha_1$, $folha_2$ e $folha_3$ em "a folha", e $homem_1$, $homem_2$ e $homem_3$ em a "humanidade" (excluindo a mulher), e a quantificação da $experiência_1$, quantificação da $experiência_2$ e quantificação da $experiência_3$ em "quantificação real média", que deve existir em algum lugar. Talvez devêssemos abandonar as outras instabilidades e acidentes à medida que avançamos, inventando uma adorável abstração do mundo que não existe em qualquer outro lugar além de nossas cabeças.

Se seguirmos essa noção subversiva por bastante tempo, como Nietzsche fez, encontraremos o caos e o abismo, como ele também encontrou. Talvez esse seja o motivo pelo qual não seguimos essa noção por muito tempo.

Naturalmente, o caos e o abismo são metáforas, o tipo mais especial que temos chamado de metáforas sobre as metáforas. Elas tentam descrever o que resta quando abstrações como "a folha" e "a média" (túneis de realidade lingüísticos) saem de nossas mentes.

Nietzsche era lingüista e filólogo antes de se tornar um filósofo, e sua filosofia origina-se na análise lingüística. Ele foi um dos primeiros (depois do enigmático Giambattista Vico) a observar que redes lingüísticas moldam a percepção e restringem o pensamento. Sua crítica escandalosa, hilária e *perigosa* da moral convencional originou-se diretamente dessa observação, e era uma crítica de hábitos neurossemânticos acerca de como as palavras nos hipnotizam e predeterminam veredictos apressados. Eventualmente, ele se perguntou: e se as redes lingüísticas estiverem somente em nossas mentes e não existirem no mundo externo? E se a experiência ética, a própria existência, não editada pelo sistema de arquivos êmicos do cérebro, não tem forma, ou for multiforme, ou perpetuamente em evolução, muito fluida para ser capturada em um modelo ou túnel de realidade lingüístico?

Bem, isso foi o que levou Nietzsche a vôos de poesia e sarcasmo incomparáveis na história da filosofia. Se este é o caso, todo o *padrão de julgamento* eventualmente entrará em colapso.

Um padrão é apenas uma forma de julgar se uma coisa se encaixa em um sistema preexistente. Se os sistemas são como as pessoas, mortais e mutáveis, então aquele que acredita em um sistema, qualquer sistema, usa uma venda sob seus olhos.

O espaço curvado não se encaixou no sistema do século XIX, não mais que a causalidade quântica retroativa no tempo se encaixa no sistema do professor Munge ou as chuvas de sapos se encaixam em qualquer sistema que conheço.

Se o relativismo existencial de Nietzsche for aceito, então sempre existirão coisas verdadeiras que não se adequam a qualquer túnel de realidade existente, assim como na matemática, Godel demonstrou que *sempre existirão teoremas verdadeiros não dedutíveis de qualquer conjunto de axiomas.*

Estamos tentando falar a respeito do indescritível — uma tarefa contraditória. Os budistas, tentando indicar essa consciência ética pré-verbal (ou pós), de forma indefinida chamam isso de vazio que, supostamente, deve fazê-lo perceber que você não pode falar nada a esse respeito (o caos, para Nietzsche, que conhecia a Grécia Antiga, também significava *vazio* juntamente com seus significados modernos). Os budistas preferem não falar acerca do indescritível e apenas o aconselham a experienciá-lo sentando, por exemplo, e olhando fixamente para uma parede, tentando remover sistemas verbais de seu cérebro. Outros tentaram falar a respeito disso e atribuíram à filosofia termos memoráveis, se insignificantes, como "Ser", "Ser Puro", "Ser Absoluto" e assim por diante.

O professor F.S.C. Northrop merece uma medalha de alguma espécie por tentar descrever essa indescritibilidade como "o contínuo estético indiferenciado". Gostaria de ter sido o autor dessa frase.

Para nomear o que não pode ser nomeado, a realidade ética é o estado daqueles que se encontram em um tanque de isolamento, afastados das redes de realidade humana por muitas horas. Esse estado é registrado pelo Dr. John Lilly em sua obra *Simularions of God*. É também, conforme Lilly observa, o estado freqüentemente relatado por marinheiros que ficaram sozinhos depois de um acidente no navio, à deriva, em um pequeno barco, ou exploradores que foram isolados por longos períodos. Esse pode até ser o significado original da raiz indo-européia da qual extraímos nossa forma verbal "estar"; estar perdido, estar separado dos túneis de realidade tribais. É também *o assunto* sobre o qual Wittgenstein fala na famosa frase no seu Tratado Cógico Filosófico: "A respeito do que não se pode falar, deve-se manter o silêncio."

Em resumo, é esta "realidade" antiquada que a Interpretação de Copenhague nos informa sabiamente que está contida nos modelos científicos.

Então voltamos, por intermédio da análise lingüística ou da análise do que *não* é lingüístico, à posição de Gribbin acerca da mecânica quântica: tudo é real ou nada é real. Todo túnel de realidade é real para aquele que o experiencia, e nenhum deles é "real" no sentido da existência aparte de nós em um absoluto platônico.

E, para completar a análise de Nietzsche, é no medo do Caos, da "transavaliação de todos os valores" que pode estar o motor emocional por trás de todos os fundamentalistas.

Sócio-biologicamente:

*Primatas domesticados não querem que suas marcas de território sejam apagadas.*

Para dentro do Abismo:

*Omni*, setembro de 1982: um óvni gigante foi visto sobre Moscou em junho de 1980. Milhares de pessoas correndo pelas ruas, temendo um ataque nuclear. Relatórios de "humanóides" extraterrestres, alienígenas perseguindo carros e fazendo furos em janelas.

James Oberg, que está no negócio de explicar os óvnis para a revista *Omni*, elucida esse evento.

Foi apenas um lançamento de um satélite, ele diz.

Mas centenas de satélites foram lançados e as pessoas geralmente não os confundem com ataques nucleares.

Oberg explica: esse era um satélite *realmente grande*.

Oh... Mas, e quanto aos "humanóides" vistos em Moscou?

Oberg explica: "A KGB, ávida para turvar as águas e encobrir reconhecimento público do centro espacial militar em Pietsk, não tem interesse em promover histórias cintilantes acerca de alienígenas perseguindo carros e fazendo buracos nas janelas".

Outra mentira de comunista. Eu sabia que eventualmente ouviríamos um tipo de fundamentalista soar notadamente como o outro tipo de fundamentalista.

Mas, de acordo com uma pesquisa amplamente divulgada, mais de 15 milhões de cidadãos americanos viram um óvni, ou pensam terem visto. Tudo isso poderia ter sido o trabalho de um elemento demoníaco da KGB?

Não, isso seria "alucinação coletiva."

*Times*, Londres, 23 de setembro de 1973: em Brignoles, França, "milhares" de sapos caindo do céu.

Deve ter sido outro evento de "alucinação coletiva". Isso tem acontecido muito esses dias. Parece com o fenômeno da amnésia das novelas de rádio de antigamente.

Ou talvez seja novamente o maravilhoso redemoinho seletivo. Ou outra exalação brilhante contida em uma nuvem pelo humor circumposto. Ou talvez a Inteligência Militar Francesa estivesse "ansiosa para turvar as águas" e "encobrir o reconhecimento público" de seus próprios segredos militares e "eles não têm interesse em promover histórias cintilantes" a respeito de sapos caindo do céu?

Ou talvez a existência seja caótica no sentido de Nietzsche, demasiadamente vasta, abismal e instável para conter qualquer túnel de realidade?

Pesquisa de Anomalias de Michigan, relatório número 7, 1979: "Cangurus Fantasmas: Um Catálogo", de Loren Coleman e David Fideler:

Dúzias de reportagens de jornais são listadas, descrevendo cangurus vistos saltitando no subúrbio de Chicago, Illinois. O relatório mais recente é datado de 1940 e o último, de 1978. Em nenhum dos casos o jornal localizou um zelador que afirmasse ter perdido cangurus de seu zoológico.

Alguns redemoinhos selecionam sapos, alguns, moedas, alguns selecionam certos pingüins e alguns (na área de Chicago), cangurus? Mas se eles não os capturam de um zoológico, pegam-nos na Austrália, viajam com eles por quase 13 mil quilômetros e, então, muito gentilmente, deixam-nos em Chicago sem machucá-los?

Antes que esses redemoinhos temperamentais tornem-se tão assustadores quanto a energia "orgone" do Dr. Reich ou a "telecinese" dos hereges parapsicólogos, deveríamos presumir uma grande migração de repórteres inescrupulosos para Chicago, entre 1940 e 1978.

Mas o pior ainda está por vir.

Os cangurus ainda estão saltitando. E apenas em Chicago.

*Fortean Times*, Londres, inverno de 1982: atualização de Loren Coleman, co-autora do relatório de 1978. A presença dos cangurus está sendo relatada em Wisconsin, Utah, Oklahoma, Carolina do Norte, e em Ontário e Brunswick, no Canadá. Nenhum zelador de qualquer zoológico apareceu para reivindicá-los.

Uma concentração típica de casos:

Waukesha, Wisconsin, 5 de abril de 1979: dois homens chamados Wilcox e Kroske avistaram um canguru saltitando na rodovia às 6:45 da manhã.

Sete dias mais tarde, 12 de abril de 1979, uma família chamada Haeslick viu o mesmo canguru, ou qualquer outro, alguns quilômetros de distância, no município de Pewaukee. Ele saltitou até seu jardim.

No dia seguinte, dia 13 de abril, William Busch, de Waukesha, avistou outro canguru, ainda saltitando.

Dia 23 de abril: Município de Brooksfield, perto of Waukesha, *dois* cangurus vistos pela família Nero. Pegadas foram encontradas e foram fotografadas por Loren Coleman. Foto na página 27 da edição citada.

Outra falsificação? Ou uma alucinação coletiva pode deixar pegada? Ou exalação brilhante contida em uma nuvem pelo humor circumposto?

Dia 24 de abril: uma foto do canguru, ou dos cangurus, tirada por um jovem que a entregou para a Sra. Coleman, mas recusou-se a dar permissão para que seu nome fosse revelado "por medo do ridículo". Foto na página 26 da edição citada. Parece-me um canguru.

Outra foto falsificada.

Maio de 1978 (ainda citando Coleman, *Fortean News*): um canguru, ou vários cangurus, vistos em Toronto. Testemunhas ou indivíduos sofrendo de alucinações incluindo um policial, um guarda de uma fábrica, um motorista de táxi, o passageiro do táxi e outros indivíduos na fronteira do Maine.

Em 1981: aparições de cangurus em Utah, Oklahoma e Carolina do Norte.

*Phenomena*, Michell e Rickard, *op. cit.* 12, citando *Deipnosofistas* de Ateneu: no século IV d.C., houve uma chuva de peixes por três dias em Chersoneso, na Grécia. As estradas ficaram bloqueadas e as pessoas não puderam abrir as portas da sua casa, tamanho foi o dilúvio.

A cidade fedeu por semanas após, ou pelo menos havia uma aparência de mau-cheiro.

Agentes da Inteligência da Grécia Antiga estavam "ansiosos para turvar as águas" e "encobrir o reconhecimento público"?

*Nature*, 19 de setembro de 1918: milhares de sapos caíram em Chelmsford, Massachusetts. A Sra. Lillian Farnham recolheu uma banheira cheia deles.

*Space-Time Transients and Unusual Events*, Persinger e Lafreniere, páginas 23-36: chuva de pedras com "explosões" no céu (Hungria, 1866); queda de um bloco de calcário (Flórida, 1888); chuva de grandes pedaços de gelo pesando, aproximadamente, um quilo cada um (Illinois, 1888); queda de um pedaço de gelo pesando quase 32 quilos (Nova Jersey, 1958); chuva de uma substância parecida com geléia (Virginia, 1833); chuva de sementes (Alemanha, 1822; Pérsia, 1913; Geórgia, 1958); chuva de feno (Nova Iorque, 1971); queda de uma bola de ferro pesando quase 2,5 quilos (Estado de Washington, 1951).

Mas, talvez, todas essas travessuras acerca do caos e do abismo tornaram-se um tanto quanto *ardilosas*. Talvez devêssemos procurar um pouco de luz ou pelo menos a aparência de luz.

Se não formos muito literais a respeito de todo o caos de Nietzsche, se admitirmos que, no fim, algumas generalizações são *um pouco* melhores do que outras, se não nos tornarmos, de maneira contraditória, agnósticos absolutos ou solipsistas, há um modelo que pode ajudar.

Ele está presente na obra *Space-Time Transients and Unusual Events*, tão citada nos capítulos recentes.

Persinger e Lafreniere são "cientistas comportamentais", ou seja, não gostam da antiga palavra "psicólogos". Reuniram 6.060 reportagens iguais às que temos mencionado aqui e realizaram uma extensa análise dos dados, procurando vários padrões possíveis e correlações. Pensam ter encontrado alguns padrões.

O que eles propõem, de forma sintética, é que as leis físicas não são absolutos platônicos, contrariamente ao professor Munge, mas sim generalizações estatísticas.

Isso soa familiar.

Persinger e Lafreniere propõem ainda que, quando existem grandes flutuações em vários campos físicos *conhecidos* (o campo geomagnético, o campo gravitacional), eles não propõem elementos novos e inovadores, como a energia "orgone" de Reich ou as ressonâncias mórficas de Sheldrake. Porém, se há flutuações nos campos conhecidos, então, não apenas coisas anormais realmente acontecerão, mas também os humanos próximos dessas flutuações terão *ondas cerebrais anormais*, e apresentarão alucinações.

Para alguns, isso nos levará ainda mais próximo do caos e da Época das Trevas. É mais fácil e mais tradicional pensar na escolha aristotélica (o fenômeno "é" "real" *ou* "é" "alucinatório") do que considerar o modelo não-aristotélico no qual a coisa estranha pode ser um pouco das duas escolhas. Contudo, mesmo sem os campos de flutuação de Persinger-Lafreniere, a neurologia já indica que devemos considerar toda percepção como um processo que envolve adição (projeção) e subtração (abstração), o que constitui uma boa definição da alucinação de parcialmente real/parcialmente alucinatório.

Parece-me que existe uma *topologia* para as histórias de óvnis que é bastante consistente com esse modelo de flutuação. Ou seja, se os campos energéticos flutuam, então aqueles dentro do perímetro relatarão "luzes estranhas" no céu ou no solo, bolas de luz e outros efeitos eletromagnéticos sem nome. Aqueles que estão um pouco mais próximos relatarão efeitos eletromagnéticos mais amplos, além de possíveis efeitos gravitacionais, tão freqüentemente descritos (motores de carros falhando, luzes ligando e desligando, mobília se movendo).

E aqueles desafortunados que perambulam no epicentro, tanto a gravidade como suas ondas cerebrais enlouquecem.

Eles voltarão falando de extraterrestres em uniformes nazistas, como Betty e Barney Hill, ou dirão ter entrado em uma espaçonave com Jesus Cristo, como em muitos casos, ou surgirão fantasias sexuais, como aqueles que afirmam terem sido estuprados por anões malignos ou seduzidos por mulheres de Vênus.

Persinger e Lafreniere sugerem também que uma parte das coisas estranhas que caem (ou que são parte do efeito de "telecinesia") podem ser flutuações gravitacionais *extremas*.

Então, mesmo algumas de nossas monstruosidades genéticas podem ser flutuações causadas por ondas de energia que afetam o DNA?

Penso que esse modelo pode se adequar a uma grande parte de nossos dados. Pelo menos nos isenta do absurdo fundamentalista de rejeitar *todos* os relatórios inconvenientes como "alucinação coletiva" e então, quando há muitas evidências que os corroboram, explicar que farsantes misturados com os indivíduos que apresentam alucinações *fabricaram* a evidência.

Há ainda mais apoio estatístico para esse modelo na análise de Persinger-Lafreniere que revela aumento aparentemente significativo nas monstruosidades em relação às falhas de terremoto nas semanas que precedem grandes tremores.

Alguns leitores pensarão que acabei de explicar os mistérios que nos têm irritado ou divertido até agora. Não expliquei. Apenas ofereci um modelo possível. Não *o* veredito ou mesmo *um* veredito. Um modelo, uma teoria, simplesmente.

Tente pensar, por um momento:

Persinger-Lafreniere *Po* Teorema de Bell

*Tente*. Pensamentos ainda constituem um fenômeno particular neste mundo; eles não prenderão você por isso. Você nada tem a perder, exceto correntes mentais. Você pode ter um mundo de liberdade psicológica ("criatividade") a ganhar.

Os selos ou moedas chineses enigmáticos encontrados na Irlanda:

Foram relatados pela primeira vez por Joseph Hubbard Smith, para a Academia Real Irlandesa, em 1839. Charles Fort, o mestre da maldade, diverte-se muito com eles em seus *livros*; consulte seu índice sob "Irlanda". Arthur Clarke, inventor dos satélites de comunicação que agora circulam pelo globo (também um autor de romances loucos como os meus), leva-os muito a sério para dar espaço em seu livro *Mysterious World*, Clarke, Welfare, Fawley, Biblioteca Visual A&E, Nova Iorque, 1980, nas páginas 43-44, nas quais o seguinte relato está presente.

Esses selos ou moedas são encontrados por toda a Irlanda. Alguns deles estão na superfície, mas alguns têm sido encontrados sob a superfície, por indivíduos que estão à procura de outra coisa. Não há explicação convencional que dê conta de como eles foram parar lá. O redemoinho seletivo é um tanto quanto absurdo nesse caso.

Perturbações gravitacionais de Persinger-Lafreniere? Ou talvez os irlandeses fossem navegadores melhores e mais corajosos do que pensamos.

*Niles Weekly Register*, 5 de agosto de 1837: mais peixes caem, desta vez no Kentucky. Relatados pelo "Dr. Woods, um naturalista".

*Science*, 21 de dezembro de 1923: chuva de peixes na Sibéria; os nativos afirmam que é um evento freqüente.

Talvez devêssemos alargar nossos túneis de realidade pelo menos para considerar o modelo de Persinger-Lafreniere ou algo parecido.

*Nature*, 6 de janeiro de 1881 (23:223): notáveis pedras de granizo que caíram na Baváría. O correspondente diz que algumas possuíam "alças" outras tinham a forma de girinos e algumas pareciam com um espelho.

O caos avança novamente. Não vejo como Persinger-Lafreniere e suas instabilidades geofísicas poderiam acomodar isso.

*Fate*, setembro de 1967: artigo "The Night the Sky Turned On" (A Noite em que o Céu se Acendeu), de John Keel. No dia 16 de agosto de 1966, a mais espetacular história de óvnis que já aconteceu nos Estados Unidos. Óvnis em Flandreau, Dakota do Sul, seguidos por luzes similares em muitas partes do meio-oeste. Uma pequena luz (de quase um metro de comprimento) saltitando em cima de árvores em Walker, Minnesota. Luzes multicoloridas de todos os tipos vistas por 1.500 pessoas em Port Smith, Arkansas. E assim por diante. O fato chave é que em todos os lugares onde aconteceram estas *aparições* relataram diferentes cores e tamanhos.

Parece mais com uma flutuação geofísica de Persinger-Lafreniere.

Você entende? *Mesmo um modelo não-familiar por vezes é melhor do que nenhum modelo.*

*Literary Digest*, 29 de novembro de 1913, citando *Cosmos*, Paris, 16 de outubro do mesmo ano: alguém antecipou Persinger-Lafreniere. O professor Ignazio Galli examinou 148 luzes inexplicáveis, no céu do ano 89 a.C. até os dias atuais, e descobriu que elas mantinham uma correlação com terremotos. Suas estatísticas não foram citadas, infelizmente.

*Monthly Weather Review*, fevereiro de 1959: luzes estranhas que foram vistas durante tornados são discutidas. Algumas se parecem com relâmpagos comuns, outras parecem ser uma bola de luz e outras, ainda, são classificadas como "outros tipos de descargas elétricas".

Parece-me mais uma vez com a teoria de Persinger-Lafreniere.

*Science*, 201:748-750 (1978): David Phillips apresenta estatísticas sugerindo que as quedas de aviões aumentam após assassinatos e suicídios amplamente divulgados. Ele oferece uma hipótese: *algumas* das quedas de aviões são assassinas e suicidas ("assassinatos em série", conforme a denominação da polícia quando uma cadeia de destruição provém de uma morte violenta).

Isso é plausível. Mas sinto a comoção da heresia novamente. Penso nas relações Persinger-Lafreniere Po Teorema de Bell, e até mesmo Persinger-Lafreniere Po Sincronicidade.

*Sunday Times*, África do Sul, 20 de julho de 1980: rochas misteriosas caindo novamente. Um redemoinho mais extravagante do que qualquer outro que já encontramos voltou diversas vezes para atormentar um homem.

O homem era um jogador de tênis, Okkie Kellerman. A primeira rocha veio sozinha. Apenas aterrissou no pé do Sr. Kellerman. Então, o redemoinho foi embora, sem despejar outros objetos e sem deixar cartão de visitas, sem mesmo ter sido notado por alguém. Minutos depois, ele voltou e arremessou outra pedra maior em Kellerman. Mais tarde, voltou pela terceira vez e arremessou montes de pedras. Tudo isso aconteceu em um campo de tênis em plena luz do dia.

Talvez tenha sido um indivíduo perverso que se escondia nos arbustos?

Infelizmente, o redemoinho ou o perverso continuou a perturbar Kellerman até mesmo quando ele estava abrigado. As pedras continuaram a ser arremessadas por quase uma semana. Outro jogador de tênis, Andre Wulfse, diz tê-las visto repetidamente, voando por todas as partes dos cômodos onde Kellerman estava presente. O proprietário afirmou que as pedras continuaram a voar do momento em que Kellerman chegou até o momento em que ele partiu.

Kellerman disse que tudo começou no dia *anterior*, quando insultou um curandeiro.

Oh, maldição. Sinto mais heresias a caminho, ou talvez todo um capítulo repleto delas.

O modelo de Persinger e Lafreniere, como todos os modelos, pode abranger somente parte, mas não todo o Universo.

Capítulo 6

# "Mente", "Matéria" e Monismo
(incluindo comentários a respeito da coincidência e da pior de todas as heresias)

*Qualquer um que se choque com a teoria quântica não a entendeu.*
Niels Bohr, citado por Gribbin, In Search of Schrodinger's Cat
(Em Busca do Gato de Schrodinger)
*A soma total de todas as mentes é igual a um.*
Erwin Schrodinger, *Mind and Matter*

O Sr. Kellerman insultou um curandeiro e então, por mais de uma semana, foi atacado por pedras misteriosas de origem desconhecida.

Alguns indivíduos terão alguns pensamentos bastante óbvios neste ponto. Outros se recusarão a pensar em absoluto.

Um marinheiro do *Brechsee*, atingido por um "projétil" vindo de lugar nenhum, que volta para o mesmo lugar depois de atingi-lo; pedras caindo *vagarosamente* em certos lugares...

Algumas pessoas (como por exemplo, na África, onde o Sr. Kellerman foi atingido), acreditam em magia, e outras, mais perto de casa, não acreditam, porém, questionam-se e tentam alguns experimentos. Concentram-se, tentam projetar energias "mentais", pensam em efeitos espetaculares e os visualizam vividamente; esperam, esforçam-se...

E há quatro (e somente quatro) teorias por mim encontradas na filosofia a respeito do relacionamento entre a "mente" e a "matéria":
1. A "mente" é um epifenômeno* da "matéria".
2. A "matéria" é um epifenômeno da "mente".

---
*N. do T.: Epifenômeno — fenômeno secundário que resulta de outro, efeito colateral.

3. A "mente" e a "matéria" são ambas igualmente reais, mas separadas, e trabalham juntamente em harmonia predeterminada.
4. A "mente" e a "matéria" são metáforas humanas.

A primeira das teorias é a mais fundamentalista do materialismo fundamentalista. Naturalmente, eles jamais admitem que ela é uma teoria; insistem que é um "fato provado". Ela é ou parece ser um "fato provado" apenas para aqueles que evitam a reflexão acerca de tais questões, como a incerteza em relação a todas as inferências, a demonstração de Godel do regresso infinito, que pode entrar em um argumento importante a qualquer momento, e o argumento Pragmático de Copenhague, afirmando que nenhuma teoria pode ser provada verdadeira e, na melhor das hipóteses, pode ser útil por um determinado período de tempo.

O materialismo liberal sabe disso. Justificam-se considerando a "matéria" como o elemento original e a "mente" como um subproduto no princípio de William de Occam, mais simples que as alternativas. Há muito a ser dito a respeito dessa posição, usada por mim como uma *hipótese em funcionamento* na maior parte do tempo, mas ela não encerra a questão de forma definitiva. Como temos visto, não há mais qualquer consenso na física acerca de qual modelo é mais "simples" que os outros, e isso soa como um julgamento não-científico, quase que estético. O modelo EWG (Everett, Wheeler e Graham — universo múltiplo) seria "mais simples" que a Interpretação de Copenhague? Ou seja, seria mais econômico tomar as equações de forma superficial e aceitar aproximadamente $10^{100}$ universos alternativos, ou ignorar o significado claro das equações e apenas considerá-las como ferramentas que, coincidentemente, combinam com nossos resultados de laboratórios?

O espaço euclidiano seria mais simples que o espaço da relatividade de Reimann?

O espaço sinérgico de Fuller seria mais simples que o espaço n-dimencional de Hilbert?

A instabilidade energética de Persinger-Lafreniere seria mais simples ou mais complexa que os redemoinhos seletivos ou uma infinita seqüência de farsas com um propósito específico?

Isso parece depender, em parte, do senso intuitivo de "simplicidade", que varia de pessoa para pessoa. Também parece depender do contexto ou campo no qual um indivíduo está trabalhando.

A segunda teoria (a "mente" como elemento primordial) é a teoria da ciência cristã e dos filósofos idealistas.

Uma grande crítica referente à primeira e à segunda teorias afirma que nenhum experimento jamais as confirmou de forma precisa, e que é provável que nenhum experimento *possa* confirmá-las. Isso significa que, conforme é freqüentemente afirmado, essas teorias são tão "filosóficas" ou tão abstratas, que carecem de *clareza* para serem provadas ou refutadas experimentalmente. Referem-se a uma "realidade" supostamente localizada fora da área que pode ser discutida em contextos experimentais (os materialistas geralmente levantam essa questão apenas para criticar os idealistas, mas ela se refere a ambos, razão pela qual os defensores da Interpretação de Copenhague desistiram de falar a respeito desse tipo de "realidade").

Para ser meticuloso acerca dessa questão, nenhum experimento ou série de experimentos permite-nos fazer afirmações absolutas referentes à "mente" ou à "matéria". Os experimentos apenas nos permitem dizer, *em um dado momento*, que um tipo de modelo parece ser mais útil que outro. Ir além disso e *acreditar* em um modelo ainda constitui um ato de fé; os cientistas cristãos reconhecem seu próprio ato de fé, mas os materialistas fundamentalistas não.

A terceira teoria (o paralelismo entre "mente" e "matéria") foi inventada por Descartes, e eu não encontrei nenhum pensador atual que a considere de forma séria. Ela é extremamente incômoda e assistemática, e há uma contínua suspeita de que Descartes a inventou apenas para aplicar alguns princípios mecânicos à análise de comportamento sem dizer explicitamente nada que ofendesse à antiga Inquisição.

A quarta teoria ("mente" e "matéria" como metáforas) é aquela que me parece mais lógica e ninguém se surpreenderá com isso. Para parafrasear Hume, nunca observei "minha mente", muito menos "a mente" ou "mente" em geral. Tudo o que pude observar ou experienciar é um estado mental$_1$, estado mental$_2$ e estado mental$_3$. E jamais observamos a "matéria", mas apenas sentimos dado$_1$, dado$_2$ e assim por diante (historicamente, conforme observado anteriormente, quantificação$_1$, quantificação$_2$, conduziram ao conceito de "o que é quantificado", o que parece ser o significado de "matéria" etimologicamente. A natureza metafórica dessa noção pode ser percebida quando nos lembramos de como Platão extraiu a noção Eterna Gaiola de gaiola$_1$, gaiola$_2$ e assim por diante).

Algumas metáforas parecem ser mais úteis que outras; e a "mente" e a "matéria" parecem ter sido úteis por muito tempo, e ainda parecem ser para muitos.

No entanto, assim como a antiga metáfora do "espaço" e do "tempo" tornou-se inútil depois de Einstein e teve de abrir caminho para a metáfora "tempo-espaço", há muitos sinais no horizonte indicando que a "mente" e a "matéria" poderão ter de abrir caminho para algo novo.

Metáforas psicossomáticas parecem cada vez mais úteis para os médicos, psiquiatras e cientistas sociais. Há muitas evidências de que os pensamentos e sentimentos dos indivíduos podem torná-los doentes e que pensar e sentir em diferentes modalidades pode curá-los. Isso é "explicado" invocando uma vaga "unidade psicossomática" ou, progressivamente, admitindo diretamente que os antigos modelos da "mente" e da "matéria" não podem explicar os dados, exigindo, assim, um novo modelo holístico, no qual a "mente" e a "matéria" estarão integradas da mesma forma harmoniosa por meio da qual Einstein integrou o "tempo e o "espaço" em "tempo-espaço". Cientistas comportamentais notam também que parece haver uma grande utilidade (valor pragmático) em modelos que consideram *minha* "mente" e *sua* "mente" como um aspecto do campo social e não como entidades isoladas obstruídas, do tipo aristotélico. Cada versão da Interpretação de Copenhague diz, explicitamente, ou sugere que a "realidade experimental" é uma sinergia *incluindo o experimentador* e não a antiga "realidade" filosófica "externa" e "distanciada" de nós. Uma escola de psicólogos observa que, assim como a "mente" influencia o "corpo" nos efeitos psicossomáticos, o "corpo" também afeta a "mente" em muitos casos nos quais, por exemplo, a tensão crônica dos músculos produz *estados mentais* habitualmente negativos de preocupação ou raiva, e o relaxamento dos músculos acalma a tensão "mental". Outra escola de psicólogos observa que não há nenhum indivíduo "neurótico" ou "psicótico" que não parece fazer parte de um campo social de ansiedades ou evasões habituais. Assim, a "mente" confunde-se com a "matéria" em alguns modelos, a "matéria" com a "mente", em outros; e esta torna-se algo que não pode ser adequadamente modelado sem incluir o campo social na qual este algo se encontra. E a propósito, que tipo de coisa ("mental" ou "material") é um *campo social*?

Se a "mente" e a "matéria" são metáforas que estão perdendo sua utilidade, se precisamos de um novo modelo sinérgico ou holístico...

Um elefante em Bay Ridge, Brooklin; um centauro em Saint Louis; um veado-lobo, um cavalo-lobo e uma cabra de duas cabeças; peixes e sapos vindos de lugar nenhum; posso até sentir: a heresia está brotando, não posso me segurar, acho que precisarei realmente falar...

Ou talvez devêssemos nos acalmar gradualmente.

Não queremos que os senhores da CSICOP, que estão lendo pelo menos parte deste livro antes de redigir críticas previsíveis, sofram uma apoplexia.

Os "milagres", "alucinações" ou aparições em Fátima, em 1919: coleto meus detalhes do *The Invisible College*, de Jacques Vallee, Dutton, Nova Iorque, 1973:

A primeira "alucinação" foi vista por três camponesas, em maio de 1919. A segunda, por mais 15 testemunhas. A terceira, por 4.500 mil testemunhas. A quarta atingiu 18 mil pessoas. A quinta e última, em outubro de 1919, foi testemunhada ou alucinada por 30 mil pessoas e uma estimativa de 70 mil indivíduos que viram alguns dos efeitos por centenas de quilômetros nas proximidades do local.

Novamente, "alucinação coletiva". Alguns se questionarão a respeito do mecanismo pelo qual as "alucinações" se propagam e até mesmo se perguntarão se essa propagação é menos "oculta" do que a suposta propagação da percepção extra-sensorial. Alguns que são verdadeiramente insanos chegarão a especular que, provavelmente, muito menos que cem mil pessoas viram "George Washington", e se perguntarão se deveríamos considerar seriamente que os colonos precisavam de um homem como George, *queriam-no, sonhavam* com ele e, assim, finalmente, manifestaram a "alucinação coletiva" do próprio George.

Entre as alucinações coletivas em Fátima, houve algumas explosões, sopros de fumaça, ruídos inexplicáveis no céu, *flashes* coloridos de luz nas nuvens e, finalmente, um "óvni" gigantesco "mais brilhante que o Sol" foi visto pelas cem mil pessoas, mencionadas anteriormente, naquela parte de Portugal.

Penso na flutuação eletromagnética de Persinger-Lafreniere, nas instabilidades energéticas e, obviamente, nas ondas cerebrais alteradas.

Penso também nas cem mil "mentes" ou nos cem mil *aspectos de um campo social* inflamados pelos ensinamentos católicos (isso aconteceu em Portugal), pela arte católica, pelo túnel de realidade católico que é tão existencialmente "real" quanto a experiência de Beethoven é para o túnel de realidade Musical Ocidental.

E penso que pode ser aristotélico e antiquado pensar nessas "mentes" de maneira isolada dos campos de energia, assim como é pensar nelas de maneira isolada dos campos sociais.

*Phenomena*, Michell e Rickard, *op.cit.*, páginas 124-125:

O "puma de Surrey" foi visto pela primeira vez em 4 de setembro de 1964, em Munstead, Surrey, Inglaterra. Ele tem aparecido regularmente, desde então, para centenas de testemunhas ou indivíduos que têm propensão a alucinações. Pegadas encontradas pela polícia foram identificadas como pegadas de puma, e não como pegadas de um grande cão que poderia ter sido confundido com um puma. Uma foto do animal foi tirada e apareceu na revista *People*, de Londres, em 14 de agosto de 1966. Os curiosos podem consultá-la na *Phenomena*, página 125; parece um gato bem grande, e há uma casa atrás do animal para dar-lhe uma noção de escala. Em janeiro de 1965, a polícia estava tão convencida de que eles estavam lidando com um puma verdadeiro que um alerta foi dado para que as pessoas ficassem longe das áreas florestadas de Surrey. Caçadores, fazendeiros, repórteres e policiais: todos eles compartilharam dessa alucinação.

Embora nenhum puma tenha sido dado como desaparecido nos zoológicos da Inglaterra, podemos considerar esse caso como não-alucinatório, se supusermos que alguma personalidade excêntrica tinha um puma como animal de estimação que fugiu. Tal indivíduo deveria manter sua boca fechada para evitar perseguição devido aos prejuízos que um gato tão grande pode causar.

Claro. Faz sentido.

Infelizmente, o puma de Surrey não causou nenhum estrago. Ele não atacou nenhum boi nem pessoas. Nem mesmo beliscou nenhum bicho de estimação, de acordo com Michell e Rickard.

De acordo com o programa de televisão da BBC "O Mundo de Amanhã", apresentado no dia 21 de maio de 1986, há três casos possíveis de animais que podem ter sido mortos no lugar do puma de Surrey. Contudo, todos os três são ambíguos. Alguns residentes de Surrey sugeriram no programa que um cão poderia ter sido responsável por tais mortes.

Pumas de verdade comem cerca de, aproximadamente, 140 quilos de carne por dia. Pumas são predadores. Atacam e matam bois e outros animais para sobreviver.

O puma de Surrey comeu, na melhor das hipóteses, dois veados e uma ovelha, em 22 anos.
Então, logicamente, não há pumas em Surrey ou há um puma muito particular. As testemunhas, como os pobres católicos doidos em Fátima, devem ter alucinado no fim das contas.
As pegadas encontradas pela polícia? Algum espírito perverso pode ter feito isso. A foto? Outra farsa; as pessoas estão sempre falsificando fotos. Algum dia você acordará com um estranho e incontrolável desejo de se dedicar à falsificação de fotos; isso pode acontecer com qualquer um, se acreditarmos na fortaleza. Marcas de garras foram encontradas em uma cerca e identificadas pela Sociedade Protetora dos Animais como garras pertencentes aos felinos pesando mais de 45 quilos. Mas esse deve ter sido o trabalho de outro pervertido que está malignamente determinado a desacreditar a fé.
A menos que, em um *continuum* "mente-matéria" — ou em um *continuum* no qual a "mente" e a "matéria", por vezes, agem separadamente, e por vezes, agem sinergicamente algumas coisas que compreendemos são mais "mentais" que "materiais" e mais "materiais" que "mentais".
*Times*, Londres, 20 de outubro de 1879: severa seca na Espanha durante todo o verão. Preces públicas foram oferecidas. E choveu.
Algum devoto do antigo ídolo deve ter pensado nos primeiros minutos: "Os materialistas estão refutados."
E não parava mais de chover.
Cinco vilas foram destruídas e 1.500 pessoas morreram.
Não: apesar do cinismo de Charles Fort, não me importo em atribuir esses aparecimentos a um "Deus" particularmente enganador, especialmente uma aparência que matou 1.500 pessoas. Mas penso, de forma herege e "perigosa", nos efeitos não-locais, no "talvez" entre o "sim" e o "não" da Lógica Quântica, em "objetos" "sólidos" que são sobreposições de ondas, de acordo com um modelo quântico. Penso também em "mentes" que são sobreposições de ondas. No caso de as "mentes" serem transações envolvendo cérebros, e os cérebros serem feitos de células, que são feitas de átomos, que são feitos de elétrons, que são sobreposições de ondas.
*Evening Post*, Wellington, Austrália, 21 de março de 1913: outra seca e pedidos públicos por chuva.
"A maior catástrofe da história da colônia" — diz o jornal, descrevendo a enchente subseqüente.

Se "Deus" não está louco, como afirmou Fort, então talvez "Deus" seja, como disse certa vez Buckminster, não um substantivo, mas sim um *verbo*. Ou seja, "Deus" é o que os religiosos *fazem*, da mesma forma que, em alguns modelos, um elétron é uma *operação* realizada por físicos: "Deus" como o *ato* de orar, a energia elevada.

*Homeward Mail*, China, 4 de junho de 1913: outra seca, e mais preces, dessa vez para os deuses chineses. Trovões e...

Dezesseis pessoas mortas nas enchentes. Cantão passou um mês cavando e reconstruindo.

Bem, alguns podem estar aliviados em saber que esse não é apenas o "Deus" cristão que algumas vezes falha.

*Times of India*, 16 de setembro de 1905: outra seca e preces para os "deuses" hindus, que também estavam em horário de almoço.

Um terremoto aconteceu e esmagou a cidade de Lahore.

Podemos todos nos alegrar porque as "coincidências" mundiais existem. Caso contrário, os materialistas fundamentalistas achariam essa história tão confusa e assustadora quanto os religiosos fundamentalistas acham.

Boa e velha "coincidência". Depois de pensarmos nisso, poderemos eliminar a confusão e o medo e esquecer essas histórias. Mencione a palavra "coincidência" mais algumas vezes e você poderá esquecer a maior parte do lado perturbador de nossas histórias. Continue pensando em "coincidência" e você sentirá uma agradável sensação de *calma*, como Nietzsche diria.

A menos que você pare para se questionar a respeito do que "coincidência" significa. Penso que significa que dois incidentes são associados. Co-incidência: coordenação de incidentes. Então, para explicar dois incidentes associados (preces pela chuva seguidas pela chuva) dizendo que isso é uma "coincidência" significa dizer que os dois incidentes estavam associados porque os dois incidentes estavam associados. Isso pode ser bastante tranqüilizante, mas não é analítico.

*Sunday Express*, Londres, 23 de agosto de 1981: o Sr. G. L. Tomlinson de Kent estava jogando golfe quando uma bola pousou perto de uma *raposa vermelha* que a pegou e fugiu com ela.

Nada estranho nisso.

A bola de golfe havia sido fabricada por R. Fox[*] e Filhos e tinha uma *raposa vermelha* como seu logotipo.

Ah, essa é outra "coincidência".

---

[*]N. do E.: A palavra inglesa *Fox* significa raposa em português.

E, olhando para esse fato, noto a data: "23 de agosto". Este é o aniversário de minha filha mais velha.

É pura superstição pensar *tudo isso* acerca de tal fato. Todos os peritos nos afirmam a mesma coisa. Então, naturalmente, esse é um dos efeitos da ortodoxia militante, como todos os inquisidores, antigos e novos, nunca perceberam: alguns de nós, de maneira perversa, insistiremos em pensar dessa forma.

*Science Digest*, setembro de 1982, página 88: a menor unidade cientificamente reconhecida é $10^{-23}$ segundos.

Novamente o número 23. E dessa vez ele conseguiu entrar na revista *Science Digest*.

O contexto, para aqueles confusos o suficiente para continuarem neste ponto, é ainda mais interessante. *Science Digest, op. cit.*, página 88: "O Delta-1232, por exemplo, criado quando um fóton e um pi-méson\* colidem, existe somente por $0{,}66 \times 10^{-23}$ segundos. É somente uma coincidência que a vida de tais partículas sejam quase sempre próximas aos múltiplos do crono?" (Crono = $10^{-23}$ segundos).

É somente uma coincidência o fato de eles se questionarem se isso é apenas uma coincidência no momento em que estou perguntando a mesma coisa?

Esse é o tipo de questão que fez com que Jung pensasse a respeito da *sincronicidade* (ressonância universal), que é parecida com o campo morfogenético de Sheldrake e, coincidentemente, com o efeito não-local na mecânica quântica.

Tenho colecionado as aparições misteriosas de números 23 por diversos anos não com o intuito de irritar os fundamentalistas, mas para *me irritar*, pois essa é a forma pela qual sou obrigado a pensar ou, pelo menos, tenho reações neurológicas que por vezes são totalmente mecânicas e previsíveis.

Em 1981, eu estava escrevendo um artigo para a *Science Digest* e estava procurando por uma citação do Dr. Schrodinger. Pensei que estaria em sua obra *What is Life?*, mas acabei descobrindo que eu não tinha mais uma cópia desse livro. Telefonei para um físico que conheço na certeza de que ele teria sua própria cópia, Saul Paul Sirag. Mencionei, de cabeça, a frase que eu queria e pedi que procurasse e transmitisse-me as palavras exatas.

---

\*N. do T.: Méson — na física, um tipo de partícula.

Saul Paul, que sabe da minha coleção dos números 23, estava animado quando retornou minha ligação: "Você vai adorar essa. A citação que você procura é a primeira frase do capítulo 23."

Realmente é. Ela diz: "A mente simplesmente não existe no plural", noção que constitui o âmago da heresia que temos circundado neste livro. Ela introduz o argumento de Schrodinger para o monismo da mente-matéria ou sinergia.

Quando meu artigo (sem mencionar essa "sincronicidade") foi publicado na *Science Digest*, os editores prudentemente publicaram uma refutação de outra pessoa usando o pseudônimo de "Dr. Cripton". Quem quer que seja, disse-me que eu estava: "submetendo-me a deuses inescrutáveis". Ele disse que coincidência é somente coincidência e "provou", para sua própria satisfação, que isso era somente coincidência. Sua demonstração envolveu 23 pessoas em uma festa, das quais duas tinham a mesma data de aniversário — 17/05, no modo europeu, e 05/17, no modo americano — ou simplesmente dia 17 de maio.

Um de meus romances imortais, *The Eye in the Pyramid*, contém uma série de coincidências 5/23 e uma série de coincidências 17/23. Agora meu inimigo, proferindo juramentos ferozes e se contorcendo com horror, havia acabado de me entregar uma bela coincidência 5/17/23.

Por um momento, quase acreditei em minhas próprias teorias, apesar do meu agnosticismo crônico.

Consulte qualquer texto de genética: na concepção, o pai e a mãe contribuem com 23 cromossomos cada um.

Coincidência.

O livro *Geometria*, de Euclides, começa com 23 definições.

Coincidência.

*Daily Mail*, Londres, 26 de março de 1919: história contada por soldados que voltaram da Primeira Guerra Mundial. Toda vez que sua bateria recebia um livro de H. Rader Haggard, eles recebiam uma mensagem de S.O.S.. Eventualmente, tornaram-se tão convencidos de que aquela "coincidência" estava se repetindo, que resolveram pedir que nenhum livro de Haggard fosse enviado. O número de mensagens S.O.S. decaiu.

Arthur Koestler, Aleister Hardy e Robert Harvie, *The Challenge of Chance*. Hardy, um biólogo, e Harvie, um psicólogo, realizaram um dos maiores testes acerca da chamada percepção extra-sensorial de que se tem notícia. A pontuação foi muito melhor que o simples acaso, o que freqüentemente acontece e significa que *algo* está sendo quantificado, de acordo com os testadores, ou que os testadores são incompetentes, de acordo com os fundamentalistas. Mas dessa vez, antes que os fundamentalistas pudessem criticar os dados, Harvie e Hardy embaralharam os cartões de resposta aleatoriamente, para verificar se os resultados muito superiores ao acaso poderiam ser obtidos "por acidente" (aleatoriamente). Encontraram correlações tão superiores ao simples acaso que ficaram surpresos, assim como Koestler, o filósofo, quando soube dos dados.

Todos os três interpretaram esse resultado como um evento prejudicial às pesquisas anteriores a respeito da "percepção extra-sensorial", da mesma forma que eu as considero. Porém, eles argumentaram que esse experimento também causa dúvidas em relação às idéias tradicionais da *causalidade*. Sugeriram que alguma espécie de princípio "formativo" ou "organizador" está presente em tais aspectos de ordem que provêm do caos (aleatoriedade).

Em suma, estão sugerindo algo similar à sincronicidade de Jung, e/ou a ressonância mórfica de Sheldrake, e/ou a conectividade não-local de Bell.

Recentemente, (*ReVision, op.cit.*), o Dr. David Bohm sugeriu que a conectividade não-local possui aspectos similares aos aspectos da mente. Presumo que ele está seguindo a tendência comum entre os físicos desde a relatividade, para falar de "separações de espaço" e "separações de tempo", em lugar de supor o antigo conceito aristotélico "separações *no* tempo" e "separações *no* espaço". Em uma conversa recente, perguntei ao Dr. Bohm se ele considerava que a "matéria" poderia ser útil para completar a "mente", e ele concordou que isso pode realmente ser útil.

Assim, se pensarmos em conexões não-locais unitárias, monísticas ou sinérgicas, e se pensarmos que elas não agem *no* "espaço" e *no* "tempo" e *na* "mente" e *na* "matéria", mas, em lugar disso, apresentam aspectos que podem ser chamados "similares ao espaço", "similares à mente" e "similares à matéria"?

*Daily Dispatch*, Londres, 18 de outubro de 1946: números da *Scotland Yard*[*] revelam que, dia após dia, ano após ano, o número

---

[*]N. do T.: Scotland Yard — quartel-general da Polícia Metropolitana de Londres, localizado no município de Westminster.

de desaparecimentos misteriosos continua, aproximadamente, o mesmo: a média é de 23 por dia.
Novamente o número 23.

Informação contida em uma carta de Robert Rickard, co-autor da *Phenomena* e co-editor da *Fortean Times*: William Blake, o primeiro grande crítico do materialismo fundamental, viveu na Rua Hercules, número 23, em Lambert; a mortalha de Turim, que supostamente contém a imagem de Jesus, é mantida em uma câmara com uma temperatura constante de 23° centígrados.

Note quando a história do gato vivo-e-morto de Schrodinger foi impressa pela primeira vez. Folheie as páginas deste texto infame de maneira aleatória e observe quantos outros números 23 aparecem em nossos dados ou em nossas histórias, se assim preferir.

É seguro esperar, baseado na experiência passada, que você notará alguns 23 nos dias que se seguirem. Tal é o contágio desse fenômeno ou, como os fundamentalistas dizem, tal é o poder de sugestão e a habilidade sinistra das forças da irracionalidade para nos seduzirem.

*Daily Star*, Londres, 19 de março de 1982: Ann Hill, 39 anos, havia colocado uma mensagem em uma garrafa e a jogou ao mar no ano de 1959, esperando que ela voltasse. Em 1982, a garrafa voltou para o mesmo lugar em Winterton, Norfolk, e foi devolvida por um pescador.

A garrafa flutuou por 23 anos.

"Coincidência, coincidência, coincidência": uma palavra adorável. Se você a repetir, ela funcionará exatamente como um mantra hindu: ela acalmará ansiedades e eliminará dúvidas; o relaxará e o tranquilizará até que, finalmente, ela cessará por completo seus pensamentos.

Em uma viagem recente, após uma palestra em Saint Louis, fui parado por um fã que me disse ter entendido como funciona a "coincidência do 23", a razão pela qual alguns dos leitores de meus livros encontram dramáticos 23 durante a leitura.

"É uma relação neurológica" — ele disse. "Você estabelece a expectativa e nós *notamos* os 23 mais do que outros números comuns."

Eu o parabenizei por sua percepção. Na verdade, essa é uma de minhas maiores mensagens em tudo o que escrevo. Nossas realidades êmicas são programadas por nossas expectativas. *Você* é o "mestre que faz a grama verde".

Então, esse indivíduo convidou-me para jantar com ele e sua esposa. Eu não estava com vontade de jantar propriamente dizendo; depois de uma palestra, gosto de comer besteiras e tomar cerveja. Fomos para uma pizzaria, daquele tipo em que você pega um número e eles o chamam quando sua pizza está pronta.

Nosso número, naturalmente, era o 23.

"Como você faz isso" — perguntou meu amigo, confuso novamente.

E Picasso perguntou: "Meu Deus, ela é realmente tão pequena assim?".

Mais recentemente, eu estava apresentando um seminário em Amsterdã e aproveitei a oportunidade para visitar o Museu Van Gogh. Passando por todas as telas "psicodélicas" impressionantes, maravilhei-me com o incrível labirinto de realidade que o pintor nos oferece: suas visões múltiplas, sua poesia, seus atos criativos de *ver*. Percebi novamente que, assim como Van Gogh "é" genial especialmente porque *não* copia os túneis de realidade de Rembrandt, e Picasso "é" genial porque *não* copiou Van Gogh, e Mondrian "é" genial porque *não* copiou Picasso, toda a "grandiosidade" na arte é uma nova sinergia, uma transação entre o "observador" e o "observado".

Repentinamente lembrei-me de que Adolph Hitler disse certa vez os que "todos que pintam o céu de verde deveriam ser esterilizados".

Pensei ter entendido o homem certo mais profundamente. O homem certo permanece em um túnel de realidade porque vagar pelo labirinto de realidade das mentes criativas o aterroriza.

Mas devemos continuar a vagar nesse labirinto por algum tempo.

O Dr. Evan Harris Walker e o Dr. Nick Herbert, na antologia *Future Science*, editada pelo Dr. Stanley Krippner e John White, Doubleday, Nova Iorque, 1976, propõem uma variação da teoria do Dr. David Bohm a respeito da ordem implicada, da ordem delimitada do "espaço", "tempo" e "matéria". Por vezes, Bohm denominou a ordem implicada como uma "variável oculta" que programa a ordem desenvolvida. Os Drs. Herbert e Walker propõem uma teoria da "variável oculta" a qual os parapsicólogos têm até agora chamado vagamente de "psicocinese".

Discuti esse modelo com o Dr. Herbert (ainda não conheci o Dr. Walker) e acho que entendi o que ele sugere. Contudo, a melhor maneira de apresentar o assunto parece ser por intermédio de uma digressão sobre outros dois amigos e sobre o Dr. Carl Sagan e os materialistas fundamentalistas.

Os dois amigos mencionados são Saul Paul Sirag, físico, e o Dr. Paul Segall, biólogo. Eles têm mantido uma discussão amigável por mais de 20 anos, questionando-se se os físicos ou se os biólogos são mais importantes para a ciência. O voto de Sirag, o físico, vai para os físicos, e Segall, o biólogo, vota na biologia. A essência do argumento é mais ou menos essa:

O cérebro, de acordo com o Dr. Segall, produz todas as nossas idéias, incluindo nossos melhores modelos científicos. Quando entendemos o cérebro *completamente*, também entendemos como as idéias, incluindo os modelos científicos, são produzidas, entendemos até mesmo como produzir tais modelos de forma mais eficiente e criativa. A Biologia é a ciência mais provável para alcançar esse feito; *portanto*, a biologia é a ciência mais importante.

Sirag argumenta que o cérebro, que realiza essas coisas maravilhosas, é constituído por células, que são constituídas por moléculas, que são constituídas por átomos, que são constituídos por aquelas coisas fascinantes ("partículas" e/ou "ondas"), que são estudadas na mecânica quântica. *Conseqüentemente*, para entender o cérebro de forma *completa*, devemos primeiramente entender a física quântica e, assim, a física é a ciência mais importante, até mesmo para um biólogo.

Segall responde que as "ondas" e "partículas" ainda são modelos gerados pelo cérebro e, então, devemos entender o cérebro como uma entidade antes que possamos entender seus modelos...

E essa discussão, como a Prova de Godel, desaparece em um regresso infinito.

A posição materialista fundamentalista foi reafirmada de forma elegante e popular pelo Dr. Carl Sagan, do CSICOP, em sua famosa obra *Dragons of Eden*. O argumento evita o regresso infinito *supondo* que o cérebro pode ser entendido inteiramente em termos de química molecular. *Se* concordarmos com sua suposição, então a "mente" é um epifenômeno da "matéria" (as moléculas) e o materialismo fundamentalista é a filosofia legítima para um cientista.

Naturalmente, a heresia (ou *uma* das heresias) do presente livro está baseada no fato de que o materialismo fundamentalista "faz parte" da época anterior a Einstein e ao *quantum*, no sentido de que os técnicos em Houston "estão" temporariamente recorrendo, no mesmo conceito anterior, às noções de Copérnico sempre que mencionam a expressão "lá em cima". Entretanto, o lapso dos homens de Houston é apenas temporário e (apesar dos avisos de Fuller) permanecem na época posterior à noção de Copérnico durante a maior parte do tempo (embora eu me questione a respeito de Challenger...). O materialismo fundamentalista, por outro lado, não parece, do nosso ponto de vista, um lapso temporário, mas um destempero neurossemântico crônico. De uma perspectiva pós-Einstein e pós-*quantum*, as "moléculas" aparecem como modelos que são capazes de serem *entendidos* dentro dos maiores modelos da biofísica, incluindo a mecânica quântica (na medida em que eles "são" modelos científicos mais úteis que os "fantasmas", ou "forças psicocinéticas" ou grandes versos de poesia). Ou seja, *deveríamos considerar que eles* contêm átomos, elétrons, *quarks* e as outras entidades da mecânica quântica.

E tais "moléculas" não explicam a consciência *de forma completa*, visto que elas mesmas precisam ser explicadas por suas subunidades nos níveis atômico e subatômico.

Quando chegamos ao nível subatômico ou *quantum*, encontramos o "modelo agnóstico" que tenho apresentado. Não temos um único modelo, temos vários, e também temos uma noção popular de que ter mais de um modelo pode não constituir uma falta ou um defeito. Em vez disso, essa noção pode constituir um procedimento útil na "liberação de energias criativas". Chegamos, pelo menos temporariamente e, *talvez*, permanentemente, a um multimodelo de agnosticismo no lugar do modelo único do fundamentalismo.

E, se considerarmos os vários modelos quânticos, descobriremos que a proposição materialista, a afirmação "a consciência resume-se às moléculas", agora nos parece não apenas aristotélica e pré-Einstein, mas definitivamente incompleta. A consciência agora se "resume" àquelas coisas ("ondas" e/ou "partículas") que são:

- modelos criados por nós para algo tão básico, que não podemos descrever significativamente (Interpretação de Copenhague);

e/ou

- aspectos do "estado vetor" que, matematicamente, produzem todo o resultado possível, de forma que qualquer manifestação como "matéria" ou "mente" aqui está equilibrada pelas manifestações opostas em universos paralelos (o modelo EWG);

e/ou

- aspectos compreendidos de maneira local de um todo conectado de forma não-local que não se encaixam em modelos aristotélicos e/ou muitos precisam ser descritos em metáforas similares para aqueles do monismo oriental (várias interpretações do Teorema de Bell);

e/ou

- sendo criado, juntamente com seu próprio "passado" por nossos atos de quantificação (modelo de Wheeler);

e/ou

- a interpretação local revelada de uma ordem não-local implicada (modelo de Bohm).

Em qualquer um desses casos, a "consciência" parece "reduzir" algo que não é descritível ou pertencente aos modelos materialistas fundamentalistas.

Para citar os Drs. Walker e Herbert:

A teoria da variável oculta afirma que:
1) há um nível subquântico abaixo da estrutura observacional/teórica da mecânica quântica comum;
2) os eventos que ocorrem no nível subquântico são os elementos do ser consciente.

Em outras palavras, *nesse modelo*, a consciência "é" a função da ordem implicada subquântica de Bohm, funcionando de forma não-local.

A consciência, *nesse modelo*, não está *"em"* nossas cabeças. Nossos cérebros são meramente receptores locais; a consciência *"é" um aspecto do campo não-local*. O "ego" é, então, o aspecto da compreensão do campo não-local não-compreensivo. Isso soa como a noção de Schrodinger, afirmando que, se você somar todas as "mentes", o resultado será um. Também soa como o campo morfogenético de Sheldrake, o "princípio formativo" de Harvie-Hardy-Koestler. Talvez isso também represente a necessidade de estudar uma parte dos nossos dados de forma séria ou, pelo menos, considerando que, além de farsantes e mentirosos, o mundo contém alguns observadores que são mais ou menos precisos em suas observações ou que mesmo o pior de nós pode notar, ocasionalmente, o que está acontecendo nossa volta e relatar a experiência por meios nem sempre tão confusos quanto os sonhos ou pesadelos.

*Se* esse modelo tem qualquer valia, *se* ele é sensato para descrever a "consciência" como um "programa" não-local em vez de um "computador", então é admissível perguntar *até que ponto* um receptor local, ou "ego", pode compreender ou influenciar o campo não-local. Walker e Herbert fazem esse questionamento e deduzem um conjunto de *predições* como resposta.

Eles afirmam que as predições são confirmadas pelos experimentos "paranormais" que têm sido realizados durante muito tempo, em uma série de experiências acerca da "psicocinese" realizadas por Hakoon Forwald, um engenheiro eletrônico aposentado, entre os anos de 1949 e 1970. Os estudos de Forwald alcançaram melhores resultados do que o esperado (os fundamentalistas "sabem" que eles estavam trapaceando, obviamente, mas aqueles de nós que não "sabem" podem continuar pensando), de acordo com as predições de Walker e Herbert, baseados no modelo de como a ordem implicada de Bohm deve funcionar.

Em palavras mais simples, os resultados são "como se" qualquer mente local "fosse" um aspecto de uma "mente" não-local, da mesma forma que uma "personalidade" é um aspecto de um ambiente na sociologia.

Herbert e Walker concluem:

... descobrimos que nosso consciente controla os eventos físicos por intermédio das leis da mecânica quântica.

Esse é apenas um modelo; não é *o* modelo. No entanto, apesar das noções Fundamentalistas, não é ilegal nem imoral pensar a respeito dele.

Para aqueles que desejam pensar nos detalhes específicos, como, por exemplo, criar um grande experimento, mais detalhes técnicos desse modelo e dos experimentos de Forwald podem ser encontrado no texto do Dr. Walker, "The Complete Quantum Anthropologist" ("O Antropólogo Quântico") contido em *Proceedings of the American Anthropological Association*, Cidade do México, 1974.

Alguns leitores podem ficar surpresos quando eu repito que este livro não pretende ser uma refutação do materialismo propriamente dito. Em vez disso, estou convencido de que é impossível refutar o materialismo, o idealismo, o mentalismo, o teísmo, o panteísmo ou qualquer uma das constâncias da filosofia. Todos esses túneis de realidade ou modelos têm sido defendidos em todas as épocas, e ainda contam com defensores e, certamente, isso continuará a acontecer, porque nenhum deles pode ser provado ou desacreditado. Minha objeção ao materialismo fundamentalista (e ao Idealismo Fundamentalista, e ao teísmo fundamentalista, e ao panteísmo fundamentalista) é que o fundamentalismo *cessa o pensamento e a percepção*, ao passo que o modelo agnóstico nos encoraja a pensar e a olhar mais profundamente.

É tradicional (e até mesmo previsível) citar William Blake em toda polêmica contra o materialismo fundamentalista. É até mesmo tradicional ou previsível citar as seguintes linhas da poesia de Blake:

> Agora quatro vezes mais vejo,
> E uma visão quatro vezes maior me é concedida;
> E esta visão é meu deleite supremo
> E uma visão triplicada na noite calma de Beulah
> E uma visão dupla sempre. Que Deus me guarde
> Da visão única e do sono de Newton!

Não digo que entendo a visões de Blake mais do que qualquer outro crítico, mas acredito que, possivelmente, ele concorda pelo menos parcialmente com a abordagem de modelos múltiplos. Ele até pode estar dizendo, em nosso jargão relacionado a esse assunto, que ele geralmente possui quatro modelos, e um mínimo de dois, sempre, e que um único modelo parece um tipo de transe hipnótico. Naturalmente, essa é uma noção bastante complicada para os indivíduos que adotam um modelo (os teístas de modelo). É especialmente intricado para os aristotélicos, para quem "um modelo é verdadeiro ou falso", e uma vez que você encontra "o modelo correto", todos os outros são falsos *por definição*. Talvez devêssemos nos lembrar que o tipo de modelo teísta sustenta a *intolerância* que perpetua a maior parte da violência e das guerras neste planeta retrógrado e cria a personalidade violenta do homem certo.

Um exemplo, novamente da mecânica quântica, da visão dupla mínima que Blake talvez estivesse tentando descrever:

Os famosos experimentos dos dois buracos, também chamados de experimentos das duas fendas.

Nesse ponto, sigo Gribbin, *In Search of the Schrodinger's Cat*, *op. cit.*, páginas 164-170. Pegue uma tela com dois buracos separados por uma distância, e coloque-a em frente a uma parede com outra tela que registrará padrões de luz. Então, em frente à primeira tela, projete uma luz em direção aos dois buracos. Esse experimento foi realizado muitas vezes, começando a partir do o século XIX. Os padrões na segunda tela (padrões feitos pela luz depois de passar pelos dois buracos) serão consistentes com os modelos de onda da luz, ou seja, resultará no que seria esperado se duas ondas saíssem dos dois buracos e apresentassem um *padrão de interferência* ao atingir a segunda tela. Também serão consistentes com as equações matemáticas para tais interferências de ondas. De acordo com os experimentos dessa natureza, tanto a visão como a análise matemática indicam que a luz "realmente é feita" de ondas e que cada buraco tem suas ondas separadas passando através dele. O mesmo efeito pode ser observado perto de uma praia, quando as ondas de água passam por uma barreira com dois buracos.

Por outro lado, se você abrir apenas um buraco e mantiver o outro fechado (esse experimento também foi realizado diversas vezes), os resultados são consistentes com o modelo das partículas. O padrão na segunda tela é agora, matematicamente, consistente com o que ele deveria ser se a luz não fosse constituída por ondas, mas sim por partículas (pequenos pontinhos, por assim dizer).

Se você abrir dois buracos, o resultado total ainda será consistente com o modelo das partículas. Ou seja, a soma do suposto número das partículas que deveriam passar através de cada buraco para criar o padrão observado fornece o resultado que seria esperado se as partículas "realmente fossem" partículas e se se comportassem como pontos separados se comportariam. Não há *padrão de interferência* conforme encontramos no experimento dos dois buracos. Contudo, se abrirmos os dois buracos novamente (o experimento dos dois buracos repetido), o padrão das ondas aparece novamente, com sua interferência associada; uma interferência consistente com o modelo de onda, mas, matematicamente, inconsistente com o modelo das partículas.

É "como se" a luz viajasse em ondas quando "soubesse" que está passando por dois buracos, e como se ela viajasse em partículas quando "soubesse" que passaria por um buraco ou por ambos sucessivamente, mas não por ambos simultaneamente.

Tem-se tentado de maneira experimental descobrir o que a luz faria se a "enganássemos" começando com dois buracos abertos e então fechássemos rapidamente um deles quando a luz estivesse em movimento sem ter atingido a tela. A luz comporta-se de acordo com o modelo apropriado consistente com as condições *no instante em que ela atinge a tela*. Ou seja, se pensarmos que ela "realmente" começa como onda, consistente com o modelo da onda, ela "descobre" *durante a sua viagem* que estamos "trapaceando", mudando a tela de dois buracos para um, e ela, imediatamente, transforma-se para encaixar-se no modelo da partícula. Mas isso é absurdo (espero).

Na metáfora de Bucky Fuller, um conjunto ajusta-se ao aspecto da onda e outro ajusta-se ao modelo da partícula; mas o que não é compreensível não deixa de existir, só não é compreendido.

Esses experimentos têm sido duplicados continuamente, primeiro porque os próprios físicos não conseguiam acreditar nos resultados, e, segundo, para demonstrar aos estudantes de física que a mecânica quântica realmente viola a lógica tradicional aristotélica e/ou as noções tradicionais da "realidade".

Esse é o motivo pelo qual os físicos, seguindo o Princípio da Complementação de Bohr, não mais acreditam nem no modelo da onda, nem no modelo da partícula, declarando que ambos os modelos são igualmente úteis (qual deles será mais útil em um dado momento dependerá do contexto).

O mesmo experimento foi realizado com os supostos elétrons, os elementos dos quais a "matéria" é composta, da mesma forma que os fótons são os elementos dos quais a "luz" é composta. O mesmo princípio aparece. Os elétrons "são" ondas e partículas ou podem ser descritos tanto por modelos de ondas como por modelos de partículas.

Assim, a visão minimamente dupla: quando a física chega aos fundamentos, precisamos, conforme Blake pode ter previsto, de pelo menos dois modelos. Um único modelo não servirá.

Quanto à visão quádrupla (estou apenas sugerindo):
1. Podemos dizer que "é uma onda";
2. Podemos dizer que "é uma partícula";
3. Podemos dizer que "são partículas e ondas", ou seja, qualquer uma das duas alternativas anteriores servirá, em circunstâncias diferentes;

4. Podemos dizer que "não são nem partículas, nem ondas", ou seja, os modelos são nossas metáforas; o evento ético não-verbal permanece *indescritível*.

Essa é a lógica budista tradicional (*É X; é não-X; é X e não-X ao mesmo tempo; não é X nem não-X*) que Capra (*Tao of Physics*) tem argumentado ser mais consistente com a mecânica quântica do que a lógica aristotélica tradicional de *ou é X ou é não-X*. Se essa noção é demasiadamente chocante, o leitor pode se voltar para a lógica quântica de von Neumman, que apresenta apenas três escolhas: "sim, não e talvez". Isso pode parecer, agora, comparativamente conservador, independentemente do que tenha parecido no início.

O caso misterioso de Garry Owen e os Três Quarks:

Garry Owen "era" realmente um "cão". Isto é, se *supusermos* que possuímos registros precisos, se não nos preocuparmos em encontrar falhas dos historiadores revisionistas. Garry Owen nasceu em 1888. Era um genuíno Setter Irlandês[*]. Ele pertencia a um Sr. J. J. Giltrap, um criador de cães de raça.

Garry Owen aparece duas vezes na obra *Ulisses*, de James Joyce. Na primeira vez, Garry é visto ou imaginado pelo narrador anônimo e bêbado do capítulo do "Ciclope" e aparece como um caçador feio, repulsivo, mal-humorado e perigoso. Na segunda vez, Garry é visto ou imaginado pela adolescente sentimental Gerty McDowell e parece ser um cão carinhoso e meigo, "tão humano que quase falava".

Qual é o verdadeiro Garry Owen?

O texto de Joyce não nos diz, razão pela qual *Ulisses* parece ser *o* romance protótipo do século XX. Podemos acreditar no bêbado, ou podemos acreditar no sentimentalista, ou podemos acreditar um pouco em cada um deles, ou podemos acreditar em nenhum deles.

Garry Owen é X e não-X é tanto X como não-X e é nem X nem não-X.

Agora os objetivistas me odeiam tanto quanto os materialistas fundamentalistas.

Os três quarks em *Finnegan's Wake*, que entraram na mecânica quântica por intermédio do Dr. Murray Gel-Mann:

Joyce os simboliza, em suas anotações, como $\wedge$, $\lfloor$ e $\angle$, que é, obviamente, uma síntese de $\wedge$ e $\lfloor$. Por vezes, $\wedge$ e $\lfloor$ são Caim e

---

[*]N. do T.: Raça canina.

Abel e, então ⌯ é "cainappel"* que combina os dois e inclui o Fruto Proibido. Algumas vezes, ⋀ e ⊏ são Brown e Nolan, uma livraria localizada em Dublin durante a juventude de Joyce, e então, ⌯ é Bruno de Nola, que era tanto "brown" como "nolan" (e que, coincidentemente, disse que todas as coisas são coincidências de opostos). Algumas vezes, os dois primeiros símbolos são Shaun e Shem, dois gêmeos surdos e mudos que residiam em Dublin, também durante a juventude de Joyce, e o terceiro símbolo é "Shimar Shin", um sinistro hindu. Algumas vezes, ⋀ e ⊏ são "ofensor" e "defensor" e ⌯ é uma combinação das duas expressões, que é culpada e inocente ao mesmo tempo. Algumas vezes, ⋀ é Mick (o arcanjo Miguel) E, ⊏ é Nick (o demônio) e ⌯ é "Micolas de Cuzack, uma combinação de Nicolas de Cusa, um místico medieval, e Michael Cuzack, fundador da associação Atlética Escocesa, ou Mick e Nick combinados.

Muitas das palavras cunhadas em *Finnegan's Wake* são representadas pelo símbolo ⌯ . Por exemplo, "caosmos" é um ⌯ combinando cosmos ( ⋀ ) e caos ( ⊏ ).

Considero que a idéia por detrás dos experimentos literários de Joyce indica que todos somos muito apressados em declarar que as coisas são "reais" ou "irreais" ( ⋀ ou ⊏ ), ou "certas" ou "erradas" ( ⋀ e ⊏ ), e que grande parte da experiência deveria ser considerada no modo ⌯ .

A lógica quântica (von Neumann) pode ser facilmente convertida para esse simbolismo. O gato de Schrodinger está vivo ( ⋀ ), morto ( ⊏ ) e nos dois estados ( ⌯ ).

Da mesma forma, a Psicologia Transacional declara que não podemos entender o observador ( ⋀ ) ou o observado ( ⊏ ) de forma independente, mas podemos, apenas, entender a transação sinérgica ( ⌯ ).

Alguém faz algo que me *parece* ofensivo. A abordagem do Homem Certo (a abordagem dos modelos teístas) é decidir que "esse ato *é* ofensivo", e assim contra-atacar de acordo (ou fugir e devanear com a vingança, como Nietzsche acrescentaria).

O Princípio da Complementação (Bohr) aplicado a essa situação resultaria em "esse ato é ofensivo e não é ofensivo". Em outras palavras, é ofensivo de certa perspectiva e não o é em um modelo relativista que sugere que talvez ele não conheça as "regras" locais

---

*N. do E.: Apple = maçã, em português, conseqüentemente o fruto proibido comido por Eva.

da cortesia. Se ele é um visitante vindo de outro lugar, vale a pena pensar dessa maneira.

Na lógica budista, o pensamento seria: "Ele é, ofensivo, é tanto ofensivo como não-ofensivo e é ou ofensivo, ou não-ofensivo", o que nos lembra da visão quádrupla, incluindo o modelo no qual todas as nossas avaliações *não* são o evento não-verbal sendo avaliado.

Os "campos sociais" são "reais" o bastante para que, como os psicólogos têm demonstrado, os indivíduos reajam visivelmente quando você invade o seu espaço "pessoal": eles tornam-se defensivos ou nervosos.

Os "campos sociais" não são "reais" para permanecerem constantes, da mesma forma que os campos físicos geralmente se comportam. Eles variam de cultura para cultura. Um americano reage de forma nervosa quando você não mantém uma distância de, aproximadamente, 30 centímetros, mas os mexicanos gostam dessa proximidade e tornam-se nervosos se você permanece mais distante.

Mas na lógica budista os campos sociais são reais. Os campos sociais não são reais. Os campos sociais são e não são reais. Os campos sociais não são reais nem não-reais.

Essa noção pode apresentar implicações importantes para muitos modelos *necessários* em estudos sociais, incluindo o suposto "inconsciente" e o "inconsciente coletivo".

Um campo que depende *do que os indivíduos acreditam* é "impensável" para um materialista fundamentalista, mas o estudo social parece "precisar" de tais campos.

*Maui News*, Havaí, 13 de agosto de 1904: o navio a vapor inglês *Mohican*, comandado pelo capitão Urquhart, chegou em Maui com uma história estranha, mesmo para os padrões deste livro. Alguma coisa que o Capitão Urquhart pensou ser "magnética" havia parado os motores e levou o navio a uma parada completa no meio do oceano.

Talvez o capitão e o navio jamais tenham existido. Talvez o Repórter Inescrupuloso Onipresente tenha encontrado um meio de se empregar no Havaí naquele ano para aproveitar o melhor clima do mundo e relaxar depois da tensão causada pela investigação das histórias contidas neste livro.

Talvez.

Mas talvez o capitão, o navio e a história fossem reais, no mesmo sentido que eu e você somos "reais", ou os fótons e os *quarks*, ou o Produto Interno Bruto podem ser "reais". Neste momento, alguns leitores podem ser seduzidos a pensar a respeito da descrição do capitão relatando o que ele e sua tripulação pensaram ter experienciado.

O Capitão Urquhart disse que, durante a perturbação "magnética", havia luzes estranhas sendo irradiadas dos membros da tripulação. Eles não incendiaram como em alguns de nossos casos, e suas temperaturas corporais não atingiram altos níveis, mas eles, definitivamente, apresentaram um brilho. Todos pareciam ter uma auréola, por assim dizer. E enquanto o navio estava parado, todos os objetos metálicos ficaram presos no convés e não podiam ser levantados.

Essa foi a história compreendida. Não sei o que permaneceu incompreendido.

Soa como uma história moderna de óvni, especialmente como aquelas relacionadas aos acidentes de carro mencionados anteriormente. Também parece com o campo de flutuação de Persinger-Lafreniere.

*Phenomena*, de Michell e Rickard, *op. cit.*, página 101: no dia 5 de novembro de 1975, um jovem lenhador chamado Travis Walton, juntamente com cinco outros companheiros, viu algo estranho e brilhante na floresta perto de Snowflake, Arizona. Tendo experiência de túneis de realidade de comunicação em massa e estando inconscientes em relação ao veneno do materialismo fundamentalista, chamaram essa aparição de óvni.

Na verdade, deveria ter sido chamado de oni (Objeto Não-Identificado), pois ele nunca saiu do chão.

Walton, supostamente, teve a coragem de se aproximar, enquanto os outros cinco ficaram para trás. Não sei quanto a você, mas penso que eu também teria ficado para trás.

Houve um suposto *flash* de luz e Walton, supostamente, foi engolido pelo corpo reluzente. Os outros cinco correram para o caminhão.

Quando o xerife enviou uma intimação para depoimento, Walton não pôde ser encontrado. Na verdade, ele não foi encontrado por cinco dias. Quando o encontraram, ele estava em um estado de desorientação e ansiedade, ou então estava imitando muito bem esse tipo de estado. Sua história assegurava que ele havia sido mantido cativo em um experimento de extraterrestres durante aquele período.

*Talvez* os cientistas extraterrestres *estivessem* fazendo uma pesquisa a respeito do comportamento primitivo, naquele dia.

*Talvez* o que temos aqui seja uma "forte" flutuação de Persinger-Lafreniere, com fantasmas eletromagnéticos (a coisa brilhante) e perturbações das ondas do cérebro daquele indivíduo que chegou perto do epicentro.

Ou *talvez* Walton e seus amigos apenas inventaram uma história ou uma farsa, e ele se escondeu por cinco dias para torná-la mais convincente.

Para os fundamentalistas, todos estritamente aristotélicos, não havia nenhum "talvez" acerca disso. Você pode imaginar o tipo de coisas que eles tinham a dizer a respeito de Walton e seus cinco amigos. Repito: você não desejaria a presença desses indivíduos em um júri se estivesse sendo julgado por uma transgressão grave ou mesmo uma sem grande importância. Eles jamais estão errados, ou mesmo incertos.

Posteriormente, Walton passou por dois testes em um polígrafo (detector de mentiras). Passou em um deles. Neste ponto, você deve ser capaz de adivinhar qual teste é considerado conclusivo para os materialistas fundamentalistas e qual é considerado conclusivo para os crentes fundamentalistas. Se você não pode adivinhar, o condicionamento primata prevaleceu: os primeiros acreditaram no teste que indicava que Walton estava mentindo. Os segundos acreditaram no teste que indicava que Walton estava dizendo a verdade. Cada lado afirmava que o *outro* teste cujo resultado não gostaram havia sido alterado por um técnico incompetente que deveria ser mandado de volta para a escola.

Os outros cinco homens também fizeram o teste do polígrafo. Esse teste mede simplesmente as potencialidades da pele geralmente associadas à ansiedade. Supondo que os potenciais da pele *estivessem* associados à ansiedade nesse caso, os resultados ambíguos (um resultado positivo e um negativo tanto para Walton como para seus companheiros) podem significar que o que aconteceu estava tão fora de qualquer túnel de realidade conveniente que todos apresentavam o mesmo tipo de realidade associada ao medo de ser ou parecer insano.

Penso que pode ser útil considerar esse óvni não como um evento externo ( $\wedge$ ) ou como uma "alucinação" humana ( $\lceil$ ), mas como o produto sinérgico do evento acrescido da interpretação humana ( $\overline{\lceil}$ ).

Os "anjos" de Mons, na Primeira Guerra Mundial (figuras brilhantes, que poderiam lembrar os leitores de certas histórias de livros), que apareceram entre as tropas inglesas. Os aristotélicos de alguns lugares ainda estão discutindo se esses anjos "eram realmente" ou se "eram realmente" alucinações.

*Daily News*, Londres, 17 de fevereiro de 1930: os anjos de Mons são explicados. O coronel Friedrich Hozenwirth, da Equipe de Generais da Alemanha, confessa que eles foram projetados com um projetor de filmes localizado em um avião, na tentativa de amedrontar os ingleses.

Talvez não devamos nos precipitar rotulando todas as anomalias como "alucinação coletiva". Ao contrário, deveríamos considerar outras explicações?

*Daily News*, Londres, 18 de fevereiro de 1930: O "Coronel Hozenwirth", que havia explicado os anjos de Mons, era um impostor. Não havia nenhum coronel com esse nome na Equipe de Generais da Alemanha, em 1914, época do "milagre", nem em 1930, quando o impostor foi entrevistado.

Bem, de volta à "alucinação coletiva".

*Daily News,* de Londres, novamente, mesma data e mesma página: alguns atribuíram o "milagre" ao nosso amigo, o Repórter Inescrupuloso Onipresente. O soldado Robert Cleaval, do Primeiro Regimento de Cheshire, assinou um depoimento dizendo que ele havia visto as figuras brilhantes de Mons com seus próprios olhos, assim como seus companheiros. A história não havia sido inventada por repórteres inescrupulosos em Londres. Cleaval assinou um depoimento reconhecido em cartório.

Podemos imaginar que o soldado Cleaval estava certo do que ele havia visto, embora tenha, cuidadosamente, evitado a palavra "anjo".

Acredito ser possível adivinhar por que muitos integrantes da tropa usaram a palavra "anjo". Penso ser pela mesma razão que muitos indivíduos têm, atualmente, usado a palavra "extraterrestres" para descrever coisas estranhas.

"Primeiro princípio: qualquer explicação é melhor do que nenhuma."

A maioria dos livros que trabalha com esse mistério (ou mentira atrevida) menciona que Arthur Machen, o escritor de fantasia, descreveu um milagre precisamente similar em sua história "The Bowmen", publicada antes dos eventos ou alucinações em Mons. Os céticos afirmam que a história foi publicada a tempo para que as reportagens referentes a ela pudessem cruzar o canal, circulassem entre as tropas e inspirassem a "alucinação coletiva". Aqueles que possuem algum tipo de preconceito oculto insistem, igualmente, que as primeiras reportagens acerca do milagre vieram de Mons horas antes da história alcançar as bancas de jornal. Penso que todos tendem a acreditar no relógio, ou no suposto relógio, que se encaixa em nossos túneis de realidade.

Apenas de passagem, sem qualquer motivo velado, menciono que Arthur Machen, o indivíduo que provocou ou estava "coincidentemente" envolvido com o milagre ou alucinação em Mons, também era membro da Ordem Hermética da Golden Dawn. Essa era uma sociedade de "mágicos", ou supostos "mágicos", ou loucos que pensavam ser "mágicos". Esses indivíduos (os membros incluíam a atriz Florence Farr, o poeta William Butler Yeats, o engenheiro Alan Bennet e o rude Aleister Crowley, entre outros) estavam sempre tentando projetar "energias mentais" e produzir efeitos "psicocinéticos".

Por outro lado, talvez tenhamos tido em Mons o mesmo tipo de perturbação magnética como no navio *Mohican*, e as figuras brilhantes eram apenas pracinhas comuns. Talvez ninguém tenha percebido que o brilho era comum a todos os presentes.

Talvez, em um Universo conectado de maneira não-local, a imaginação poética e mágica de Machen estivessem conectadas a tal flutuação magnética.

Pense na sala desnivelada projetada por Dr. Ames, na qual os homens tornam-se gigantes e anões porque não podemos reprogramar nossos cérebros rapidamente para transformar a percepção de forma precisa quando confrontados com a dissonância. Então, escolhemos "o menor dos males" e aceitamos a alucinação congênita em lugar do caos e do abismo.

Talvez o mundo seja como uma sala desnivelada, e quando não podemos acreditar no que vemos, vemos o que podemos acreditar, escolhendo entre as alucinações.

Sabemos que Copérnico tem um modelo melhor que Ptolomeu, mas ainda falamos de "pôr-do-sol" e até mesmo *"vemos"* o Sol "descendo" durante o crepúsculo, aceitando a ilusão alegremente, pois estamos acostumados a ela.

Buckminster Fuller freqüentemente encorajava sua audiência a tentar este simples experimento: fique parado durante o "pôr-do-sol" e observe por alguns minutos. Enquanto você observa os espetaculares efeitos de cores, lembre-se de que "o Sol não está descendo. A Terra está girando em seu eixo". Se você for estatisticamente normal, você sentirá, depois de alguns minutos, que, embora você possa entender o modelo de Copérnico intelectualmente, parte de você (uma grande parte) jamais *sentiu* esse modelo antes. Parte de você, hipnotizada pela metáfora, sempre *sentiu* o modelo anterior a Copérnico, ou seja, uma Terra estacionária.

Esse experimento também pode ajudar alguns indivíduos a entender tais termos como "realidade existencial", "realidade êmica", "túnel de realidade" e assim por diante. Você poderá ter uma visão sobre quão "real" os túneis de realidade bizarros são para aqueles que "vivem" dentro dele. Esse efeito pode ser multiplicado com a tentativa de sentir/perceber uma grande parte do modelo de Copérnico: nas noites em que a Lua e Vênus são visíveis durante o "pôr-do-sol", encontre-as e diga a si mesmo: "Aquela *imensa* Lua tem, na verdade, apenas 1/6 do tamanho do que eu chamo de Vênus. A Lua *parece* relativamente maior, e Vênus *parece* relativamente menor, porque Vênus está cerca de 120 vezes mais longe que a Lua". Se você puder *sentir* que está vendo tudo isso de uma bola giratória, poderá entender por que sua percepção não é precisa, por que não é extravagante dizer que o Universo é como uma sala desnivelada e por que Picasso se perguntou o quão grande a mulher "realmente" era.

Outra experiência interessante acontece se você se lembrar das leis da óptica e, então, sair para fazer uma caminhada, tentando lembrar-se que tudo que você vê está dentro da sua cabeça. Você é tão tolo quanto eu, pensará umas cem vezes em um passeio de dez minutos que você "vê" todas as coisas fora de você. Tal é o poder da perspectiva e da metáfora.

É ainda mais interessante lembrar que uma laranja "é" "realmente" meio azul no modelo aceito na física óptica. Ou seja, a fruta absorveu o azul (o azul é *conduzido* através de sua superfície). Vemos "laranja" precisamente porque não há laranja na fruta, porque o laranja está sendo *refletido* da sua superfície para os nossos olhos. A "substância" da fruta contém o azul que não vemos; nosso cérebro contém o laranja que vemos.

Quem é o mestre que faz da laranja, laranja?

*Daily Telegraph,* Londres, 20 de fevereiro: o alpinista chinês, Tseng Shu-Shend, declara que ele e sua equipe encontraram um sapato de salto alto a, aproximadamente, 7.800 metros na face norte do Monte Everest. O sr. Tseng disse que era um sapato moderno, elegante de um couro fino marrom. Ele ofereceu uma teoria: "Talvez um montanhista teria levado algo que não era vital à expedição."

*Daily Telegraph,* Londres, 01 de março de 1980, seqüência da história: O Clube Alpino, de Londres, descobre que a explicação do Sr. Tseng é "totalmente impraticável". Um porta-voz diz: "Naquelas altitudes, nenhum alpinista levaria nada que não fosse absolutamente vital para a expedição."

Lorde Hunt, líder da expedição inglesa de 1952, concorda. A explicação de Tseng "não é somente inacreditável, é impossível".

Então, como o sapato chegou lá?

Lorde Hunt diz que ele "duvida" da veracidade dos alpinistas chineses.

Outra mentira de comunista, em outras palavras. Como os "humanóides" vistos em Moscou, naquele ano, perseguindo carros e fazendo buracos nas janelas.

Novamente, estou certo de que existem comunistas mentirosos, assim como existem os Repórteres Inescrupulosos Onipresentes, mas nos sentimos preocupados quando todos os dados inconvenientes são descartados por tais racionalizações. Talvez fosse melhor invocar os redemoinhos seletivos novamente ou outra exalação brilhante contida em uma nuvem pelo humor circumposto.

Ou talvez o Abominável Homem da Neve casou-se com a Abominável Mulher da Neve, e ela usa a última moda em sapatos?

*Independent and Gazette,* de Berkeley, Estados Unidos, 10 de julho de 1980: um trenó pertencente à família Rogers, residente na Avenida O'Hare, número 2675, San Paolo, supostamente voou do quintal da família. Ele, supostamente, elevou-se a quase dez metros do chão e voou até a casa vizinha, atravessou a rua e atingiu fios da Companhia Pacific de Eletricidade e Gás, nos quais ele ficou preso e cessou seu vôo.

O jornal diz que não houve nenhum som de explosão, e a piscina de borracha próxima do trenó estava intacta.

"Não estou certo de que algum dia descobriremos o que aconteceu" — disse um suposto Capitão Richard Traxler, do Corpo de Bombeiros Local.

Conheço a área de Berkeley — San Paolo; vivi lá por oito anos. É um lugar cheio de bruxas, ou aspirantes a bruxas, ou loucos que pensam ser bruxas. Estão constantemente tentando experimentos "psíquicos", tais como transferência de pensamento ou movimentação de objetos com o poder da mente. Também há laboratórios de parapsicologia em Berkeley e nas proximidades de Palo Alto. Talvez alguém estivesse se concentrando, desejando, esperando... Não: é proibido pensar dessa maneira. É uma blasfêmia. Deve ter sido o delicado redemoinho seletivo novamente. Ele rejeitou a piscina de borracha e tudo mais que estava no quintal e em toda a vizinhança e pegou somente um trenó.

Apenas notarei, de passagem, que a Nova Ordem Ortodoxa Reformada da Golden Dawn tem seu quartel general em Berkeley. Seus ancestrais vêm da mesma Golden Dawn de Londres de Arthur Machen e William Butler Yeats e outros interessados na pesquisa "mental" não-dual ou na pesquisa do comportamento "mental" de todo o sistema sinérgico.

Mas, naturalmente, Berkeley está localizada em uma falha de terremoto bastante conhecida, que passa perto de San Pablo. Persinger e Lafreniere afirmam que existe uma união de energias de flutuação em todas as falhas causadas por terremotos. Um materialista liberal pode estar disposto a pensar nisso.

*Quicksilver Messenger*, Brighton, edição 7, 1982: entrevista com o artista Paul Deveraux. Quando era um estudante na Faculdade de Artes de Revensborne, em 1957, o Sr. Deveraux avistou um óvani (Objeto Voador Absolutamente Não-Identificado), algo que nem mesmo o mais crente poderia considerar uma espaçonave. Ou seja, parecia laranja e era, "na verdade", azul. De qualquer forma, cerca de 12 pessoas também viram o objeto. O "objeto" ou o que quer que tenha sido flutuou a cerca de 30 metros do chão, por cerca de 15 minutos, ou período que foi experienciado como 15 minutos. Parecia gradualmente mudar sua forma. Deveraux estava assistindo de uma janela no segundo andar, e as outras testemunhas estavam no chão. Antes que a aparição desaparecesse por completo, ela parecia com o "homem universal" de da Vinci para a maior parte das testemunhas que estavam no solo, mas, para Deveraux, parecia com um anjo flutuante vestido com um manto. Ao fim dos 15 minutos, a aparição sumiu.

Naturalmente, essa experiência certamente soa como "alucinação coletiva". Sendo um indivíduo simples, não posso imaginar como uma "alucinação coletiva" pode acontecer sem um campo como aquele sugerido por Persinger-Lafreniere, campo que pudesse propagá-lo. O rótulo materialista "alucinação coletiva", sem um modelo para explicar a experiência, soa como se insinuasse a *proibida* "percepção extra-sensorial". Como uma idéia ou imagem passa de um cérebro para outro sem a "percepção extra-sensorial" ou algum campo de flutuação para transmiti-la? Pode ser que tenha havido transmissão verbal da idéia, transmissão que, devido ao excitamento, foi esquecida posteriormente. Alguém em Ravensbourne, em 1957, gritou: "Olhe, um grande retângulo laranja no céu!"; e alguém em Snowflake disse: "Você está vendo aquele óvni?"; e alguém em Fátima observou: "Olhe aquela luz mais brilhante que o Sol."

Tente. Veja se você consegue criar uma "alucinação coletiva" dessa forma.

Talvez alguns tenham sido seduzidos pelas minhas heresias e esses indivíduos aplicarão a lógica budista e/ou a lógica quântica em vez da velha lógica aristotélica.

Isso foi uma alucinação coletiva. Não foi uma alucinação coletiva. Foi uma alucinação coletiva e não foi uma alucinação coletiva. Não foi nem uma alucinação coletiva, nem uma não-alucinação coletiva.

Tudo considerado, penso que essa seja uma boa descrição de nossa experiência no geral, e não apenas de um tipo de experiência. Mas a lógica quântica tem sua vez.

Sim, foi uma alucinação coletiva. Não, não foi uma alucinação coletiva. Talvez tenha sido uma alucinação coletiva.

De alguma forma, qualquer uma dessas duas lógicas parece se encaixar nos enigmas da existência, aqui na sala desnivelada dos órgãos de percepção primatas, mais do que a lógica aristotélica das escolhas limitadas ao sim e ao não. Obviamente, se depois de uma longa análise, *algumas* experiências podem finalmente ser reduzidas a uma escolha aristotélica, isso seria conveniente. Mas *começar* com ela pode ser uma solução reduzida e limitada.

É válido citar a reação do Sr. Deveraux à coisa que veio até a faculdade de arte aquele dia: "Você vê coisas desaparecerem na TV, mas quando vemos um óvni nunca estamos preparados... E isso é o que as pessoas que nunca tiverem essa experiência não entendem... Você não pode colocar isso dentro de uma cosmologia. Não é um filme. Deveria ser mas não é, e a experiência deixa um trauma. É um estupro conceitual; não há dúvida a respeito disso. Isso deixa um choque. Ver isso estando conscientemente acordado, juntamente com outras pessoas realmente faz com que você se questione acerca da natureza da 'Realidade'."

Aqueles que têm percepções similarmente proibidas terão uma certa simpatia pelo Sr. Deveraux. Continuo defendendo que os materialistas fundamentalistas, como outros fundamentalistas, são (ou parecem ser dentro de modelos psicológicos) um *mecanismo de defesa* e, nos modelos neurológicos, um *dispositivo de edição* para afastar o choque e a sensação de "estupro conceitual" que faz com que os indivíduos sintam pânico quando confrontados com "o questionamento acerca da natureza da Realidade".

Parte dos ensinamentos "místicos" de todos os sistemas orientais que desconheço afirma que a maioria das pessoas está alucinando durante grande parte do tempo; essas técnicas existem para diminuir o efeito desse hábito de alucinar. Essas técnicas *devem* ser ensinadas de forma gradual, pois, caso contrário, os alunos enlouquecerão, alucinarão ainda mais, pensando que o professor os está "atacando" ou está tentando enlouquecê-los. Alguns dizem que se o professor acionar os *mecanismos destinados a situações de pânico*, eles tentarão matá-lo em "defesa própria".

Soa como uma visão extrema, algo que somente um "místico" diria. Pergunte a qualquer psiquiatra ou psicólogo. Aqueles que conheço (especialmente aqueles que ousam terapias mais agressivas ou "ativas") geralmente estudam artes marciais para se protegerem no caso de isso acontecer.

*Phenomena*, Michell e Rickard, *op. cit.*, página 94, citando o Dr. Andrija Puharich: juntamente com centenas de outras testemunhas, o Dr. Puharich "viu" um faquir hindu realizar o celebrado truque da corda indiana. A corda foi jogada para cima e assim permaneceu, "violando a lei da gravidade". Um garoto subiu na corda e desapareceu. O faquir subiu na corda com uma faca e, então, gritos foram ouvidos. Coisas que pareciam partes de corpo humano caíram. O faquir desceu, juntou os terríveis órgãos, colocou-os em uma caixa e, depois de alguns minutos, o garoto surgiu, parecendo estar inteiro e saudável.

Naturalmente, os fundamentalistas dirão que tudo isso pode ser conseguido com técnicas comuns de mágica encenada, o que é verdade. Mas, evidentemente, esse truque não foi realizado dessa maneira. A apresentação foi fotografada por um psicólogo. Quando o filme foi revelado, mostrou o faquir e o garoto próximos à corda, que nunca havia levantado do chão.

Então, o que milhares de testemunhas viram foi "apenas" alucinação coletiva.

Repito: tente. Observe se, por meio de técnicas imagináveis, você pode induzir esse tipo de alucinação coletiva (lembre-se: a câmera não viu nenhum truque de mágica. Somente o faquir e o garoto parados).

Depois dessa experiência, você pode enxergar algum sentido na lógica budista: é alucinação coletiva. Não é alucinação coletiva. Não é nem alucinação coletiva, nem não-alucinação coletiva.

Neste ponto, alguns dizem ser mais fácil e mais tranqüilizante simplesmente decidir que isso foi outra exalação brilhante contida em uma nuvem pelo humor circumposto.

*Ibid.*, ainda página 94:

O truque da corda indiana, realizado em Londres em 1934. Novamente, as testemunhas "viram" o milagre. Novamente, havia câmeras escondidas. Novamente, as câmeras não viram nenhum milagre.

No experimento dos dois buracos, a segunda tela "vê" a luz como ondas em um projeto (dois buracos abertos), mas "vê" a luz como partículas em outro projeto (apenas um buraco aberto). Nos modelos fenomenológicos da Sociologia, a "consciência" não é meramente um produto do cérebro, mas sim uma sinergia do mesmo e do campo social que o cerca. No modelo quântico de Walker-Herbert, a "consciência" também inclui a conexão não-local descrita pelo Teorema de Bell, no qual o "espaço" e o "tempo" ou são irreais, ou são, pelo menos, irrelevantes.

E, de acordo com o modelo superdeterminista mencionado, porém não defendido pelo Dr. Clauser, da Universidade de Berkeley, não posso pensar um pensamento sem afetar todo o Universo, incluindo suas partes (assim como no modelo de Wheeler, nossos experimentos atuais estão afetando todo o Universo, incluindo seu passado), porque o pensamento "é" ou "está conectado com" um evento-energia em meu cérebro, e todo o evento-energia está conectado de forma não-local com tudo, em todos os lugares, em todos os momentos.

Mas, naturalmente, dizer isso dessa maneira é enganoso, porque enfatiza uma metade da conexão não-local. Para ver a conexão não-local de forma correta, temos de acrescentar: não posso pensar um pensamento a menos que todo o Universo (passado, presente e futuro) colabore com a produção de tal energia-evento em meu cérebro.

O Dr. Capra, em sua obra *Tao of Physics* parece estar afirmando, ou sugerindo, que apenas se você vê *ambos* os lados da conexão não-local poderá compreender o verdadeiro significado da mecânica quântica.

Mas isso é uma visão dupla. Se tentarmos experimentalmente compartilhar da visão quádrupla de Blake ou dos budistas, teríamos de dizer: estou criando um universo. O Universo está me criando. Estou criando o Universo e ele também está me criando. Não estou criando o Universo nem ele está me criando.

A única forma que encontrei para que isso faça algum sentido, mais que besteiras aleatórias ou mais que *Alice no País das Maravilhas*, é se Schrodinger estiver certo. O aspecto de separação entre a "mente" é, como o aspecto de separação no "espaço" ou no "tempo", *apenas um aspecto*.

*A soma total de todas as mentes é igual a um.*

Em outras palavras, o Você que está tornando a grama verde é não-local. O Você local é, como o verde da grama ou a característica plana da Terra, uma regra do jogo social ou alucinação.

Entendeu?

Capítulo 7

# O Universo Aberto
(incluindo comentários a respeito
de oscilações energéticas e "assombrações")

*Contra o positivismo que pára diante do fenômeno dizendo que
"há somente fatos", eu diria que são precisamente os fatos que não existem; existem somente interpretações.*

Nietzsche, *Além do Bem e do Mal*

Desde a publicação das obras *The Hidden Persuaders*, de Packard, e *The Mechanical Bride*, de McLuhan, e livros similares, técnicas de indução de "alucinação coletiva" ou algo parecido com "alucinação coletiva" são bem conhecidas para os publicitários.

Quase todos os fumantes de cigarro, por exemplo, têm uma marca favorita e insistem que não ficam satisfeitos com qualquer outra marca. No entanto, se forem vendados, não podem distinguir sua marca favorita das outras. Não estão comprando cigarros, mas sim marcas. O mesmo é válido para aqueles indivíduos que bebem cerveja: todos têm uma marca favorita, mas não podem distingui-la de nenhuma outra marca se estiverem vendados.

Essa espécie de "alucinação coletiva" tem sido criada por meio do *condicionamento* e da *associação*. Cada publicitário tenta associar seu produto com algo que a maioria dos primatas domesticados deseja, como o sexo e o *status*. Os comerciais contêm a associação, por vezes de forma aberta, e outras vezes, de forma subliminar. A repetição da associação, gradualmente, produz a resposta condicionada. A vítima não está exatamente "comprando a marca", como dissemos; está comprando a esperança de sexo e *status*.

Obviamente, a satisfação do fumante ou do indivíduo que bebe cerveja é tão "real" dentro daquele túnel de realidade quanto os significados de um Rembrandt dentro do túnel de realidade da cultura ocidental, ou os significados de um Van Gogh dentro do túnel de realidade impressionista, ou os significados de uma máscara africana dentro de um túnel de realidade tribal, ou os significados de um Picasso dentro de um túnel de realidade modernista e assim por diante. Todos são igualmente irreais (ou igualmente insignificantes, para dizer de outra forma) para aqueles que não aprenderam ou não se condicionaram a entrar nesses túneis.

A "realidade" existencial ou êmica (a realidade da vida cotidiana), a da experiência, a sensorial, conforme distinguidas da suposta "realidade" *real* de vários filósofos, parece ser interativa e sinérgica demais para ser reduzida a escolhas aristotélicas baseadas nas opções e/ou. Encaixa-se mais adequadamente na lógica budista: É real. Não é real. É real e irreal. Não é nem real — nem irreal. Assim como a satisfação do fumante.

Seria somente uma coincidência se, juntamente com a tecnologia moderna, também descobríssemos que a "realidade experimental" no nível (quântico) subatômico (além da "realidade" da experiência *especialmente projetada* e da "realidade" sensorial *ampliada* por instrumentos) é menos aristotélica e mais budista?

Tenho sugerido em outros livros que a *relatividade física* de Einstein é apenas um caso especial de uma *relatividade neurológica* mais geral: o observador, com ou sem instrumentos, sempre permanece como co-criador da observação. Para citar Nietzsche novamente: "Somos mais artistas do que percebemos."

Cada *sistema nervoso* cria um grande trabalho de arte que é comumente considerado *a* "realidade" *real* no sentido filosófico e projeta-o para o exterior. Esses túneis de realidade, adotados como "realidades" e experiências e compreendidos como "realidade", não são apenas tão variados e imaginativos quanto as pinturas de Rembrandt, de Van Gogh e de Picasso; são tão maravilhosamente criativos quanto as músicas de Vivaldi, de Beethoven, de Wagner e de Harry James, e o *raga* indiano, e os cantos polinésios. São tão diversos quanto os estilos ou "estruturas" de Jane Austen, James Joyce, de Raymond Chandler, de Leon Tolstói, de Lewis Carroll e de Samuel Beckett.

E todo túnel de realidade social perpetua a si mesmo por meio das mesmas técnicas usadas na área da publicidade, sendo a mais importante delas a repetição. Isso é mantido de forma consciente pelo reforço do grupo. "Pássaros da mesma espécie voam juntos." Você não vê nenhum católico romano em igrejas metodistas, nem um grande número de marxistas sentados nos gabinetes da Sra. Thatcher ou do Sr. Reagan. Os *sinais* (unidades de discurso) que mantêm a realidade do grupo são repetidos incansável e alegremente, enquanto outras realidades são editadas pela seleção de *quem* a entende. Conforme o Dr. Timothy Leary observou certa vez, a maior parte da conversação dos primatas domesticados consiste nas seguintes variações: "Ainda estou aqui. Você ainda está aí?" e "Os negócios estão como de costume. Nada mudou."

Por exemplo, todos nós ficamos freqüentemente irritados com o jornal diário. As "notícias" ou supostas notícias que não queremos ler são impressas; opiniões heréticas e idólatras aparecem na página inicial e, algumas vezes, na seção dos colunistas. Os políticos (o campo oposto, naturalmente) contam as mais deploráveis mentiras, que também são impressas. Com a tecnologia do computador moderno, tudo isso poderá ser evitado muito em breve. Apenas preencha um simples questionário e envie-o. O computador imprimirá uma versão levemente diferente do jornal daquele dia para cada leitor, e sua cópia personalizada virá até você pela manhã contendo nada mais do que aquilo que você quer saber. Depois de um ano, ou talvez cinco, você terá esquecido completamente todos os sinais "estranhos" e desconfortáveis que anteriormente lhe causavam aflição.

Esse grande avanço na tecnologia dos computadores *ainda* não ocorreu, mas, enquanto isso, os indivíduos fazem o melhor que podem e conseguem editar de maneira razoável o que eles não desejam saber. Quando se reúnem, essa edição é auxiliada pelo reforço do grupo já mencionado. Todos dizem para todo mundo como a realidade do grupo é razoável e como são perversos os grupos estrangeiros que defendem realidades alternativas de grupo.

Nesse ponto, eu e você podemos repetir a frase de Fariseu: "Graças a Deus não sou como os outros homens" e podemos nos parabenizar por não sermos tão mecânicos.

Será?

Naturalmente, *todos* nós alucinamos freqüentemente, e não apenas no sentido revelado pela sala desnivelada de Ames ou por "truques" similares, e não apenas por "vermos" a Lua tão grande quanto Vênus devido às ilusões de distância.

Isso acontece com todo mundo ocasionalmente: você está andando pela rua. Meio quarteirão à sua frente, na multidão, você "vê" um amigo. Talvez seja uma pequena surpresa (você pensou que ele estivesse em outra cidade ou em outro país) ou talvez não seja uma surpresa (ele vive nessa parte da cidade), mas, em todo caso, você fica feliz porque é sempre bom encontrar um rosto familiar no meio da multidão.

Você se aproxima e os traços da pessoa que você "reconheceu" tornam-se mais claros. Não é um amigo. É um completo estranho.

Ao "ver" o amigo que estava lá, você selecionou de 30 a 50% das características mais óbvias da figura que se aproximava e, então, baseado em um borrão, você sobrepôs ou acrescentou os outros 50% ou mais das características necessárias para criar a face que você poderia reconhecer.

Não gostamos de nos considerar indivíduos que alucinam. Preferimos o termo mais tranqüilizante de "impressão equivocada" para casos como esse. Pensamos que somente os doentes mentais "alucinam".

Ainda assim, a única diferença é uma questão de *grau*...

*Popular Science Monthly*, Inglaterra, dezembro de 1932: uma chuva de enguias, no dia 4 de agosto daquele ano, em Hendon, Sunderland, Inglaterra. Elas aterrissaram em estradas, em jardins, nos telhados das casas. Um médico, Dr. Harrison, teve a impressão de ter salvo algumas espécies e as mostrou para o correspondente do *Popular Science*, que teve a impressão de tê-las visto.

*News and Courier*, Charleston, Estados Unidos, 4 de setembro de 1866: chuva de pedras quentes, às 7:30 min., seguida de uma segunda chuva de pedras quentes, às 13:30 min.. O próprio editor diz tê-las presenciado.

O Repórter Inescrupuloso foi tão esperto que foi promovido a Editor Inescrupuloso nesse caso?

*Scientific American*, 36-86, 15 de janeiro de 1877: "milhares" de cobras caíram em Memphis, Tennessee, durante uma tempestade de raios. As cobras estavam concentradas em um único lugar, a menos de dois quarteirões de casas, e eram todas menores de 60 centímetros.

Penso: parte do que vemos nos parece uma percepção razoavelmente precisa ( ∧ ), parte é uma projeção, uma percepção errônea ou "alucinação" ( ⌈ ), e parte é a mistura de ambos ( ⌊ ).

Mas somente aqueles que são extremamente desequilibrados mentalmente vêem alucinações "puras", sem nenhuma fonte no mundo sensorial.

Ao considerar casos como esse, não acredito facilmente que as cidades de Sunderland, Charleston e Memphis estavam completamente loucas, vendo coisas sem equivalente na realidade.

E pergunto-me: se todos nós não tivéssemos programas estritamente impressos e condicionados acerca do que é "real" e do que é "irreal", esses indivíduos teriam se tornado um evento menos significante ou ainda mais notável?

*Post-Dispatch*, Saint Louis, 10 de novembro de 1965: uma chuva de *biscoitos*. Eles caíram em uma área restrita, cobrindo uma casa, uma garagem e o jardim entre elas. Nenhuma companhia aérea reconheceu ter perdido uma carga de biscoitos.

*Mail*, Madras, Índia, 5 de março de 1888: uma chuva de tijolos, ou coisas que se pareciam com tijolos. Pior ainda, eles caíram *dentro* de uma sala, na presença de 30 investigadores.

*Bulletim of the Shri Aurobindo Center*, Índia, fevereiro de 1974: outra chuva de tijolos, ou coisas identificadas como tijolos, dentro de várias salas de Aurobindo Ashram.

Seremos motivados pelo fundamentalismo ou pelo racismo no momento em que apresentarmos uma postura mais cética em relação a essas duas histórias apenas porque vêm da Índia, quando comparadas com as outras histórias igualmente notáveis, que provêm de Londres ou de Saint Louis?

Como teístas de modelos, os fundamentalistas rejeitam qualquer modelo, exceto seu próprio modelo da verdade eterna: mas por que eles são sempre sarcásticos e desconfiados quando as fontes orientais ou africanas são citadas? Bronowsky disse, francamente, que os japoneses são incapazes de ver o mundo "objetivamente" (ou seja, do modo como ele via o mundo), mas quantos fundamentalistas pensam a mesma coisa e são muito políticos para dizer isso abertamente?

*Fortean Times*, número 42, outono de 1984: peixes caem na área de Newham, em Londres. O correspondente da *Fortean* fez sua própria investigação e inclui fotos de alguns dos peixes (mas as fotos podem ter sido falsificadas, você sabe). Ele também descobriu que alguns dos peixes haviam caído nas proximidades de Canning Town. Fazendo perguntas específicas, não encontrou ninguém que tivesse realmente presenciado a chuva de peixes: eles haviam sido encontrados em circunstâncias que *indicavam* uma chuva de peixes.

Esse evento lembra o "pescador louco" sugerido, certa vez, por um correspondente do periódico *Nature* para explicar similares "chuvas de peixes" na Inglaterra, há cerca de cem anos redundância. Charles Fort observou as histórias e escreveu uma descrição hilária de como o "pescador louco" teria de operar para espalhar toda aquela quantidade de peixe dessa maneira. Visto que a chuva aconteceu em pleno meio-dia, Fort calculou que seria preciso que o pescador louco tivesse, aproximadamente, 12 companheiros igualmente loucos e que também tivesse a capacidade de permanecerem invisíveis, para que os cidadãos, que não estavam tão distraídos para notar os peixes, não os vissem.

Nesse caso, os peixes foram encontrados pela manhã, de forma que talvez isso *tenha sido* o trabalho de um pescador louco; talvez ele tenha se inspirado na leitura de Charles Fort. Ele apareceu durante a noite e implantou os peixes em Newham e, depois, voltou rapidamente para Canning Town para deixar alguns lá também. Claro, isso faz sentido. Como todos os Repórteres Inescrupulosos Onipresentes e como todos os falsificadores de fotos, ele deveria fazer parte de uma Grande Conspiração Internacional para criar a impressão de que os fundamentalistas ainda não podem explicar tudo.

A menos que os peixes tenham chegado de forma mais misteriosa. É interessante (ou irritante, conforme queira) pensar que, em casos similares, os indivíduos "vêem" o peixe caindo, enquanto, nesse caso, espontaneamente deduziram que os peixes caíram, como se houvesse algum bloqueio contra a percepção ou a imaginação a respeito de outros pelos quais os peixes poderiam ter aparecido.

*Space-Time Transients and Unusual Events* de Persinger-Lafreniere, *op. cit.*, página 41: Escócia, 1901: faixas de luz vistas no céu antes de um terremoto; Indiana e Michigan, 1919: óvnis com tremores de terra; Japão, 1930: cores de um arco-íris perto do solo antes de um terremoto; Estado de Washington, 1951: na cidade de Paco, as luzes das ruas estavam ligadas quando a energia não estava; México, 1956: relatório referente a uma árvore incendiando, mas que não queimou.

*Ibid.* página 42: pequenos "óvnis" chamados "luzes fantasmas" vistos nas Montanhas Chinata, do Texas, desde os tempos dos índios; outras "luzes fantasmas" vistas em Joplin, Missouri, desde 1951; Suffolk Country, Virginia: "luzes fantasmas" também apareceram em 1951 e têm voltado regularmente desde então; Gonzáles, Louisiana: "luzes estranhas", desde 1951; Silver Cliff, Colorado: luzes fantasmas desde 1956.

*Ibid.* página 43: ondas curtas de rádio sintonizadas por um aquecedor em Dallas, Texas; música de uma estação de rádio local captada por um cano de drenagem em uma cozinha, em Wayne, Nova Jersey, 1940; transmissão de uma estação de TV local do Texas captada em muitas partes da Inglaterra, 1954; Huntington, Virginia Ocidental, março de 1962: operador de telefone capta parte de uma chamada de Feliz Natal do ano *anterior*.

Colin Wilson, *Criminal History of Mankind, op. cit.*: Wilson apresenta a teoria do macho violento, respaldado pelos dados criminológicos e antropológicos dos nossos ancestrais recentes.

Afirma que o macho violento age, basicamente, da mesma maneira que o homem certo de Van Vogt: jamais admite que pode estar errado a respeito de alguma coisa. Sua definição de ego, por assim dizer, exige que ele esteja sempre certo, enquanto todos os outros estão sempre errados, e ele deve "puni-los" por isso. Seu comportamento menospreza a "delicadeza" das "emoções" e pensa que a maior parte das pessoas é tola. Como tal, é similar à personalidade autoritária descrita por psicólogos como Fromm e Adorno. O que o torna violento é uma intensidade selvagem específica que tenho denominado *modelos teístas*. O homem certo, além dos traços acima mencionados, mantém uma atitude basicamente paranóica em relação às pessoas: ele pensa que todos são desprezíveis, todos o traíram, estão sempre traindo; são como cobras, são mentirosos; na verdade, são *canalhas desprezíveis*. E ele se vingará.

Penso que a maioria de nós já se sentiu dessa forma, mesmo que por um breve espaço de tempo, em momentos de descontentamento agudo, amargura e desespero. Embora não conheçamos o jargão da física, permanecemos sãos porque sentimos vagamente que esse *modelo* não inclui todos os dados; tornamo-nos otimistas novamente, em um certo grau, e fazemos um esforço para sermos agradáveis e amigáveis. Deixamos o modelo da raiva para trás e perguntamo-nos como podemos ter sido tão egoístas a ponto de pensarmos daquela maneira, mesmo que por poucos instantes.

O homem certo *permanece* nesse modelo de raiva durante a maior parte do tempo (praticamente todo o tempo), especialmente se esse modelo se tornar uma moda intelectual. Seu estado de relaxamento, quando surge, não é constante: em face do primeiro inconveniente ou desapontamento, o modelo de raiva passa a fazer sentido novamente. Todos estão sendo perversos e o estão traindo. Ele terá de puni-los mais uma vez.

Wilson enfatiza que esse modelo descreve não somente muitos criminosos infames, mas também alguns dos chefes de Estado mais inescrupulosos e alguns clérigos da história que não foram *chamados* de criminosos somente porque eram poderosos o suficiente para definir o que merecia o rótulo de "crime" em sua sociedade. Visto que esses tipos possuem uma forte tendência ao poder, a maior parte da História, conforme a visão de Wilson, é a História Criminal, o registro dos crimes cometidos por um tipo de homem.

Essa análise concorda de forma admirável com a análise das feministas, que não são fundamentalistas e não projetam seu modelo em todos os homens. Wilson parece estar descrevendo a síndrome histórica que elas denominam Patriarcado.

Milton disse, certa vez, de forma poética, que aquele que assassina um livro, assassina um homem. Os psicólogos concordariam que essa afirmação é simbolicamente verdadeira. Destruir um livro, como o comportamento psicótico de rasgar uma fotografia, expressa ódio contra o indivíduo que o escreveu ou contra a pessoa da foto. Não podemos deixar de nos questionar, nesse ponto, a respeito daqueles que queimaram os livros do Dr. Reich ou conspiraram para suprimir os livros do Dr. Velikovsky.

Aqui podemos pensar novamente acerca do gato do Dr. Bruner, que era capaz de "editar" o som em seu *tímpano*. Esses processos devem ser considerados não de uma forma "psicológica", mas de maneira neurológica concreta. Recebemos cerca de 10 mil sinais sensoriais por minuto e editamos (provavelmente) mais de 9.990 deles para compreender ou concentrar nossa atenção em menos de dez sinais que parecem "importantes" para nós. Os outros 9.990 sinais são classificados "inconscientemente" como *insignificantes* ou *irrelevantes*; não são suprimidos "conscientemente" porque nunca alcançam o centro "consciente" do cérebro. (É extremamente possível que, se a maior parte dos sinais sensoriais atingissem o centro do "consciente", ficaríamos tão impressionados com os dados que não conseguiríamos agir de forma nenhuma. Parece plausível pensar que o mecanismo das drogas psicodélicas envolve a inibição dos *inibidores* (liga circuitos que estão geralmente desligados) e, então, passamos a perceber cerca de 20 a cem sinais por minuto em vez de dez. Isso é surpreendente o suficiente para produzir risadas hilárias, estarrecimento profundo ou ansiedade aguda, especialmente na primeira dose.

O homem certo, assim como o homem violento, concorda com a teoria de Wilson, simplesmente desligando um número cada vez maior de sinais neurológicos. De forma específica, ele foi condicionado, ou impressionado, ou se condicionou para suprimir o tipo de sinal que geralmente evoca compaixão, caridade ou tolerância na maioria dos seres humanos, rotulando-os como "irrelevantes" ou "insignificantes". Nesse túnel de realidade, os únicos sinais que alcançam o córtex são aqueles que confirmam sua tese: "os indivíduos são canalhas desprezíveis e devem ser punidos". Esse ambiente mental, embora seja histórica e socialmente estarrecedor, não é mais neurologicamente peculiar que o ambiente mental que permite que um artista enxergue o que outros ignoram, enquanto ele ignora os sinais culturais do jogo do *status* que outros notam de forma tão sofrida e aguda. Ele também não difere do "ambiente" mental que faz com que certos autores sejam compreensíveis (porque *aprendemos* a decodificar seu simbolismo), ao passo que outros parecem-nos uma desordem insignificante. Às vezes, demoramos um certo tempo para *enxergar* um novo tipo de sinal: essa é a razão pela qual os europeus sofisticados, certa vez, rotularam a pintura chinesa como "rudimentar" e a música chinesa como "esquisita".

Temos discutido que o materialismo fundamentalista (conforme distinguido do materialismo liberal), basicamente, afirma que *nenhum outro túnel de realidade*, exceto aquele que é inventado por um grupo de brancos nos últimos 300 anos, possui nada de valor. Michell e Rickard (*op. cit.* página 7) referem-se a essa noção como "imperialismo mental", e não é difícil suspeitar que os materialistas fundamentalistas reagem da mesma forma aos túneis de realidade oriental e africano. Certa vez, ouvi uma crítica contra o Dr. Reich (nesse caso, não era redigida pelo Sr. Gardner), na qual Reich era chamado de "Swami". Isso deveria soar engraçado, porque os hindus, supostamente, devem ser engraçados no túnel de realidade fundamentalista. A possibilidade de haver outros tipos de "ciência" que a cultura ocidental não conhece é impensável; a possibilidade de o ioga ser uma "ciência" é absurda. E o ioga é baseado em instruções específicas para *realizar certas operações e observar o resultado*: adotar uma certa postura por um determinado tempo, juntamente com um certo estado mental, e observar o que lhe acontece. Isso seria considerado método científico sem que fosse necessário expandir a metáfora demasiadamente. É certamente notável que aqueles que são mais desdenhosos em relação ao ioga nunca tentaram seus experimentos, da mesma forma que aqueles que são mais desdenhosos em relação a Reich nunca tentaram seus experimentos.

*East-West/South-North*, de Peter Okera, Editora Parade, Harrowgate, Inglaterra, 1983: o Sr. Okera, um africano por nascimento, foi educado como um físico na Inglaterra e trabalhou em vários comitês das Nações Unidas. Ele tenta identificar três tipos de cultura humana. Chama o primeiro tipo de *Dionisíaca*, e encontra-a essencialmente na Ásia e na África. O segundo tipo, *Apoloniana*, é encontrado na área do Mediterrâneo. O terceiro tipo, ele chama de *Toriana*,* dominante na Europa e na América.

A cultura dionisíaca produz humanos que o Sr. Okera chama de *indivíduos unos*: pessoas que se sentem unidas a tudo que as cerca. A cultura toriana produz *indivíduos separados* (in-DIVÍDnos, em um trocadilho de Joyce que pode extrapolar o significado da palavra): pessoas que se sentem separadas de tudo que as rodeia. O meio-termo, a cultura apoloniana, produz pessoas que estão entre o modelo dos indivíduos unidos e dos indivíduos separados.

O Sr. Okera argumenta que os indivíduos separados são o tipo mais *intolerante* dos seres humanos. Afirma que esse tipo de comportamento parece ser tolerante, mas, quando observado de fora (de uma perspectiva asiática ou africana), suas características mais dominantes são o dogmatismo, o automatismo, a intimidação e a violência.

Essa é apenas sua perspectiva, mas as notícias atuais parecem indicar que muitos africanos e muitos asiáticos mantêm essa visão.

---

*N. do T.: Referência ao deus Tor, divindade celta, simbolizado pela figura do touro.

Também parece que o tipo cultural que o Sr. Okera chama de toriano é similar ao homem certo do Sr. Van Vogt, e também se assemelha ao porco chauvinista da polêmica feminista. Pergunto-me novamente se é apenas uma coincidência que a fortaleza seja constituída de homens brancos economicamente privilegiados.

Também me pergunto: parte deste livro tem sido dedicada à argumentação de que certas interferências plausíveis do Teorema de Bell (interferências consideradas de maneira bastante séria por muitos físicos) merecem certa consideração e que elas não são absurdas (embora não sejam familiares para nossa cultura) nem necessariamente loucas. Parece que os indivíduos que não pertencem ao grupo dos brancos privilegiados sustentam o mesmo argumento (tentando expressar a perspectiva dos indivíduos unidos, tentando dizer que os túneis de realidade dos indivíduos separados não são somente túneis de realidade). Esses grupos vêm tentando expressar essas noções por muitos séculos, sem sucesso.

Aparentemente, o homem certo não ouve. Ele desconecta esses sinais no seu tímpano.

As marcas territoriais que ele estipula (sua necessidade de dividir o que os outros vêem como um todo) são *reais*. Isso não está dentro dele, mas fora. É a separação real do mundo real. Todas as outras separações estão erradas.

Neste caso, o "imperialismo mental" seria uma expressão muito forte?

Um campo social pode ser considerado um tipo de campo energético que é altamente variável.

Os indivíduos reúnem-se e concordam em produzir um certo efeito de campo chamado a Sinfonia de Júpiter, que é "significativa" para eles.

Outros, de forma não-consciente, "concordam" em perpetuar um certo tipo de jogo social. Esse jogo define o espaço social (a que distância eles ficam uns dos outros, quem pode tocar em quem) dependendo das regras do jogo, ou definições de classe, casta, hierarquia e assim por diante. Certas percepções são reforçadas com o ato de jogar, e outras percepções constituem tabus ou o "impensável". Com o passar das gerações, esse tipo de jogo social transforma-se em túneis de realidade grupais, realidade êmica, ou *cultura*.

Se existe alguma validade encontrada em modelos que consideram o "consciente" como um efeito de campo social, alguns jogos produzem indivíduos unidos que se sentem conectados por meio do espaço, e outros jogos produzem indivíduos separados, que sentem que a separação no espaço é "real" porque seu jogo a define como tal.

Se o consciente pode ser considerado um efeito de campo não-local, os jogos sociais dionisíacos ou dos indivíduos unidos encorajarão a consciência e, possivelmente, o uso dos efeitos do campo não-local. Se tais efeitos de campo ocorrerem, serão sentidos como interferências perturbadoras e poderão desencadear perturbações reais, incluindo alucinações e manias.

Isso é, naturalmente, apenas especulação.

Por que é possível prever como certos indivíduos e certos grupos reagirão a essa especulação?

Se "a soma total de todas as mentes é igual a um" (Schrodinger); se a "mente é uma metáfora para mente", e nós nos criamos como criamos nossas outras relações, pela metáfora; se nossas "mentes" fundem-se e são aspectos das "mentes de grupos", "realidades de grupo", campos sociológicos; se esses campos são aspectos de campos biológicos maiores e programas genéticos (como realmente podem ser, se Sheldrake e os modelos sociobiológicos têm qualquer validade); se esses campos evolucionários através do tempo são aspectos dos campos físicos não-locais do tipo contemplado pela mecânica quântica; se o computador é local, mas o programa é não-local, então a perspectiva do indivíduo uno (a perspectiva da maior parte das sociedades não-brancas, de muitos artistas e da maioria das mulheres dentro das sociedades dos brancos) pode não ser loucura, ou perversa, ou "mística", ou ilusória, ou inferior, ou "primitiva".

O homem certo pode simplesmente ser um primata domesticado que toma suas marcas territoriais de forma demasiadamente literal.

Talvez.

Não estou insistindo. Estou somente questionando. Como todos os homens ignorantes, não sei muito, então, faço muitas perguntas.

Talvez todos nós comecemos como teístas de modelos, incapazes de criticar nossos próprios programas neurológicos. O que vemos, sentimos e quantificamos é o que é real. Nossas conexões e modelos são experienciados de forma *externa*. O comportamento animal indica que esse é o modelo "normal" de comportamento. Um cão e um gato não se perguntam: "O que é real?". Eles reagem, automática e mecanicamente, aos modelos que foram impressos e condicionados.

Então, alguns de nós nos tornamos capazes de uma autocrítica neurológica. Sentamo-nos e perguntamo-nos: "O que é real?" E se nos aprofundarmos nesse hábito de crítica e precaução, o agnosticismo, chegaremos ao caos e ao abismo de Nietzsche.

E talvez, mais adiante, possamos ver uma unidade transcendental, um todo, uma completude maior.

Considero que o Sr. Okera exagera tanto na glorificação do tipo dionisíaco como na denúncia do tipo toriano. Há alguns valores individuais que eu, como um libertário, aprecio e que não gostaria de vê-los em modelos individuais de pensamento e sentimento. Alan Watts, Fritjof Capra e Theodore Roszack, como o Sr. Okera, parecem recair no mesmo erro do dualismo (escolhas mecânicas baseadas nas opções de e/ou), que denunciam como o maior pecado do ocidente moderno.

Em suma, o que Peter Okera denomina tipo dionisíaco é uma noção isomórfica do símbolo $\subset$ de Joyce, que inclui, além de Caim e Satanás, figuras históricas como Napoleão, como Shakespeare, como Parnell, os irlandeses em geral, como as raças não-brancas, e como modelos "artísticos" e "intuitivos" de apreensão.

O que Okera chama de tipo toriano é similarmente isomórfico ao símbolo $\wedge$ de Joyce, que inclui além de Abel e do Anjo Miguel, figuras históricas como Wellington, como Francis Bacon, como Gladstone, como a classe dominante anglo-irlandesa do tempo de Joyce, como a raça branca e como modelos "racionais" e "políticos" de pensamento e sentimento.

Esses nítidos contrastes (o $\subset$ ou dionisíaco, e o $\wedge$ toriano) parecem ser verdadeiramente idênticos à divisão cerebral entre o hemisfério direito holístico e o hemisfério esquerdo de análise linear do cérebro. As culturas dionisíacas ou do tipo $\subset$ são dominadas pelo hemisfério direito do cérebro, e as culturas torianas ou do tipo $\wedge$ são dominadas pelo hemisfério esquerdo.

Como Joyce, penso que o conflito entre essas duas funções cerebrais não será resolvido com o triunfo de $\subset$ ou de $\wedge$ (tipos dionisíaco ou toriano), mas sim com o surgimento de um tipo unificado incluindo ambos; o $\wedge\!\!\!\subset$ de Joyce, o que Okera chama de sociedade apoloniana.

Talvez, da mesma forma que o Ocidente precisa integrar o holismo dionisíaco reprimido por tanto tempo ( $\subset$ ), o Oriente precisa reconhecer a tradição de liberdades civis para o indivíduo ( ∧ ) que jamais apareceram em qualquer cultura não-ocidental. Então, conforme ambos os lados se aproximam do equilíbrio apoloniano ( ∕⃝ ), nenhum dos dois perceberá o outro lado como desequilibrado ao ponto da perversão e da maldade.

Talvez.

Não sei. Diferentemente dos teístas de modelos, dos fundamentalistas e dos homens certos de todos os tipos, eu não tenho nenhuma gnose, nenhuma certeza interior. Permaneço *agnóstico*. Continuo analisando, fazendo perguntas.

Mais sapos misteriosos:

*Argus*, Cidade do Cabo, África do Sul, 9 de setembro de 1981: a Sra. Maggie Hendricks vomita-os. Digo, ela parece vomitar sapos.

Um sargento da polícia declara que ele mesmo viu, ou alucinou, que a Sra. Hendricks vomitou um sapo do "tamanho da mão de um homem".

Isso é um pouco mais estranho que os sapos caindo do céu, não é?

A Sra. Hendricks também pareceu vomitar unhas e pedaços de garrafas de vidro quebradas, além de girinos, bolas de pêlo e lâminas de facas.

Ela alega ter tido um problema único por mais de um ano. Também afirma que um homem invisível visita-a e faz propostas indecentes. Ela não especifica quais indecências são propostas por esse visitante invisível. Talvez ele queira que ela vomite um elefante da próxima vez. É sua crença (seu túnel de realidade) que tudo isso está acontecendo porque ela rejeitou as paqueras de um curandeiro pouco antes de essas aflições recairem sobre ela.

Parece a mesma coisa que aconteceu ao Sr. Kellerman logo *depois* que ele ofendeu a um curandeiro.

Provavelmente, isso é apenas histeria religiosa. Preocupava-se com a vingança do curandeiro até que começou a alucinar.

Mas, e quanto ao policial que viu a Sra. Hendricks regurgitar um sapo do tamanho da mão de um homem?

Talvez ele não exista. Talvez tenha sido inventado pelo Repórter Inescrupuloso Onipresente, que se mudou para a Cidade do Cabo recentemente.

Realmente espero que sim.

*Daily Telegraph*, Londres, 19 de outubro de 1981: turistas retornando do santuário da Virgem Abençoada, em Fátima, Portugal,

onde 30 mil pessoas presenciaram a "luz divina" ou um óvni em 1919 (eu já sei que esta história será a pior de todas).
O motorista do ônibus caiu em transe. Suas mãos supostamente se uniram como em prece, enquanto ele permaneceu em transe. O ônibus parecia conduzir-se a si próprio a uma velocidade que, parecia aos passageiros, 80 quilômetros por hora, sem bater em nada e sem sair da estrada.
E ele permaneceu nesse estado por 32 quilômetros. Então, uma voz falou (ou algum espertinho que deu uma de ventríloquo, como o Sr. Randi dirá sem dúvida): "Eu sou seu irmão, Arcanjo Miguel. Deus teve a graça de dirigir o ônibus como um teste de fé para nosso irmão, o motorista."
Todos os 54 passageiros assinaram uma declaração afirmando terem visto e ouvido o que eles pensaram que viram e ouviram.
Os budistas dizem: as montanhas são reais. As montanhas não são reais. As montanhas são e não são reais. As montanhas nem são reais, nem irreais.
A fruta é laranja para a percepção comum. A fruta não é laranja para a análise de Galileu. A fruta é e não é laranja, para aqueles que reconhecem que as redes existenciais e científicas têm cada uma um tipo de validade. A fruta nem é laranja, nem não-laranja para aqueles que reconhecem que todas as redes são invenções humanas.
Não sei o que aconteceu naquele ônibus, mas gostaria de ter estado lá. Pergunto-me se o campo social e outros campos são tão potentes quanto por vezes suspeito, e questiono-me muito se eu teria visto o que os visitantes do santuário viram.
*Morning Post*, Londres, 3 de outubro de 1933: um trem-fantasma relatado diversas vezes em Tortuna, Suécia. Parecia correr nos trilhos onde trens "reais" corriam, mas não no mesmo momento em que os trens reais estavam em movimento.
O *Post* acrescenta que um-trem fantasma similar havia sido relatado em Lapland dois anos antes. O acontecimento havia sido ainda pior. Corria onde *não* havia trilhos, e ele não apenas chamou a atenção de observadores humanos, mas supostamente causou tumulto entre as renas.
*Mysteries*, de Colin Wilson, *op. cit.*, página 98: um experimento acerca de "percepção extra-sensorial" realizado pela Dra. Gertrude Schmeidler, na Faculdade de Radcliffe, 1942. Como de costume,

aqueles que acreditam em percepção extra-sensorial acertaram na adivinhação das cartas. Conhecemos as objeções dos materialistas a respeito desse assunto, motivo pelo qual não temos citado tais pesquisas: foi um truque usado pelos participantes da pesquisa ou foi uma técnica de pesquisa medíocre por parte da Dra. Schmeidler. Naturalmente. Mas, nesse caso, aqueles que não acreditavam na percepção extra-sensorial apresentaram uma pontuação significantemente *abaixo* do esperado. Ou seja, eles não adivinharam tão bem como qualquer grupo comum adivinharia.

*Eles* estavam trapaceando também? Ou todos os túneis de realidade são mantidos da mesma forma, por meio das mesmas "decisões" de ligar ou desligar as sinapses de acordo com nossas crenças?

Então, há isto:

*Brain/Mind Bulletin*, Los Angeles, 30 de dezembro de 1985: um novo estudo do Dr. Persinger, o mesmo dos campos instáveis magnéticos e gravitacionais.

Persinger analisou 25 casos "detalhadamente documentados" de experiência paranormal "intensa" a partir dos registros do pesquisador Ian Stevenson, da Universidade de Virginia. Havia 25 experiências nas quais os indivíduos pensaram ter o que chamamos de consciência não-local, ou o que é chamado de "percepção extra-sensorial" ou "premonição". Cada caso envolvia um parente que estava em perigo e o "pressentimento" havia sido confirmado posteriormente com precisão.

Depois de examinar o trabalho do Dr. Persinger, devemos nos lembrar dos vereditos fundamentalistas a respeito dos 25 casos originais de Stevenson. Os religiosos fundamentalistas disseram que os demônios eram os autores de tais feitos. Visto que os demônios não são compreendidos pela maioria de nós (eu espero), podemos ignorar essa hipótese como resquícios de tempos passados. Os materialistas fundamentalistas disseram que foi uma série de coincidências. Não há como provar ou refutar tal proposição, mas ela é consoladora para algumas mentes, mesmo que seja "insignificante" de acordo com o positivismo lógico estrito.

Persinger examinou a atividade geomagnética nos dias em que os 25 eventos misteriosos ocorreram. Descobriu que, em todos os casos, a atividade geomagnética era "menos que a média do mês" e "consideravelmente" menor que a medida dos sete dias precedentes e antecedentes.

O total de 25 casos em 25 casos resulta em 100%.

Então, os "demônios" ou as "coincidências" (escolha você) têm uma afinidade para se tornaram ativos durante baixa atividade geomagnética. Ou os campos não-locais possivelmente envolvidos em tais eventos estão mais "abertos" quando não sofrem interferência por geomagnetismo pesado?

E há outro detalhe estranho que me fora enviado enquanto eu estava corrigindo as impressões para este livro:

*Philadelphia Inquirer*, 20 de setembro de 1986: milho caindo do céu em uma área a noroeste de Denver, Colorado.

De acordo com o *Inquirer* (ou de acordo com o Repórter Inescrupuloso Onipresente, agora trabalhando para um jornal considerado respeitável), milho tem caído do céu intermitentemente por quatro dias. "Eu provavelmente teria uma tonelada se o tivesse recolhido" — diz Gary Bryan que, supostamente, vive na cidade de Evans.

O xerife local rejeita a possibilidade do redemoinho seletivo, visto que não há nenhum armazém nas redondezas ou outros lugares plausíveis na área, onde um redemoinho poderia ter pegado o milho. Ele considera a questão "muito confusa".

Tenho certeza de que ninguém do CSICOP está confuso. Eles sabem que isso tudo é uma questão de truque ou alucinação. Quanto a mim, questiono-me, como sempre.

O jornal diz que, por vezes, feijões caem junto com o milho.

Não sei se essa informação torna o evento mais ou menos confuso.

Tudo o que parece certo é que sapos, lagartos e outras coisas estranhas caem do céu às vezes, ou os indivíduos que não são materialistas fundamentalistas possuem uma propensão estranha para alucinar que tais coisas caem do céu. Ou realmente existem luzes estranhas no céu, ou os indivíduos apresentam uma estranha propensão para falsificar fotografias de óvnis. A decisão depende do leitor.

*Haunted People*, de Nandor Fodor, Editora Signet, Nova Iorque, página 154 e subseqüentes: no início dos anos 30, em uma fazenda chamada Doarlish Cashen, na Ilha do Homem, viveu James T. Irving, sua esposa e filhos e Gef.

Gef parecia ser tímido, solitário e, como muitos de nós, excêntrico. Parecia esconder-se nas paredes e nunca aparecia. Mas ele conversava com qualquer um que quisesse falar com ele. Gef se identificava como "uma fuinha muito, *muito* esperta".

Por outro lado, Gef era ainda menos modesto em outras ocasiões. Ele, supostamente, identificou-se como "a oitava maravilha do mundo", o "Espírito Santo" e a "quinta dimensão". Juro que, não importa o que os fundamentalistas digam a meu respeito, eu jamais estive tão bêbado assim.

Bem, quase nunca.

Quando sóbrio, Gef fazia demonstrações psíquicas para os visitantes. Por exemplo, eles jogavam moedas para o alto e Gef tentava adivinhar se a moeda cairía como "cara" ou "coroa". Fodor afirma que Gef sempre acertava, mas ele não menciona estatísticas, como se isso importasse em um caso como esse. Se as estatísticas fossem mencionadas, os fundamentalistas apenas provariam que o mesmo resultado poderia ser alcançado por intermédio de trapaça.

Objetos pareciam voar quando Gef estava fazendo suas demonstrações.

*Fortean Times*, verão de 1980: mais notícias a respeito de Gef. Harry Price, o "investigador psíquico", foi até a Ilha do Homem para falar com Gef, que, aparentemente, nutria uma opinião ainda pior acerca do Sr. Price. A aparição foi rude na ocasião: Gef urinou nos sapatos do Sr. Price.

Talvez ele estivesse apenas cansado de tentar adivinhar "cara" ou "coroa" para tais visitantes. Talvez o Dr. Fodor houvesse exigido demais de sua paciência.

Outro investigador, identificado apenas por Wylder, conversou longamente com Gef e decidiu que ele era mesmo uma fuinha e não o Espírito Santo ou a quinta dimensão. Wylder disse: "Estamos apenas começando a entender os poderes misteriosos dos animais."

Depois que a família Irving vendeu a fazenda e partiu, o dono seguinte atirou em um animal na propriedade. Era uma fuinha. Se essa fuinha era Gef, ele não teve tempo de gritar: "Pare! Eu sou o Espírito Santo!". Se não era Gef, foi outra de nossas estranhas coincidências.

Deixe de lado toda a saga de Gef e toda essa história: uma fuinha na Ilha do Homem é um tanto quanto enfadonho depois de tudo o que temos lido. Você percebe? Isso teria sido altamente misterioso se essa história tivesse sido contada alguns capítulos atrás, mas agora nos tornamos acostumados a aparições de coisas que saltam de forma não-local como as "partículas" quânticas. A virgindade de nossa epistemologia foi perdida, e corremos do perigo de nos tornarmos intelectualmente promíscuos. Muito em breve, não teremos padrões e permitiremos a entrada de qualquer coisa estranha que apareça no decorrer do caminho. Tudo começou quando, questionando-nos a respeito da possibilidade de Kelley não ter falsificado as fotografias da energia "orgone" e, logo depois, estávamos considerando a astrologia. Agora Gef. Em seguida, serão as estátuas católicas que choram sangue.

*Phenomena*, Michell e Rickard, *op. cit.*, páginas 20-21: muitos relatos de estátuas católicas que supostamente choram sangue. Recuso-me a reimprimir qualquer uma dessas histórias. A reação de todos a esse tipo de evento é muito previsível. Os católicos acreditam, os fundamentalistas de ambas as variedades sabem que isso é um truque papista e os agnósticos riem ao pensar como essas reações são mecânicas. Somente os superagnósticos se questionarão se suas próprias reações são igualmente mecânicas.

De maneira contrária:

*Probe Índia*, agosto de 1981: uma estátua que *menstrua*.

No templo de Mahadeva, em Kerala, uma estátua da deusa Peravali que, ocasionalmente, menstrua. Os sacerdotes encontram suas vestimentas manchadas, ou assim alegam. A estátua é, então, removida por um período de três dias permanecendo isolada. Posteriormente, ela é vestida com um novo manto e retorna ao altar. Isso aconteceu sete vezes em três anos, de acordo com o sacerdote.

Talvez as deusas tenham períodos mais longos que as mulheres mortais?

Um porta-voz da Associação Racionalista da Índia é mencionado. Ele disse ao repórter do *Probe* que a mancha era causada pela "desintegração química do granito" da estátua. Ele ficou levemente confuso quando o repórter o informou que a estátua não era feita de granito, mas sim de metal. Então, ele disse, era a desintegração química do metal.

Se a estátua fosse de madeira, suponho que ele teria dito: desintegração química da madeira.

Suponho que a desintegração química estivesse envolvida, da mesma forma que suponho que os peixes estavam envolvidos em nossas histórias acerca de peixe; mas, ainda assim, questiono-me: por que desintegração química, por assim dizer, em um lugar tão sugestivo? Porque as estátuas católicas "sangram" em lugares apropriados?

*Science*, 22 de abril de 1949: uma chuva de peixes em Biloxi, Mississipi, mas isso já está se tornando lugar comum para nós. No entanto, nesse caso, há o mesmo aspecto "coincidente" da "desintegração química" seletiva de certas estátuas. O Dr. A. D. Bajkov, um ictiólogo, estava em Biloxi naquele dia e foi pessoalmente atingido pela chuva. Como muitas de nossas histórias, ela daria uma grande pintura surrealista.

Penso nas pedras que pareciam mirar em um alvo; penso nas noções enfraquecidas de "espaço", "tempo" e "separação" no estado de sonho; e penso em muitos tipos de psicoses e na mecânica quântica. Penso em indivíduos tão "excêntricos" que ousam duvidar do ídolo de nosso tempo, o materialismo fundamentalista, e conduzem seus próprios experimentos na manipulação das coisas que *parecem* separadas, assim como uma "mente" supostamente isolada, e um grupo supostamente isolado de "objetos materiais".

*Daily News*, Leste Ânglico, Inglaterra, 6 de julho de 1937: uma grande pedra em Stone Farm, Blaxhall, parece estar crescendo.

O Sr. William Barber é entrevistado. Ele afirma ter procedido de forma científica ao investigar a aparição. Diz ter medido a pedra repetidamente durante um período de 15 anos e que ela cresceu, aproximadamente, 6,5 centímetros.

Outro caso de erro instrumental, sem dúvida.

O Sr. Alfred Plant é entrevistado. Ele profere outra heresia: "quando eu a vi pela primeira vez, quando eu era garoto, um gatinho poderia sentar-se sob ela. Agora, ela é grande o suficiente para abrigar um gato e um cão".

De *Phemonema*, Michell e Rickard, *op. cit.*, páginas 96-103: 203 casos descritos na obra de Leroy, *La Levitation* a respeito dos santos católicos que pareciam flutuar ocasionalmente. O mais famoso deles é São José de Copertino, que flutuava tão freqüentemente que seus superiores o transportavam de um monastério a outro para evitar multidões de curiosos. Caso de Francis Fry, citado na obra de Aubrey, *Miscellanies*: Fry pareceu voar por sobre uma árvore, sentado em um monte de feno em Barnstable, Devon, 1683. Caso de Antônio da Silva, citado na obra *The Unknown*, de Clark e Coleman: da Silva desapareceu de uma cidade no Brasil, no dia 5 de maio de 1969, e reapareceu em outra, a 320 quilômetros dali, no dia 9 de maio, dizendo que havia sido raptado por um óvni. Caso de Benjamin Bathhurst, diplomata inglês, citado na obra de Baring-Gould, *Historical Oddities*. De acordo com testemunhas, Bathhurst estava caminhando perto do seu sofá um dia, em 1809. Ele jamais chegou do outro lado. Nunca mais foi encontrado. Nunca voltou. Parece realmente ter desaparecido, por assim dizer.

*Nature*, 36-119: algo que parecia ser carvão vegetal caiu em Orne, França, em 24 de abril de 1887.

*Sociedade Literária e Filosófica de Manchester*, 2-9-146: outra chuva do que parecia ser carvão vegetal em Allport, Inglaterra, 1827.

*Scientific American*, 35-120: chuva similar, no dia 13 de outubro de 1839, de algo "parecido com antracito"; havia aproximadamente 0,142 m³ do material.

*Sun*, Nova Iorque, 21 de setembro de 1877: W. H. Smith viu o que lhe parecia um ser humano alado voar sobre o céu do Brooklin.

*Zoologist*, julho de 1868: outra ambigüidade, em Copiapo, Chile. De acordo com algumas testemunhas, parecia ser um dirigível com luzes e um motor ruidoso. Outros afirmaram que parecia ser um pássaro gigante com escamas similares às de um réptil.

Isso ocorreu 37 anos antes do surgimento do avião.

*Fortean Times*, outono de 1984: no dia 1º de janeiro desse ano, um projétil de, aproximadamente, 23 centímetros da época da Segunda Guerra Mundial caiu no quintal de Fred Simmons, 79 anos, em Lakewood, Califórnia. Os vizinhos relataram um som de assovio antes de o objeto atingir o solo, mas ninguém viu o avião.

O projétil pareceu real para o Delegado Wes Slider.

Seria um presente para o início do ano?

*Guardian*, Inglaterra, 9 de março de 1984: outro de nossos crocodilos errantes. Desta vez, foi encontrado em um esgoto de Paris. Dez bombeiros foram chamados e pensaram tê-lo visto também. Eles pensaram que lutaram com ele e conseguiram amarrá-lo e removê-lo.

*Sunday Express*, Inglaterra, 15 de abril de 1957: chuva de notas de 1000 francos em Bourges, França. O *Express* diz que havia "centenas" delas.

*Space-Time Transients and Unusual Events*, *op. cit.*, páginas 140-143:

Maio de 1832: "milhões" de ratos aparecem repentinamente em Invernesshire, Escócia.

Agosto de 1955: um lago vazio que é apropriadamente chamado de Lago Seco, na Califórnia, repentinamente enche-se de água. Camarões foram encontrados.

Penso ser curioso que a "percepção extra-sensorial" seja alucinatória no túnel de realidade budista assim como no túncl de realidade materialista fundamentalista, embora por razões diferentes.

Para os fundamentalistas, as *coisas* têm uma "existência real" e uma "separação real" no *espaço* c no *tempo* "real" e, conseqüentemente, *minha* "mente" está localizada em *minha* "cabeça" e não pode fazer qualquer conexão com *outra* "mcnte" se elas estão verdadeiramente "separadas" no *tempo* e no *espaço*.

Para os budistas, assim como para Schrodinger, a soma total de todas as "mentes" é igual a um, e nenhuma separação é "real". Assim, a chamada "percepção extra-sensorial" não existe como uma coisa em si ou uma "transmissão" entre "mentes"; em vez disso, ela é apenas um despertar parcial da ilusão que nos faz acreditar em "separações". Tal despertar parcial, para os budistas, permanece na área da ilusão, porque essa noção ainda pressupõe que as "mentes" sejam "reais" e que a "separação" seja "real".

Naturalmente, se tomarmos a metáfora budista de maneira séria por alguns momentos e se tentarmos pensar em uma existência não-dual ou não-local ou em um *continuum* unificado, então qualquer jogo *Po* faz sentido; ou seja, você pode inserir um *Po* entre duas coisas ou áreas de conhecimento supostamente separadas e, então, haverá uma perspectiva válida adquirida.

Isso funcionaria, presumidamente, até com algo tão absurdo quanto nosso jogo que apareceu em um capítulo anterior:

### Óvnis *Po* Coelhos

Em um romance do início de minha carreira, *Illuminatus*, escrito com a colaboração de Robert J. Shea, criei um personagem, Joe Malik, que é abduzido pela tripulação de um óvni e, posteriormente, inicia uma seita religiosa estranha, Discordantismo, que dá a ele o nome sagrado de U. Wascal Wabbit, tirado de um desenho do Pernalonga (no qual Hortelino Trocaletras está sempre chamando Pernalonga de "'xeu' coelho canalha!"*).

---

*N. do E.: Em inglês temos "you wascal wabbit".

Comédia inofensiva, com um toque surrealista.

*Tribune*, Chicago, 15 de outubro de 1975: uma estranha mutilação de gado 80 quilômetros a noroeste de Chicago. Além do gado mutilado, havia também um coelho decapitado. A polícia disse estar "investigando" relatórios que indicavam a possibilidade de um óvni estar envolvido.

Um óvni e uma história de coelho sinistra, como se meu livro estivesse ganhando vida.

*Fortean Times*, Londres, número 28, 1977; artigo de Nigel Watson, *"Strange Encounters in Yorkshire"*, apresenta uma família que avistou diversos óvnis enquanto caçava coelhos.

Novamente, coincidência.

Reuni essas histórias, originalmente da Rede de Observação das Correlações do Coelho da Páscoa. Pode ser que isso seja não mais que uma paródia da mais conhecida Rede de Observação das Correlações dos Objetos Voadores Não-Identificados.

Martin S. Kottmeyer, o fundador da Rede de Observação dos Coelhos da Páscoa, explicou-me em uma carta que a idéia por trás desta notável organização veio dos escritores, sugerindo que as *expectativas humanas* criam as visões dos óvnis. Agora, há duas escolas de pensamento que compartilham dessa opinião, mas que, em outros aspectos contradizem-se completamente. Por conveniência, elas podem ser chamadas, de maneira muito livre, de Reducionista e Surrealista. Os Reducionistas dizem que a expectativa humana *realmente* cria os óvnis, por assim dizer; frases que o outro grupo despreza (como "psicocinese", "sincronicidade" e "interação mente-matéria") são alegremente usadas pelos teóricos exuberantes do grupo a que chamo de Surrealistas.

O Sr. Kottmeyer e seu amigos do grupo Rede de Observação das Correlações do Coelho da Páscoa decidiram checar a hipótese de a expectativa humana criar as visões do *Coelho da Páscoa*. Quando eles começaram a pesquisar as publicações e relatórios referentes a esse assunto, não encontraram nenhuma visão do Coelho da Páscoa que não tenha sido ambígua, mas encontraram algo um tanto quanto sobrenatural.

Na verdade, encontraram conexões de coelhos com óvnis. Batizaram, então, esse novo campo de estudo, ou esta sátira acerca do amor humano pelas correlações, *"lebrovnologia"* (estudo como das correlações entre as lebres e os óvnis). Devemos decidir se essas conexões devem ser interpretadas de forma reducionista ou surrealista por meio da análise dos dados em si. Porém, se meu palpite acerca dos seres humanos está remotamente correto, penso que a maioria de nós decidirá se somos temperamentalmente Reducionistas ou Surrealistas.

O que quer que decidamos, aqui estão algumas correlações da Rede de Observação das Correlações do Coelho da Páscoa:

*Flying Saucer Review*, novembro de 1978, página 17: um óvni visto roubando coelhos de uma gaiola.

*UFO Phenomena e B.S.*, editado por Haines, página 83: um encontro de primeiro grau no qual o observador afirma que o ocupante do óvni parecia-se com um coelho gigante.

*Saucer Gear*, 10 de outubro de 1981: carta afirmando que a Comissão de Jogo do Estado da Pensilvânia está investigando desaparecimento "misterioso" de coelhos.

Mais informações da Rede de Observação das Correlações do Coelho da Páscoa, dessa vez citando a Rede de Observação das Correlações dos Objetos Voadores Não-Identificados: no Fórum de 1984, dessa última rede, Budd Hopkins apresentou uma fita cassete a respeito de uma mulher que pensava ter sido abduzida por um óvni. Sob hipnose, ela relatou a história comum dos abduzidos, mas havia um detalhe interessante: antes de ela encontrar os extraterrestres, viu "centenas" de *coelhos paralisados*.

Claro que eu mesmo comecei esse absurdo, com a piada de Wascal Wabbit, em *Illuminatus*, e como eu mesmo posso levar a sério uma de minhas próprias piadas? A noção *Po* supostamente deve aumentar a criatividade e não a ingenuidade.

Rede de Observação das Correlações do Coelho da Páscoa novamente, citando *The McMinnville Photos*, do Dr. B.S. Maccabee: a Sra. Trent, de McMinnville, avistou um óvni enquanto alimentava seus coelhos. Ela tem fotos, mas é claro que fotos podem ser falsificadas...

Rede de Observação das Correlações do Coelho da Páscoa citando John McPhee, *Basin and Range*: um imenso óvni visto imediatamente após o aparecimento de um grupo de coelhos dançando na estrada.

Dançando?

*Common Ground* (revista Inglesa), número 7, página 5: o Homem Coelho é um mito, uma alucinação ou uma entidade desconhecida relatada em partes do Sul da Inglaterra. Testemunha recente diz tê-lo visto imediatamente após ter visto um óvni. O Homem Coelho disse: "Reze por mim."

Se há algo de errado comigo, esse defeito precisaria ser exacerbado para que eu considerasse seriamente essa história por um momento sequer.

Rede de Observação das Correlações do Coelho da Páscoa, citando um livro chamado *The Humanoids*: em 1954, um fazendeiro em Isola, Itália, relatou que um óvni com a forma de um cigarro pousou em seu quintal. Três anões apareceram, pegaram todos os coelhos da gaiola do fazendeiro e retornaram para a espaçonave, que partiu em seguida.

Alguns leitores estão começando a achar que os extraterrestres aparecem neste planeta especialmente para obter os ingredientes necessários para um cozido de coelho; outros nem são capazes de controlar sua ira contra um escritor que apresenta tais besteiras e pede para que pensemos a respeito delas. Mas eu não estou pedindo para que o leitor julgue as reportagens, mas sim que *observem suas próprias reações frente a elas*.

"O medo é o pai dos deuses" — disse Lucrécio. Mas os deuses são perspicazes e sutis; no Mundo Antigo, quando muitos começaram a desacreditar deles, alguém os disfarçou de idéias platônicas e eles foram capazes de sobreviver por mais um milhão de anos dessa forma (em algumas áreas da filosofia, eles ainda sobrevivem). Outros, ainda mais perspicazes, tornaram-se princípios gerais e *verdades A priori* e, eventualmente, envolveram-se nas "leis conhecidas da física", idolatradas pelo professor Munge. Mas, com este sinal tu as conhecerás: grande ansiedade é provocada por aquele que os desafia, e seus sacerdotes são repletos de fúria e malícia contra tais hereges.

E que tipo de ansiedade estremeceria nosso ser, que Caos e que Abismo se abriria diante de nós, se pensássemos por um momento que pode haver caçadores extraterrestres por perto ou que o sul da Inglaterra possui um coelho gigante que fala inglês e quer que rezemos por ele?

Rede de Observação das Correlações do Coelho da Páscoa, citando *The World's Greatest UFO Mysteries*, de Blundell e Boar: caso no qual uma aparição de óvni é seguida por um "curioso zoológico" atravessando a estrada: sete coelhos, um guaxinim, um gambá e diversos gatos.

Naturalmente, na nova ciência ou na nova idiotice da lebrovnologia, estamos nos aproximando da área do sonho e do mito. Entretanto, como James Joyce certa vez observou, visto que já passamos um terço de nossas vidas lá, devemos conceder a esse assunto verdadeira atenção.

Livros como *The Invisible College*, de Vallee, *The Unknown*, de Coleman e Clarke, *The Edge of Reality*, de Vallee e Hynek, *Flying Saucers,* de Jung, etc., todos têm enfatizado a relação entre o estudo dos óvnis e o suposto "inconsciente coletivo" de Jung. Nenhum deles apresenta uma visão segura a respeito de como essa ligação funciona e o que, em um determinado caso, deve ser chamado de "alucinação", "psicocinese" ou qualquer outro comportamento que pode estar sob a denominação abrangente da "sincronicidade" de Jung. Com isso em mente e o pensamento reconfortante de que estamos apenas olhando para o lado obscuro da mente de nossa espécie, vamos nos aprofundar nessa escuridão.

Rede de Observação das Correlações do Coelho da Páscoa: um desenho do Pernalonga, em 1952, apresenta o coelho sendo abduzido por extraterrestres; este episódio precedeu a abdução humana no estudo dos óvnis.

O filme *Monty Python em Busca do Cálice Sagrado* (1975) não somente contém cenas em que o Graal parece com um disco voador, como também apresenta um *Coelho Assassino* que fugiu de uma fantasia humorística para a realidade consensual, conforme somos informados posteriormente.

Um coelho aparece no momento em que o óvni pousa no filme *E.T.* "de Spielberg" de 1983.

O álbum da comédia "Not Insane", do Teatro Firesign, inclui uma carta de um coelho com o carimbo do correio que diz "Espaço Profundo".

Na versão adaptada para um romance do filme de Spielberg, *Contatos Imediatos de Terceiro Grau*, coelhos correm na estrada antes da segunda visão de óvnis do herói.

A revista de ficção científica *Analog*, em sua edição de maio de 1979, contém uma carta de C.V. Haroutunian argumentando, satiricamente, que o Coelho da Páscoa poderia ser um extraterrestre utilizando uma tecnologia muito mais avançada que a nossa.

*Michigan Quarterly Review*, 18:200; contém a seguinte transcrição de vôo da Apollo 11:

*Controle da Missão:* Uma lenda antiga diz que uma linda garota chinesa chamada Chango tem vivido na Lua por mais de 4 mil anos.... Vocês podem procurar sua companhia, um grande coelho chinês...

*Michael Collins:* Ficaremos atentos para a coelhinha.

O melhor momento da Rede de Observação das Correlações do Coelho da Páscoa merece ser reimpresso: "embora possamos estar inclinados a rejeitar essa conversa como uma brincadeira, deveríamos nos lembrar de que todos os astronautas na lua exibiram um comportamento evidentemente saltitante".

E antes de abandonarmos esse assunto absurdo (tão intrigante para os Surrealistas, tão irritante para os Reducionistas), consideremos esta correlação: James Earl Carter foi o único presidente que presenciou um óvni. Posteriormente, também teve um encontro com um coelho assassino.

WASHINGTON, 20 de agosto de 1979, Associated Press: "Um 'coelho assassino' infiltrou-se na segurança do Serviço Secreto e atacou o presidente Carter em uma recente viagem a Plains, Geórgia. De acordo com os membros da Casa Branca, o presidente revidou ao ataque auxiliado pelo remo de uma canoa."

A história continua dizendo que "os repórteres não estavam certos a respeito do que aconteceu com o coelho", e que algum membro da Casa Branca manteve uma posição cética acerca do incidente, dizendo que coelhos não nadam e não são tão perigosos. Uma foto foi apresentada e o presidente Carter ordenou que ela fosse ampliada para embaraçar os duvidosos. A foto era supostamente convincente. Um cético da Casa Branca é mencionado: "era um coelho assassino. O presidente estava lutando pela sua vida". Mas a Casa Branca *negou-se a tornar públicas quaisquer fotografias* (essa frase está em itálico porque esse é o tipo de comportamento governamental que sempre suscita suspeitas agudas entre os estudiosos dos óvnis).

A próxima frase da Associated Press é ainda mais sinistra e deveria atrair a atenção dos peritos em conspiração, mesmo que eles tenham se preocupado anteriormente com óvnis e coelhos assassinos:

"Há certas histórias a respeito do Presidente que devem permanecer para sempre envolvidas em mistério." — Rax Granum, vice-secretário de imprensa da Casa Branca

A CIA estaria envolvida? Seria uma questão de segurança nacional? O coelho assassino que teria sido, originalmente, contratado para assassinar Fidel Castro voltou-se contra seus empregadores? Essas questões deveriam ser enfrentadas com honestidade por aqueles que dedicaram tantos anos ao Homem do Guarda-Chuva, em Dealey Plaza (o camarada que abriu seu guarda-chuva — em um dia *ensolarado!* — exatamente antes dos disparos que mataram John F. Kennedy).

*Journal of Psycho-history*, Volume 7, número 1, verão de 1979; o artigo "The Assassination in Dallas: A Search for Meaning", de James P. Johnson, observa que:

Harvey Oswald e o coelho assassino têm 12 letras.\*

(Mas isso parece forçar os dados. Muito bem: as palavras *Lee Harvey Oswald* e *O Coelho Assassino*\*\* cada uma tem 15 letras. Viu?)

Conte três letras partindo do H e do O (as iniciais de Harvey Oswald) e você terá K e do R (*Killer Rabbit* = Coelho Assassino).

Jimmy Carter e John Kennedy têm 11 letras cada um. Ambos os presidentes eram democratas.

Kennedy foi morto em um Ford. Carter derrotou Ford para se tornar presidente.

Plains e Dallas têm o mesmo número de letras, e ambas estão a 32 graus de latitude (para o benefício dos teóricos anti-maçônicos, acrescento que o 32 é um número sagrado para os maçons).

*As fotos foram negadas em ambos os incidentes.*

Ambos os incidentes aconteceram no terceiro ano das presidências das vítimas.

Nenhum coelho assassino foi levado a julgamento.

Posso acrescentar que Harvey Oswald, enquanto fazia parte dos fuzileiros navais, tinha o apelido de Ozzie Rabbit (Coelho Ozzie), de acordo com Kerry Thornley, uma testemunha que serviu no mesmo regimento da Marinha.

A Rede de Observação das Correlações do Coelho da Páscoa observa que um governante da Inglaterra foi atacado por um Coelho assassino, em *Monty Python — Em busca do Cálice Sagrado*. Esse ataque ocorreu quatro anos antes do ataque contra o governante dos Estados Unidos.

---

\*N. do T.: As doze letras coincidem somente no texto em inglês.
\*\*N. do E.: Também no inglês, a expressão *The Killer Rabbit* é que apresenta 15 letras.

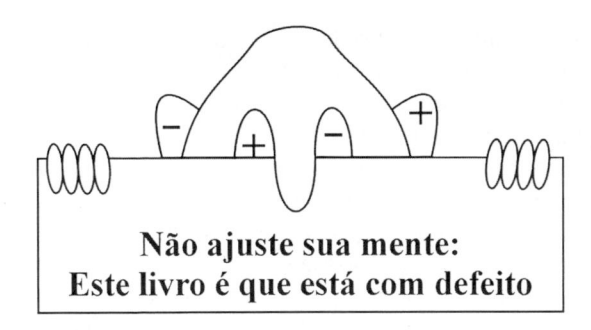

## Não ajuste sua mente: Este livro é que está com defeito

Não, não, isso nunca convencerá. Espere, eu me recomporei novamente. Como Mason disse a Dixon, você precisa estabelecer limites *em um dado momento*.

Tudo está bem agora.

Nada disso realmente aconteceu, naturalmente; somente *temos a impressão* de que aconteceu. No universo real, há leis eternas, e a "matéria" ainda é sólida (não constituída de ondas e eventos de energia e *quarks* misteriosos), e todo instrumento apresenta somente leituras que são consistentes com as leis; todos os indivíduos vêem somente o que é consistente com a lei e o homem certo sempre está certo e pode provar que está certo.

E, apesar de graves reservas, não nego totalmente a existência do Universo real do platonismo e do materialismo fundamentalista. Baseado em tudo o que sei, eles existem *em algum lugar*.

Apenas não vejo nenhum sinal deles por aqui.

No final das contas, penso (ou, neste mundo imperfeito, eu apenas me aproximaria do ato de pensar) que a existência é abissal da mesma forma que Nietzsche a considerava.

Conheço um grupo de indivíduos, todos eles com graduações elevadas em ciências médicas ou biológicas, que pensam que a imortalidade (a imortalidade física) é possível nessa geração. Eles não somente *acreditam* nisso (o que é uma afirmação passiva), como também estão *fazendo* alguma coisa a esse respeito. Todos eles estão ativamente envolvidos na "pesquisa gerontológica", ou seja, no estudo dos elementos que causam o processo de envelhecimento. Todos eles esperam descobrir drogas ou outras técnicas que possam *reverter* o processo de envelhecimento e, assim, permitir-nos viver indefinidamente. Escrevi a respeito de algumas dessas pessoas em um livro anterior, *Cosmic Trigger*.

Também conheço um homem que, no ano seguinte após o lançamento de *O Exorcista*, realizou 28 exorcismos em pessoas supostamente possuídas por demônios. Ele é um cientista da computação com mais que um interesse passageiro na psicologia de Jung e no "oculto". Seus exorcismos aceitaram os túneis de realidade desses indivíduos como reais, realizando, dessa forma, o tipo de ritual que, supostamente, deveria curar a "possessão" naquele túnel de realidade. Os rituais funcionaram. Os indivíduos não mais estavam "possuídos". O exorcista permanece agnóstico acerca de todo o negócio. Apenas afirma, de maneira irônica, que os "demônios" não tinham imaginação.

Vivo na Irlanda, um país onde a maior parte da população, de acordo com uma pesquisa recente, acredita que Jesus Cristo foi concebido partogeneticamente[*] e que ressuscitou da morte depois de estar enterrado. Os irlandeses dirigem seus carros da mesma forma que os londrinos ou os nova-iorquinos, e não me parecem particularmente loucos. Seus túneis de realidade parecem funcionar bem o suficiente, a maior parte do tempo (assim como a maioria dos túneis de realidade parece funcionar relativamente bem durante a maior parte do tempo).

Aparentemente, a existência (neste ponto, tenho algumas dúvidas a respeito "do Universo") é muito parecida com a mancha de tinta de Rorschach. Todos olham para ela e enxergam seu túnel de realidade favorito.

Na ciência, em que quase sempre encontro meus túneis de realidade favoritos, todas as décadas trazem novos choques e novas surpresas. Quando eu era criança, não havia televisores nos Estados Unidos fora dos laboratórios experimentais. Durante meu período de adolescência, o mundo ocidental passou por uma revolução não-violenta tão assustadora como a industrialização dos séculos XVIII e XIX, mas, nesse caso, isso aconteceu em cinco anos, e os aparelhos de televisão apareceram em toda parte. Enquanto essa revolução eletrônica estava acontecendo, eu estava lendo grandes debates que questiovam a possibilidade do envio de foguete para a Lua; naquele tempo, ainda existiam "peritos" que insistiam que isso *jamais* poderia ser feito. Muitos, embora fossem menos conservadores, disseram que isso não seria possível pelo menos pelos próximos cem anos. Já mencionei alguns desses dogmas anteriormente. Neil Armstrong caminhou na lua quando eu tinha 30 anos e, agora, satélites têm visitado os planetas do Sistema Solar mais próximos da Terra.

---

[*] N. do T.: Partogeneticamente – sem a intervenção do macho.

Um dos pesquisadores envolvidos no estudo da imortalidade física é o Dr. Alvin Silverstein. Em seu livro *The Conquest of Death*, ele cita alguns números (fornecidos pelo economista francês Georges Anderla) mostrando a *taxa* na qual o conhecimento científico tem crescido nos últimos 2 mil anos. As estatísticas de Anderla demonstram que o conhecimento dobrou entre o nascimento de Cristo e o ano 1500 d.C. O conhecimento dobrou novamente de 1500 d.C. até 1750, e dobrou mais uma vez nos 150 anos seguintes até 1900, ou seja, até 1950 e novamente até 1960. A nova duplicação ocorreu em 1968 e novamente em 1973, momento em que Anderla conclui seu estudo. Todas as provas no horizonte sugerem que o conhecimento não parou; contrariamente, auxiliado pelos microprocessadores, ele provavelmente acelerou desde então.

Voltando ao nascimento de Cristo, naquele momento, apenas nove elementos químicos eram conhecidos, e ninguém sabia que eles deveriam ser chamados de elementos. "Terra, ar, fogo e água" eram considerados "os" elementos. Na época da Revolução Francesa, a definição moderna dos elementos havia surgido e, aproximadamente, 20 elementos eram conhecidos e identificados. Em menos de 150 anos (em 1932), todos os 92 elementos naturais eram conhecidos. Os físicos têm criado outros elementos desde aquele período.

Alguma idéia bruta acerca da causalidade existe desde o surgimento da inteligência humana, mas a metáfora ocidental clássica de *causa* emergiu somente depois que a lógica aristotélica foi combinada com o método experimental no período final da Renascença. As primeiras dúvidas referentes à causalidade começaram entre os físicos quânticos na década de 1920. Agora, já que os efeitos não-locais violam esse modelo, os físicos estão se tornando acostumados a pensar em dois tipos de princípios, o causal (local) e o não-causal (não-local).

Os transeuntes que passam na rua sabem o suficiente a respeito da relatividade para dizer que um projétil *retrocede* conforme se aproxima da velocidade da luz. Embora isso não seja correto (essa afirmação contém a suposição aristotélica de que o comprimento nas velocidades a que estamos acostumados seja o comprimento "real"), é uma noção adequada para propósitos convencionais. Isso constitui um conhecimento incrível quando nos lembramos de que, na maioria dos casos, os bisavós desses transeuntes eram camponeses analfabetos que pensavam que a Terra era plana. Nos anos de 1990, considerando a proliferação da popularização nos anos recentes, tais transeuntes saberão o suficiente a respeito da mecânica quântica para dizer que alguns eventos têm causas, e algumas coisas acontecem por outras razões, noção que é suficiente para propósitos convencionais.

Não me surpreenderia de forma alguma se, nos mesmos anos da década de 1990, o sonho da imortalidade física, agora uma posse exclusiva de alguns idealistas excêntricos, também alcançasse o cidadão comum. Há mais e mais artigos acerca da "longevidade" surgindo em todos os lugares. Apenas uma minoria está tomando vitaminas diárias ou ervas que, supostamente, contribuem para a longevidade.

Quando eu estava na Universidade, ninguém concebia tal coisa como a Renda Anual Garantida; os únicos indivíduos que escreveram a respeito desse assunto, naquela época, foram o arquiteto Buckminster Fuller e o "excêntrico" poeta Ezra Pound. Agora é uma opinião amplamente discutida, e os artigos referentes a esse assunto são publicados semanalmente.

O primeiro artigo encorajando a viabilidade e a conveniência da colonização do espaço apareceu na revista *Physics Today,* em 1973; agora existe uma campanha nacional para esse objetivo nos Estados Unidos, e os russos parecem ter seus próprios planos.

Um grupo de idealistas na Califórnia defendia uma campanha diferente, promovendo a idéia de que a fome poderia ser, e deveria ser, abolida mundialmente até 1995. Visto que eu já não sei o que é "possível" e o que é "impossível", penso que essa seria uma noção pensável, e que me agradou. Em meu túnel de realidade, um mundo em que nenhuma criança jamais passasse fome seria uma realização maior que os indivíduos da NASA jogando golfe na Lua (entre o primeiro e o último esboço deste capítulo, o show LIVE AID realizou essa fantasia particular para milhares de pessoas).

Minha esposa me informa que ela ouviu uma ginecologista sendo entrevistada no rádio esta manhã. A ginecologista disse que agora é possível preservar os embriões humanos fertilizados por 14 dias e transplantá-los para qualquer lugar. Ela (a ginecologista) disse, ainda, que em alguns anos, será possível transplantá-los para transexuais que nasceram homens, mas que foram convertidos cirurgicamente em mulheres. Isso me parecia pensável e possível. Não ficaria surpreso se, por volta de 1993, algum indivíduo, tendo nascido homem, conseguisse dar à luz uma criança, mesmo que isso nunca tivesse acontecido na história da humanidade.

Os "horrores" da engenharia genética têm sido divulgados amplamente: a possibilidade de criar geneticamente um humano que será dez ou cem vezes mais inteligente que nós, ou que viverá cem anos mais que nós é pensável, e alguns de nós podem viver para ver isso acontecer.

No mundo de mães de aluguel, bebês de proveta e clonagem, *o significado do conceito de "reprodução" está sendo alterado.*

Parece que as únicas coisas no mundo humano que *não* estão mudando rapidamente são os túneis de realidade dos diversos fundamentalistas (os católicos romanos fundamentalistas, os islâmicos fundamentalistas, os marxistas fundamentalistas, os ecológicos fundamentalistas) juntamente com os senhores que venho satirizando aqui, acompanhados por outras variedades de teístas de modelos que acreditam *saber* o que é possível e o que não é possível. Esses homens certos (e, graças ao feminismo, temos poucas mulheres certas à nossa volta) são, naturalmente, todos os habitantes do Universo "real". Eles literalmente *vivem* nele, conhecem suas leis e sabem o que é possível e o que é impossível lá.

Infelizmente, os universos "reais", mesmo que diferentes quando vistos do lado externo, têm uma coisa em comum: têm pouco contato com o Universo experienciado, ou com a luta existencial. É nesse Universo que o restante de nós vive.

Penso que a última vez em que qualquer um de nós estava realmente, profundamente, *satisfeito* com um modelo (intelectualmente, e/ou esteticamente, e/ou emocionalmente), entramos em um estado de *hipnose* no qual aquele modelo tornou-se um Universo "real" para nós. Considero que se não podemos considerar outro modelo, permaneceremos hipnotizados. Penso (ou mecanicamente tateio em direção ao pensamento) que todos os animais estão hipnotizados da mesma maneira por seus modelos e que a humanidade tem lutado por muito tempo em direção a um despertar de tal estado hipnótico.

Suspeito que a "realidade" existencial (a "realidade" que encontramos e suportamos) sempre tem a capacidade de nos surpreender, sendo maior e mais complicada do que qualquer modelo que possamos construir.

Seja isso um "fato" ou uma aparência (ou talvez uma parábola), penso que há muita sabedoria para ser obtida nos contos misteriosos:

*Globe-Democrat*, Saint Louis, 16 de outubro de 1888: três noites de acontecimentos estranhos em um farol em Point Isabel, Texas.

Na primeira noite, uma chuva de unhas caiu sobre o farol e em suas proximidades.
Na segunda noite, outra chuva de unhas.
Na terceira noite, uma multidão de curiosos reuniu-se para ver o fenômeno. E as unhas caíram.
Também caíram porções de terra e conchas de ostras.
A música de Beethoven é, geralmente, similar a esse fato. Quando você pensa ter reconhecido o padrão em seus atos criativos, ele o surpreende com uma variação. Talvez essa seja a razão pela qual sentimos que esse tipo de música está mais próxima de nossa realidade vivenciada que qualquer *teoria* que possamos desenvolver.

Capítulo 8

# Agnosticismo Criativo
(incluindo comentários a respeito do cérebro humano e de como utilizá-lo)

*Uma das maiores realizações da mente humana, a ciência moderna recusa-se a reconhecer a profundidade de sua própria criatividade e agora atingiu um momento em seu desenvolvimento em que esta mesma recusa bloqueia seu próprio crescimento. A física moderna afirma-nos, com veemência, que não há realidade material definitiva, e que a mente humana não pode ser separada do que quer que estejamos descrevendo.*

*Roger Jones,* Physics as Metaphor

De acordo com Colin Wilson, se a maior parte da história humana se resume à história do crime, isso é devido ao fato de os humanos possuírem a habilidade de fugir da realidade existencial para abrigar-se na construção peculiar que eles chamam de o Universo "real", o qual tenho denominado *hipnose*. Qualquer Universo "real" platônico é um modelo, uma abstração, que nos parece confortável quando não sabemos como agir em relação à confusão da realidade existencial ou da experiência ordinária. Nessa hipnose, que é aprendida com outros e, então, torna-se auto-induzida, o Universo "real" *subjuga-nos*, e grande parte da experiência existencial e sensorial é facilmente ignorada, esquecida ou reprimida. Quanto mais estamos hipnotizados pelo Universo "real", mais editamos, bloqueamos ou turvamos grande parte da experiência existencial em nome da conformidade com ele.

Concretamente, o homem violento (o extremo do homem certo) edita o sofrimento e a dor que ele causa aos outros. Esses sentimentos são *apenas aparência* e podem ser ignorados. No Universo "real", a vítima é apenas mais um deles, um dos bastardos que frustrou e maltratou o homem certo durante toda a sua vida. Na realidade existencial, um homem brutal está espancando uma criança; no Universo "real" ou auto-hipnose, o homem certo está alcançando sua vingança contra seus opressores.

Temos empregado, repetidamente, a metáfora de Nietzsche na qual a realidade existencial é abismal. Em uma dimensão de significado, essa metáfora simplesmente afirma que a realidade existencial é infinita: quanto mais profundamente você olha, mais você vê. Ela contém o *sentido de infinito*, sendo topologicamente infinita no espaço-tempo ou não.

O Universo "real", o modelo que tem sido experienciado no Universo real, é, por outro lado, *bastante finito*. Ele é compacto e organizado, visto que foi fabricado por meio da rejeição de todas as partes inconvenientes da experiência existencial. Esse é o motivo pelo qual aqueles indivíduos auto-hipnotizados por um Universo "real" podem ser inconscientes em relação ao *continuum* existencial à sua volta. "Como um ser humano poderia fazer algo tão *cruel*? — por vezes nos perguntamos, horrorizados, quando um homem certo que apresenta um comportamento extremo é finalmente compreendido. A crueldade estava "apenas" no mundo das aparências existenciais; ela não existe no Universo "real" editado e melhorado dele. No Universo "real", ele está *sempre* certo.

O crescimento apavorante da violência, dos crimes inexplicáveis e aparentemente "sem propósito" cometidos pelo homem certo nos últimos séculos (e a abominável magnificência desses crimes na forma de assassinatos em massa e crimes de guerra cometidos pelos homens certos nos governos), indica a prevalência desse tipo de auto-hipnose e do que Van Vogt chama de "terror interno", o sentimento que acompanha esses atos. O "terror interno" é um *sentimento de total desamparo* combinado com a certeza de sempre estar certo. Parece um paradoxo, mas quanto mais um homem se torna totalmente certo, mais *desamparado* se sente. Isso se deve ao fato de que estar certo significa *saber* (*gnose*), e *saber* significa entender o Universo "real". Posto que o Universo "real" é, por definição, "objetivo" e encontra-se *fora de nós*, não constituindo "uma criação nossa", tornamo-nos insignificantes por causa dele. Não podemos *agir*, mas somente *re-agir*. Conforme o Universo "real" nos empurra, nós o empurramos de volta. Mas ele é muito maior e, conseqüentemente, perderemos no fim. Nossa única defesa reside em *estar certo* e *lutar tão desonestamente quanto possível*.

Considero que essa seja a forma sucinta da filosofia de Adolph Hitler. Essa é a filosofia do Marquês de Sade ou de qualquer estuprador ou criminoso que você possa encontrar em qualquer prisão do mundo. Onde a visão singular reina, onde o Universo "real" está fora de nós e é impessoal, esse mundo sombrio de violência e horror seguirá seu rastro.

Provavelmente, essa é a razão pela qual Nietzsche, que entendia sua patologia, lutou contra a epistemologia dos modelos teítas (negando completamente o Universo "real") e contra o que ele chamou de motivo da vingança. Mesmo se o Universo "real" fosse real, conforme ele repetiu diversas vezes, não poderíamos conhecê-lo, visto que tudo o que conhecemos é o mundo existencial da experiência. Além disso, a análise lingüística indica claramente que o Universo "real" é nossa criação, construído a partir de nossas metáforas e modelos. Mas seu mais profundo ataque está direcionado para a *psicologia da vingança*. Se um homem se sente subjugado pelo Universo "real", procurará destruir o que o oprime. Visto que não podemos alcançar o Universo "real", a vingança deverá ser direcionada contra alvos simbólicos no *continuum* existencial. A Vontade de Poder, o que Nietzsche defendia essencialmente como uma vontade de auto-superação (uma autocrítica neurológica em minha terminologia: tornar-se *mais* do que o indivíduo *era*), então se transforma em uma vontade de destruir.

Na linguagem do existencialismo moderno e da psicologia moderna, Nietzsche está descrevendo o processo pelo qual nos *esquivamos da responsabilidade*. Buscamos vingança, mas, visto que não estamos apenas *re-agindo*, o Universo "real" é que nos força a agir da maneira que agimos. Qualquer criminoso dará sua própria versão do que Nietzsche está descrevendo: "É culpa da minha mãe"; "É culpa do meu pai"; "A sociedade é a culpada"; "Eu queria me vingar de todos aqueles bastardos"; "Não pude me controlar: fiquei louco"; "Eles me pressionaram demais e eu explodi".

O homem como um mecanismo de re-ação (a metáfora materialista), é um homem com ressentimento. Os versos mais conhecidos e, provavelmente, mais típicos do século XX certamente são:

> Eu, um estranho amedrontado,
> Em um mundo que nunca criei.

Essa é a auto-imagem da humanidade moderna: do homem certo em particular, mas também das massas dos homens e mulheres comuns que internalizaram a metáfora materialista fundamentalista e a transformaram no novo ídolo. O pessimísmo e a ira jamais estão abaixo da superfície de grande parte da arte do período materialista. As nuvens tristes do começo da carreira de Picasso, os monstros delirantes do seu período intermediário, os heróis e heroínas de Hemingway, Sartre e Faulkner, o açougue cósmico de Bacon, o pesadelo homicida de filmes arquetípicos como *Beco Sem Saída, Bonnie & Clyde* e *Chinatown*, os vagabundos e criminosos e a sucessão interminável de rebeldes se autocomiserando e facilmente sendo derrotados em quase todos os romances, peças de teatro e filmes que se intitulam naturalistas; a música que se tornou menos melodiosa, passando a ser um grito de dor e ódio; a apoteose finalmente alcançada por Beckett: um homem e uma mulher em latas de lixo juntamente com o restante do entulho.

Adolph Hitler leu Nietzsche, interpretou o diagnóstico como prescrição e continuou a representar o pior dos cenários que Nietzsche poderia imaginar, ironicamente incorporando, precisamente, o nacionalismo e o anti-semitismo que Nietzsche mais desprezava. O mundo observou aterrorizado, nada aprendeu, e decidiu que Hitler era um "monstro". Então, o mundo continuou hipnotizado pelo mesmo determinismo biológico materialista que, para Hitler, havia justificado tanto a sua autocomiseração como a sua vingança.

Assim, tropeçamos em um holocausto maior do que aqueles que os nazistas poderiam imaginar, reclamando amargamente que isso é "inevitável". O Universo "real" não nos dará uma chance.

Quando falo do Universo "real" sendo criado pela auto-hipnose, não pretendo nada além da literalidade psicológica. No estado hipnótico, a "realidade" existencial à nossa volta é editada e nós partimos para uma espécie de Universo "real" criado pelo hipnotizador. A razão pela qual é extraordinariamente fácil induzir a hipnose nos humanos é o fato de que *nós temos uma espécie de "consciência" que facilmente se desloca para os universos "reais" em vez de lidar com a confusão existencial e com a dúvida*. Todos apresentam a tendência de se deslocar diversas vezes em uma conversa comum, *editando o som nos ouvidos*, como o gato de Bruner. Conforme Colin Wilson observa, quando olhamos para o nosso relógio, esquecemos a hora e temos de olhar novamente, isso acontece porque nos deslocamos para um Universo "real" novamente. Nós os visitamos com freqüência, mas especialmente quando preocupações existenciais são dolorosas ou estressantes.

Todo o Universo "real" é *fácil de entender*, porque é muito mais simples que o *continuum* existencial. Os teístas, os nazistas, os adeptos da teoria que afirma que a Terra é plana, podem explicar os universos "reais" tão rapidamente quanto qualquer materialista fundamentalista explica o seu universo, devido a essa *simplicidade* dos objetos editados contrastados com a *complexidade* do *continuum* sensorial, no qual vivemos enquanto estamos acordados (não-hipnotizados).

Hipnotizados por um Universo "real", tornamo-nos mais e mais alheios em relação ao *continuum* existencial e ficamos irritados quando ele interfere em nossas percepções.

Universos "reais" nos tornam insignificantes porque eles são governados pelas leis rígidas e todos nós somos pequenos quando comparados a elas. Isso é especialmente verdade sobre o Universo "real" materialista fundamentalista, e explica o desamparo e a apatia da sociedade materialista. De maneira vaga, sabemos que estamos hipnotizados e nem mesmo tentamos agir, mas apenas re-agimos mecanicamente.

Posto que a mentalidade criminal deriva de tal hipnose exercida por um Universo "real" e que o *desamparo* e a *ira* são induzidos por tal metáfora, os criminosos representam cada vez mais o indivíduo típico de nossa era. Quando o Universo "real" torna-se político, quando o modelo hipnótico é baseado na lógica aristotélica *"nós versus eles"*, o criminoso torna-se um terrorista, outro produto cada vez mais típico da era materialista.

Contra todo esse barbarismo mecanizado, a psicologia existencialista e a psicologia humanista, auxiliadas pelas metáforas da mecânica quântica, sugerem que outros modelos de existência humana são possíveis, pensáveis e desejáveis.

Nos modelos humanistas e existencialistas, modelos influenciados pelos pensamentos e pelos experimentos de pesquisadores como Maslow, Sullivan, Ames, Perls, Leary, Krippner e muitos outros, o ser humano é visto como um elemento dividido e, ao mesmo tempo, uno, separado de certas formas, embora conectado com todas as coisas de outras maneiras. A forma na qual um ser humano experiencia seu mundo não é considerada como um *"fato"* imutável, mas como uma *"interpretação"* humana, talvez aprendida com outros humanos, talvez autogerada. O Universo "real" é considerado como um modelo, uma construção lingüística, e nós estamos presos a essa experiência existencial, que pode ou não combinar com nosso Universo "real" favorito.

De acordo com a psicologia existencial-humanista, na qual o materialista diz "eu percebo", seria mais correto dizer "*estou apostando que vejo*". Concretamente, na sala desnivelada de Ames, "apostamos" que vemos algo que nos é familiar. Se entrarmos na sala e tocarmos um canto do teto, rapidamente descobrimos a *aposta* em todos os atos da percepção. Tipicamente, em nossas primeiras tentativas, atingimos quase tudo, *menos* o canto (as paredes, outras partes do teto, etc.). Uma coisa estranha acontece quando continuamos tentando. *Nossa percepção transforma-se*; estamos fazendo uma nova série de apostas, uma após a outra, e, gradualmente, somos capazes de encontrar o canto que estávamos procurando.

O mesmo se repete em qualquer experimento com o uso de drogas psicodélicas, motivo pelo qual os modelos existencialista-humanistas se tornaram mais populares com os psicólogos depois da década de 1960. Isso também acontece na meditação (quando limpamos a mente de seus *hábitos*) e, por essa razão, tantos psicólogos pertencentes a essa tradição envolveram-se na pesquisa que estuda o que acontece, psicologicamente, com aqueles que meditam.

Quando retornamos ao mundo comum das interações sociais depois de tais choques, como o da sala desnivelada, depois de uma experiência com LSD ou da meditação, observamos que os mesmos processos estão acontecendo (os indivíduos estão fazendo apostas referentes ao suposto modelo que é mais adequado em um dado momento), *mas eles não estão conscientes do ato de fazer apostas*. Estão *hipnotizados* por seus modelos, e isso deve ser enfatizado. Se os modelos não se adequam de maneira apropriada, eles não os aprimoram; em vez disso, tornam-se irados com o mundo (com a experiência) por serem rebeldes. Mais tipicamente, encontram *alguém para culpar*, conforme Nietzsche observou diversas vezes.

Edmund Husserl, que foi tão importante quanto Nietzsche no pioneirismo relativo a esse tipo de análise existencial, observa que, no momento em que reconhecemos a aposta envolvida em todo o ato de percepção, a consciência parece ficar muito *ativa*. Ninguém nasce um grande pianista, ou um físico quântico, ou um teólogo, ou um assassino: as pessoas *transformaram-se* naquelas coisas selecionando ativamente, que tipos de apostas de percepção elas farão habitualmente e que tipos de outras experiências elas editarão como irrelevantes. Não constitui nenhuma surpresa, partindo-se dessa perspectiva, que o mundo contenha túneis de realidade católicos, túneis de realidade literários e assim por diante, infinitamente. Constitui uma tênue surpresa que quaisquer dois indivíduos possam sobrepor seus túneis de realidade de maneira suficiente para que consigam se comunicar.

A surpresa desaparece quando nos lembramos que nenhum de nós nasceu e cresceu em um vácuo. "Somos" socializados bem como "personalizados"; indivíduos separados e unos. Mesmo o mais "criativo" de todos nós "vive" em um túnel de realidade fabricado por elementos que datam, em alguns casos, de alguns milhares de anos: a própria língua que falamos controla nossa percepção (*apostas*) ou nosso *sentido de "possibilidade"*.

Contudo, o processo de socialização ou aculturação (as regras do jogo por meio das quais a sociedade impõe seu grupo de túneis de realidade para seus membros) é apenas, estatisticamente, efetivo. Cada indivíduo parece possuir certas excentricidades em seu túnel de realidade particular, mesmo em estados totalitários ou igrejas autoritárias. O suposto conformista (o típico bancário, digamos), revelará alguns atos assombrosamente criativos em seu modelo particular, se você conversar com esse indivíduo tempo suficiente.

Em suma, a consciência, nesse modelo, não é um receptor pacífico, mas um criador ativo, constantemente ocupado em projetar o trabalho artístico que é um túnel de realidade individualizado e que geralmente é *desejado de maneira hipnótica* como o Universo "real". Esse transe, na maior parte dos casos, parece ser tão profundo quanto o transe de qualquer indivíduo profissionalmente hipnotizado para reprimir a dor durante uma cirurgia. O criminoso (retornamos a esse ponto para enfatizar que essas observações não são acadêmicas, mas crucialmente existenciais) *reprimiu a simpatia e a caridade* tão "miraculosamente" quanto o paciente *reprimiu a dor* no exemplo mencionado anteriormente. Não somos vítimas do Universo "real"; *criamos* o Universo "real" no qual estamos vivendo.

Essa psicologia existencialista-humanista chega à mesma conclusão que a maioria dos físicos quânticos: *nossa mente é o arquiteto do princípio do que quer que estejamos descrevendo*. "Nada é real e tudo é real" como Gribbin afirma. Ou seja, em seu modelo, *nada* é absolutamente real no sentido filosófico, e *tudo* é realidade experienciada para aqueles que acreditam nisso e *fazem a seleção* em suas apostas de percepção.

Se reconhecermos alguma validade nessas observações e tentarmos nos "acordar" do *transe* hipnótico dos *modelos teístas*; se tentarmos nos lembrar, momento por momento, em um dia normal, que o Universo "real" é somente um modelo que criamos e que a vida existencial não pode ser comprimida para que se encaixe nesse modelo, encontraremos um novo tipo de consciência. O que Blake chamou de "visão singular" começa a se expandir em visões múltiplas, apostas conscientes. O indivíduo, então, "vê abismos por toda a parte", na metáfora deliberadamente espantosa de Nietzsche (Blake afirma a mesma noção, de forma mais amena, quando fala a respeito de perceber "o infinito em um grão de areia"). O mundo da experiência viva não é tão finito, estático ou organizado, como o transe chamado de Universo "real". Como a Prova de Godel, ele contém um regresso infinito. Ao conversar com outro ser humano por dois minutos, "eu" experiencio e crio dúzias de apostas (túneis de realidade), mas nunca conheço completamente aquele indivíduo mais do que a física quântica "sabe" se o elétron "é" uma onda, ou uma partícula, ou as duas coisas (conforme tem sido sugerido), ou ainda algo criado pelo nosso ato de buscar. O "humor" do outro, ou o seu "estado" naquele dado momento, pode nos parecer amistoso, enfadonho ou hostil; pode mudar tão rapidamente, que não nos permitirá nomeá-lo, ou pode ser algo que eu *ajudei a criar* com o ato de procurar compreender aquele indivíduo.

Como os budistas dizem, não somente o outro mas, na verdade, todo o *continuum* da experiência parece "ser" ou "não-ser", ou não se parece nem com "ser", nem com "não-ser". Tudo o que se parece com uma certeza relativa é que o que quer que eu pense que "sei" acerca de um indivíduo ou pelo mundo todo constitui minha *aposta* mais recente.

Um indivíduo começa a perceber que "há", *pelo menos, dois* tipos de consciência (parece haver muitos mais). Na "consciência ordinária" ou hipnose, os modelos são considerados o Universo "real" e são projetados para o exterior. Nesse estado, "somos" teístas em relação aos modelos, fundamentalistas e mecânicos; todas as percepções (apostas) editam e selecionam partes da experiência existencial e as incluem no Universo "real" somente depois de terem sido processadas de acordo com as "leis" dele. Sendo mecânicos e passivos, somos também dominados pelo Universo "Real" e empurrados pela sua brutal impessoalidade.

Nesse modelo de consciência existencialista-humanista, por outro lado, "somos" agnósticos e reconhecemos, conscientemente, nossos modelos ou nossas criações. Nesse estado, "somos" relativistas ao considerarmos todos os modelos, "sofisticados" e ativamente criativos. Buscamos conscientemente *editar menos* e compreender mais, e procuramos, especialmente, por eventos que não se encaixam em nossos modelos de forma harmoniosa, posto que eles nos auxiliarão a fabricar melhores modelos no futuro, e um modelo melhor ainda no dia seguinte. Não somos dominados pelo Universo "real", já que nos lembramos que a construção lingüística é apenas nossa última *aposta* e podemos fabricar uma ainda melhor de forma bastante rápida.

No primeiro modelo materialista da consciência, conforme afirma Timothy Leary, somos como indivíduos sentados passivamente em frente a uma televisão, reclamando do lixo que aparece na tela, mas incapazes de fazer qualquer coisa, senão "suportar". No segundo modelo existencialista da consciência, para continuar com a metáfora de Leary, assumimos responsabilidade por *mudar de canal* e descobrir que não há apenas um "programa" disponível, que uma escolha é possível. O compreensível não é *toda* a existência, é somente o compreensível.

Perguntar qual modelo de consciência é "verdadeiro", depois de ter experienciado ambos, parece tão inútil quanto perguntar se a luz realmente "é constituída" por ondas de partículas depois de presenciar o experimento dos dois buracos.

Na verdade, a ênfase na "escolha" e na "criatividade", na psicologia existencialista-humanista, tem um paralelo exato no experimento citado. Muitos físicos pensam que a melhor metáfora para descrever esse experimento é dizer que "criamos" a onda ou partícula, dependendo da configuração experimental que "escolhemos".

A onda/partícula parece espelhar a experiência existencial da consciência ainda mais precisamente quando a examinamos. A consciência comum do "eu" (no sentido do vernáculo, sem qualquer doutrina filosófica implícita) parece-se muito com a partícula: "sólida", "isolada", "real", encapsulada pela pele e mais ou menos estática. Quando um indivíduo se torna isolado o suficiente para possibilitar uma *autocrítica neurológica* (para analisar modelos de acordo com o processo), o "eu" se parece cada vez mais com um processo e até mesmo um processo instável: ele "é" uma *sucessão* de estados, em vez de ser um estado em si (como notou Hume), e esses estados vão e vêm de forma ondulada, "flutuando" entre o "interior" e o "exterior". Conforme observamos esse movimento, aprendemos a escolher estados desejáveis, pelo menos na mesma medida em que o experimento dos dois buracos "escolhe" as ondas ou as partículas. Uma das melhores maneiras de aprender o aspecto instável da consciência é ouvir música, especialmente música barroca, com os olhos fechados. Muito mais rápido do que a meditação oriental, esse exercício nos torna atentos para o aspecto instável da consciência e da sua natureza sinérgica. No seu grau mais rico, como na meditação, a consciência parece tornar-se o objeto da atenção; "não há separação entre o eu e a música", conforme dizemos. Essa simples experiência, disponível para todos, torna claro que o indivíduo uno e os modos flutuantes de consciência são tão existencialmente "reais" quanto as "partículas" individuais que geralmente experienciamos como nosso "eu".

Na obra do Dr. Leary, *Flashbacks*, são apresentados os registros de sua última, celebrada e controversa "pesquisa sobre drogas" com detentos de Massachusetts, no início da década de 1960, na qual, estatisticamente, muitos "criminosos" tornaram-se "ex-criminosos", e a taxa de reincidência caiu drasticamente. Leary enfatiza, como temos feito, que não há "milagre" em nenhuma droga. O milagre reside no que ele chama de *adaptação* e *configuração*: a preparação para a droga. Isso incluía uma explicação, em termos simples, dos principais pontos da psicologia existencialista-humanista. Durante a experiência com as drogas, ele tocava música para os detentos. Alguns criminosos choravam, alguns riam incontrolavelmente, alguns sentavam em contemplação silenciosa: todos estavam recebendo mais sinais por minuto do que o normal, e estavam *entendendo* como os sinais são editados. De forma sucinta, tinham a oportunidade de olhar para a consciência materialista da perspectiva da consciência existencialista. Não é surpreendente que muitos deles "assumiram responsabilidade" e pararam de repetir automaticamente os imperativos para seus antigos túneis de realidade criminosos.

Tampouco é surpreendente que o Dr. Leary, como o Dr. Reich, tenha sido denunciado posteriormente, caluniado e, finalmente, preso. As idéias que temos discutido, idéias que, de certa forma, estavam sendo testadas em pesquisas de reabilitação de detentos, são profundamente ameaçadoras para *todos* os dogmatistas, e não apenas para os dogmatistas matemáticos. Igrejas poderosas, partidos políticos e interesses financeiros ocultos, por exemplo, nutrem um forte desejo de programar o resto de nós para os universos "reais" que consideram mais lucrativo e para nos impedirem de sermos autoprogramáveis. Eles querem "assumir responsabilidade" por nós, e não têm interesse em que "assumamos responsabilidade" por nós mesmos.

O materialismo, no sentido filosófico, é muito apoiado pelo materialismo no sentido econômico.

Para resumir:

A consciência não é uma *determinação* ou um *fato*. Nosso modo de consciência parece ter sido determinado historicamente por hábitos neurológicos (inconscientes). Quando nos tornamos conscientes disso e lutamos contra a inércia do hábito, a consciência continua a transformar-se, torna-se menos parecida com a partícula e "fixa", espalha-se como uma onda flutuante. Ela pode estar presente entre os pólos do individualismo puro e do indivíduo uno, e entre muitos outros pólos, podendo tornar-se cada vez mais "criativa" e "auto-escolhida".

Posto que não há explicação para essas experiências da consciência alterando a própria consciência, ou de autoprogramação, no modo materialista, podemos rejeitá-las como "alucinações" e "aparências", se desejarmos reter o modelo do materialismo a qualquer custo, ou podemos complementar o modelo materialista reconhecendo que, como todos os modelos, ele descreve *um sombunall* do Universo e, portanto, podemos escolher um modelo mais inclusivo, que nesse caso parece ser fornecido pela psicologia existencialista-humanista, pela mecânica quântica, e pelo pensamento de filósofos-psicólogos como Nietzsche, James, Husserl e Bergson.

No Universo "real", todas as coisas são determinadas, incluindo nós e nossos pensamentos.

No mundo experienciado, as coisas vêm e vão incessantemente, e algumas vêm e vão tão rápido, que nunca podemos entender o porquê; modelos causais encaixam-se em apenas *um sombunall* da experiência. Há um sentido de flutuação, de processo, de evolução, de crescimento e do que Bergson chamou de "a perpétua irrupção da novidade". Nesse mundo experienciado, e não na teoria abstrata, temos de enfrentar aparentes decisões continuamente. Tomamos decisões e experienciamos o sentimento de escolha enquanto escolhemos. Nunca podemos saber quanto essa *escolha* é absolutamente "real", mas já que não podemos saber nada de forma absoluta, contentemo-nos com as probabilidades.

No Universo "real", somos mecanismos re-ativos; no mundo experienciado, somos criadores, e o Universo "real" é apenas outra de nossas criações: uma criação perigosa, com uma tendência a nos hipnotizar.

De maneira concreta, durante qualquer dia normal, podemos observar-nos contatando o mundo experienciado continuamente, fundindo-nos com ele, respirando suas moléculas, comendo e expelindo outras de suas partes. Ele "passa através" de nós tão freqüentemente quanto nós "passamos através" dele. Visto que editamos e orquestramos os sinais que compõem nossa parcela do mundo experienciado, jamais estamos separados dele ou da *responsabilidade* por ele.

Pesquisas neurológicas, durante as duas últimas décadas, demonstraram claramente que a consciência passiva na qual há um Universo "real" é caracterizada pela dominação do lado esquerdo do cérebro. Correspondentemente, qualquer método de movimento em direção ao modo flutuante-sinérgico-holístico da consciência (por meio da meditação, de certas drogas ou do processo zen de atenção descrito anteriormente) leva a um aumento da atividade do lado direito do cérebro. Supostamente, se permanecêssemos no modo flutuante do lado direito do cérebro todo o tempo, tornar-nos-íamos, usando o termo do Dr. Okera, dionisíacos.

É mais divertido e mais instrutivo *orquestrar* a consciência "modulando" a televisão, ou seja, escolhendo qual modo devemos usar. Dessa maneira, aprendemos o melhor e o pior de ambos os hemisférios do cérebro. Podemos também aprender, com auto-experimentação, que há outras modalidades além da direita e da esquerda. Parece haver um lado superior, conectado com o grau de *atraso* possível que podemos tolerar: a parte inferior ou antiga do cérebro parece ser vagarosa em seus reflexos, e o novo cérebro ou a parte superior visualiza mais facilmente um labirinto de realidade de múltipla escolha no lugar do reflexo, puramente, e/ou. E até mesmo *parece* haver uma polaridade frente/trás: os lóbulos frontais *parecem* sintonizar as intuições na direção geral da *proibida* "percepção extra-sensorial".

De maneira concisa, para aqueles que tentam os experimentos ou experiências de ioga e psicologia humanista, o que é compreendido é uma função de como usar nossos cérebros habitualmente, e o que não é compreendido pode, em muitos casos, tornar-se compreendido, com a prática da reprogramação neurológica[7].

Eu vou a um bar e converso com outro homem. Ele é *experienciado* de forma profunda durante uma parte do tempo, e de forma superficial durante a outra parte do tempo, dependendo da *qualidade* da minha consciência. Se estou muito consciente, encontrá-lo pode ser uma experiência comparável a uma grande música ou até mesmo a um terremoto; se estiver no estado superficial comum, ele dificilmente "me impressionará". Se estiver praticando a vigilância e a autocrítica neurológica, poderei observar que o estou experienciando parte do tempo, e que parte do tempo não estou compreendendo, mas estou deslocando-me para o meu Universo "Real" favorito e estou editando em meu tímpano muito do que ele está dizendo. Freqüentemente, o Universo "real" hipnotiza-me de forma que, enquanto "ouço" o que ele diz, não tenho idéia do *modo* como ele diz ou do que ele quis dizer.

Ando pela rua e, observando meu estado de consciência, vejo que estou em contato com a realidade experienciada durante *parte* do tempo. Algumas árvores são belas, mas, então, percebo que passei por outras árvores sem notá-las. Desloquei-me para o meu Universo "real" novamente e editei uma grande e bela parte do mundo experienciado. As árvores não deixaram de existir; elas simplesmente não foram compreendidas.

Um indivíduo que permanece vivo e alerta para o mundo experienciado sabe *onde ele está, o que ele está fazendo* e *o que está acontecendo à sua volta*. A princípio, é realmente surpreendente praticar a autocrítica neurológica e notar quão freqüentemente perdemos a noção de questões tão simples como essa. É ainda mais surpreendente notar que um indivíduo está andando por entre sujeitos hipnotizados que, na maior parte do tempo, perderam completamente a noção dessas coisas e estão contando histórias para si mesmos a respeito do Universo "real" enquanto editam grandes pedaços do mundo experienciado.

Quando o matemático Ouspensky estava estudando com Gurdjieff, ele achou muito difícil, no início, entender essa capacidade humana única de esquecer onde estamos, o que estamos fazendo e o que está acontecendo à nossa volta. Ele estava especialmente incer-

---

7. Uma variedade de exercícios para testar as conclusões gerais pode ser encontrada em meu livro *Prometheus Rising*.

to quanto à insistência de Gurdjieff de que o "esquecimento" é uma espécie de hipnose. Então, certo dia, depois que a Primeira Guerra Mundial havia irrompido, Ouspensky viu um caminhão carregado de pernas artificiais rumando em direção ao fronte. Educado como um matemático e treinado em estatísticas, Ouspensky lembrou-se que, assim como é possível calcular quantas pessoas morrerão de ataques cardíacos em um certo ano por meio da teoria da probabilidade, é possível calcular quantas pernas serão explodidas em batalha. Mas o próprio cálculo é baseado no fato histórico de que a maioria dos indivíduos, durante a maior parte do tempo, obedecerão às ordens de seus superiores (ou, como um cínico disse certa vez, a maioria das pessoas preferiria morrer, mesmo que por tortura, em vez de ter de pensar por si próprias). Em um instante, Ouspensky entendeu como homens comuns tornam-se assassinos e vítimas de assassinos. Entendeu que a consciência "normal" é muito parecida com a hipnose. Os indivíduos que estão em transe farão o que lhes for ordenado, mesmo que a ordem seja para marchar para a batalha contra estranhos que jamais lhes prejudicaram, e tentarão matar aqueles estranhos ao mesmo tempo em que os estranhos estão tentando matá-los. Ordens superiores são compreendidas; a possibilidade de escolha não é compreendida.

Guerra e crime, os maiores problemas de nosso século e os problemas crônicos de nossa espécie, parecem, para a psicologia existencialista-humanista, os resultados diretos do deslocamento para a auto-hipnose, no momento em que se perde a noção da experiência e passa-se a "viver" em um Universo "real". Neste, o homem certo está *sempre* certo, e o sangue e o horror eventuais para provar apenas as aparições são facilmente esquecidos. Além disso, o homem certo sabe que ele é somente um mecanismo de re-ação e, em última análise, o Universo "real" deve ser culpado por "fazê-lo" explodir com tamanha fúria.

Na vida experienciada existencial, notamos que estamos fazendo *apostas* e *escolhas* todo o tempo e que somos responsáveis por permanecermos alertas e conscientes para fazer essas escolhas e apostas de forma inteligente, de maneira que podemos aprimorá-las quando necessário. Não podemos culpar o Universo "real", já que ele é somente um modelo que criamos para lidar com a vida experienciada. Se o modelo não é bom o bastante, não devemos culpá-lo, mas sim revisá-lo e aprimorá-lo.

Essencialmente, a psicologia existencialista concorda com a neurologia (e soa como a mecânica quântica) ao enfatizar que não há modelo que não seja uma expressão dos valores e necessidades do criador do modelo, nenhuma descrição que também não seja uma interpretação e, conseqüentemente, nenhum "observador objetivo atrás de uma parede de vidro" que esteja meramente assistindo ao que acontece. Em suma, toda a linguagem tradicional da "coisa externa", "a imagem interna" e "a mente" separada de ambos os conceitos é totalmente inadequada para descrever nossa existência, e precisamos de uma linguagem holística ou sinérgica. A busca por essa nova linguagem, "um novo paradigma", é cada vez mais reconhecida em outras disciplinas, na medida em que se torna duvidoso para muitos pesquisadores que os antigos modelos sobreviveram à sua utilidade.

O "jargão" sugerido em parte deste livro (os estranhos novos termos usados em lugar dos antigos) é um tatear, e ele pretende ser sugestivo e poético em vez de ser preciso. O novo paradigma ainda não surgiu; vislumbramos somente seus contornos gerais.

O cérebro humano, do ponto de vista da teoria da percepção e da psicologia existencialista, parece muito com um singular computador autoprogramável. Ele escolhe, geralmente de forma inconsciente e mecânica, a *qualidade* da consciência que ele experienciará e o túnel de realidade que empregará para orquestrar os sinais recebidos do mundo experienciado. Quando ele se torna mais consciente da sua programação, sua criatividade torna-se verdadeiramente espantosa. Esse processo foi chamado de metaprogramação pelo Dr. John Lilly.

Na metaprogramação ou na autocrítica neurológica, o cérebro torna-se mais capaz de aumentar, deliberadamente, o número de sinais apreendidos conscientemente. Um indivíduo olha casualmente do jeito costumeiro e, então, olha outra e outra vez. Objetos banais e situações enfadonhas transformam-se, em parte porque "eram" banais e enfadonhas apenas quando o cérebro estava trabalhando com programas mecânicos antigos. Sem parecer muito lírico, a unidade sinérgica do observador-observação torna-se uma experiência excitante. Toda experiência é uma espécie de aprendizado intenso que, geralmente, acontece somente na escola quando estudamos para as provas. Esse estado de consciência elevado e *envolvido*, chamado de despertar pelos místicos, parece perfeitamente normal e natural para o cérebro que foi programado para assistir à sua própria programação. Posto que, no mundo existencial da experiência, temos de fazer as *apostas* e *as escolhas*, estamos conscientemente "estudando" o tempo todo, mas não há nenhum sentimento de tensão ou ansiedade envolvido no processo. Estamos *vivendo* o tempo em vez de passar o tempo, como disse Nicoll.

O cérebro parece trabalhar melhor sob pressão. O soldado condecorado por sua bravura geralmente diz: "Não me lembro de ter feito isso, tudo aconteceu muito rápido." Até mesmo em situações menos terríveis que a guerra, a maioria de nós já teve instantes de eficiência e rapidez desconcertantes nos processos do cérebro quando experienciamos situações de emergência. Parece muito provável que os sentimentos habituais de "desamparo" e "inadequação" derivem essencialmente de nosso hábito de deslocamento para o Universo "real" e do fato de não sermos eletricamente envolvidos *no local onde estamos, no que estamos fazendo e no que está acontecendo à nossa volta*. Durante os estados de crise, esses deslocamentos ou estados hipnóticos não são permitidos: estamos crucialmente conscientes de cada detalhe do campo experienciado. Alguns desenvolvem o hábito suicida de procurar o perigo (escaladores de montanhas e outros esportistas, por exemplo) apenas para desfrutar desse estado de funcionamento rápido do cérebro e envolvimento superior repetidas vezes. A metaprogramação ou a autocrítica neurológica, desenvolvida como um *hábito* para substituir o antigo *hábito* de se deslocar para os Universos "reais", cria esse tipo de "êxtase" de maneira cada vez mais freqüente, e parece que nunca usamos nosso cérebro, mas sim que o usamos de forma *inapropriada*.

De forma concreta, dois indivíduos podem "estar" na mesma situação existencial, mas podem experienciar dois túneis de realidade bastante diferentes. Se ambos forem teístas dos modelos ou fundamentalistas, esses túneis de realidade diferentes serão experienciados como "objetivos", e cada um *reagirá* passivamente. Se ambos estiverem em um estado superior de consciência, buscando mais e mais sinais a cada minuto, os dois túneis de realidade permanecerão diferentes, mas cada um será experienciado como uma *criação,* e ambos os indivíduos estarão *envolvidos*. É mais provável, no segundo caso, que eles sejam capazes de se comunicarem claramente e, se entenderem mutuamente; no primeiro caso, eles podem discutir violentamente a respeito de quem possui o túnel de realidade "real", e o homem certo terá de punir o outro pelo seu "erro".

Parece que, quando "Deus" ou a "natureza" nos presenteou com um cérebro humano, não recebemos instruções sobre o funcionamento desse maravilhoso instrumento. Como resultado, a maior parte de nossa história resume-se na tentativa de aprender como usá-lo. Ao aprender que isso envolve *assumir responsabilidade* e *estar envolvido*, também estamos aprendendo lições que não são simplesmente tecnológicas, mas também estéticas e "morais". Parece que o mundo experienciado funciona holisticamente, e a separação que fazemos dele em departamentos ("ciência", "arte", "ética") é mais confusa do que útil.

Usar o cérebro de maneira eficiente (estarmos conscientes de onde estamos, do que estamos fazendo e do que está acontecendo à nossa volta) e assumir responsabilidade pelas nossas apostas ou escolhas (o que parece aumentar a "inteligência" e a "criatividade"): isso não é surpreendente. Quaisquer que sejam nossas definições técnicas dessas funções misteriosas, é óbvio que elas estão, de alguma forma, conectadas ao número de sinais apreendidos *conscientemente* e com a rapidez do processo de *re*visão. Quando um modelo está estaticamente entre nós e a nossa experiência, o número de sinais cai, não ocorre nenhuma revisão, e a "inteligência" ou "criatividade" correspondente declina. Quando muitos modelos estão disponíveis e quando estamos conscientemente *envolvidos* em nossas escolhas, o número de sinais conscientemente apreendidos aumenta e comportamo-nos mais "inteligentemente" e "criativamente".

Mas o mesmo processo de envolvimento, responsabilidade e escolha *consciente* também aumenta aquelas faculdades que são tradicionalmente chamadas de estéticas e morais. *Não há separação; a experiência é um "continuum"*. O que vemos e experienciamos mostra-nos as verdades mais íntimas a respeito de quem e o que somos, assim como a revelação aumenta a riqueza de "significado" em toda transação existencial. Para citar Blake novamente:

> O tolo não vê a mesma árvore que o homem sábio vê.

Novamente, parece que o modelo materialista da consciência mecânica cobre *parte, mas não toda* a experiência, e ele exclui, precisamente, aquela parte da experiência que nos torna seres humanos, estéticos, morais e responsáveis.

Alguém pode suspeitar de que esse é o motivo pelo qual a era materialista tornou-se progressivamente inumana, feia, amoral e cegamente irresponsável.

Alguém pode suspeitar de que esse também é o motivo pelo qual a fortaleza, a seção economicamente arraigada dos novos fundamentalistas que serve e é alimentada pela Campanha Militar do Estado, progressivamente retira a maior parte do poder cerebral dos cientistas vivos no mundo para a única tarefa, como Bucky Fuller disse, de entregar mais e mais poder explosivo cada vez mais distante em períodos de tempo cada vez menores, para matar mais e mais pessoas.

Para o humanista-existencialista, o Universo "real" não está nos forçando a nos comportarmos coletivamente de um determinado modo. Em última análise, o racionalismo irracional (o túnel de realidade do Dr. Frankenstein e do Dr. Strangelove) é uma intervenção social. Essencialmente, a afirmação "os comunistas estão tramando para nos escravizar" é uma regra do jogo da Guerra Fria; ela permite que qualquer ato por parte dos russos (mesmo que possa parecer conciliatória para alguns observadores neurais, mesmo que pareça ter como objetivo um relaxamento da tensão) seja definido como outro ardil. "Os americanos estão tramando para nos destruir" é uma similar regra do jogo de Politburo[*]. O Universo "real" em que essa loucura aparece como sanidade é nossa criação coletiva. Na experiência existencial, estamos apenas fazendo apostas, mas tornamo-nos hipnotizados por nossos modelos e estamos caminhando em direção ao Armagedon pensando que o Universo "real" nos impede de pararmos e tentarmos um jogo melhor.

Como o gado caminhando em direção ao matadouro, ou como os soldados de Ouspensky se dirigindo para sua destruição, não paramos para nos lembrar quem somos, onde estamos e o que está acontecendo à nossa volta.

A resistência em ouvir as mulheres de Greenham Common[**] não é desassociada da resistência à informação "bizarra" que examinamos. Há razões econômicas e neurológicas pelas quais o Dr. Reich e o Dr. Leary foram para a prisão, enquanto o Dr. Teller, pai da bomba de hidrogênio, é uma autoridade reconhecida no Universo "real", um homem rico, honrado e reverenciado em toda a fortaleza.

---

[*]N do T.: Politburo — instituição do Partido Comunista na antiga URSS.
[**]N. do T.: Greenham Common — protesto pacífico realizado por mulheres, em Newbury, Inglaterra. Teve início em 1985 e terminou em setembro de 2000. As mulheres protestavam contra o envio de 96 mísseis nucleares norte-americanos para o local. Somente em 1992 o último míssil foi retirado do local.